MERCIFUL WRITING BIBLE

야훼밑글씨

성령님과함께쓰는

은혜로운 필사성경

1

창세기 – 출애굽기

필 사 자 : ____________

시작한 날 : ____________

끝 난 날 : ____________

서울말씀사

일러두기

1. 성경 각 권의 서론을 수록하여 성경의 이해를 도왔습니다.

2. 성경의 장과 절이 인쇄되어 있어 보기 쉽고 쓰기 쉽습니다. 또한 밑글씨가 인쇄되어 있어, 성경 없이 누구나 쉽게 필사할 수 있습니다.

3. 성경의 순서에 관계없이 자유롭게 필사할 수 있습니다.

4. 성경과 같이 2단 편집으로 되어 있어 쓰기 쉽고, 여백 활용을 최대화하였습니다.

5. [성령님과 함께 쓰는 은혜로운 필사성경](개정)은 총 10권으로 구성되어 있습니다.

   1 : 구약 1 _ 율법서 1 (창세기 ~ 출애굽기)
   2 : 구약 2 _ 율법서 2 (레위기 ~ 신명기)
   3 : 구약 3 _ 역사서 1 (여호수아 ~ 룻기)
   4 : 구약 4 _ 역사서 2 (사무엘상 ~ 열왕기하)
   5 : 구약 5 _ 역사서 3 (역대상 ~ 에스더)
   6 : 구약 6 _ 시가서 (욥기 ~ 아가)
   7 : 구약 7 _ 예언서 1 (이사야 ~ 예레미야애가)
   8 : 구약 8 _ 예언서 2 (에스겔 ~ 말라기)
   9 : 신약 1 _ 마태복음 ~ 사도행전
   10 : 신약 2 _ 로마서 ~ 요한계시록

머리말

지식의 홍수 속에서 살아가는 현대인들의 영혼에 가장 필요한 지식은 무엇일까요? 그것은 바로 '하나님을 아는 지식'입니다. 하나님께서는 호세아 6장 6절에서 "나는 인애를 원하고 제사를 원하지 아니하며 번제보다 하나님을 아는 것을 원하노라"라고 말씀하셨습니다. 이처럼 하나님께서 가장 원하시는 것은 우리가 하나님을 알고 하나님의 뜻대로 사는 것입니다.

하나님을 알아가는 가장 좋은 방법은 하나님의 말씀인 성경을 가까이하는 것이며, 성경을 가까이하는 가장 좋은 방법들 중 하나는 성경을 직접 쓰는 것입니다. 성경을 필사하는 시간은 성경을 읽고 묵상하는 시간과 더불어 또 하나의 은혜의 시간, 축복의 시간이 될 것입니다. 이렇게 귀한 성경 필사에 도움이 되고자 이번에 『성령님과 함께 쓰는 은혜로운 필사성경』을 펴내게 되었습니다. 이 책은 말씀을 읽는 것에서 더 나아가 말씀을 직접 기록하며 하나님을 더욱 알기를 원하는 모든 분들에게 큰 유익이 될 것입니다. 인내와 정성이 깃든 성경 필사를 통해 성령님의 음성을 듣고 하나님 말씀의 더 깊은 세계로 나아가는 은혜를 체험하게 되시기를 간절히 바랍니다.

여의도순복음교회
위임목사 이영훈

GENESIS

창세기

저 자	모세
주 제	우주 만물의 기원, 인간의 기원 및 타락과 인간을 구원하기 위한 하나님의 역사
기록목적	• 우주 만물의 기원이 하나님의 창조로부터 비롯되었음을 가르쳐 준다. • 인간은 하나님의 뜻을 거역하여 타락했고, 이에 죄를 사함 받고 구원을 얻을 필요성이 있음을 보여 준다. • 하나님께서 타락한 인간에게 구원의 역사를 펼치고 계심을 보여 준다.
기록배경	• 본서는 이스라엘이 출애굽 하여 광야 생활을 하는 동안에 모세가 하나님의 계시를 받아 기록한 것으로 추정된다. 그 당시 이스라엘 백성은 미래가 불확실한 상태에서 가나안 땅을 차지하기 위해 행군하고 있었다. 이러한 상황에서 그들에게는 하나님에 대해서, 그들이 하나님의 선민이 된 경로에 대해서, 또 가나안 땅을 기업으로 약속받은 경로에 대해서 올바로 알고 확신과 소망을 얻을 필요가 있었다. 뿐만 아니라 고대 근동 지역에서는 다신론과 지역신론이 팽배하고 있었기 때문에 유일신 사상을 심어 줄 필요가 있었다.
특 징	• 성경 66권 중 첫 번째 책으로서 성경의 전체적 배경을 제공하고 있다. • 우주 만물과 생명의 기원이 오직 하나님께 있음을 분명히 하고 있다. • 아담이 범죄함으로 인류는 죄를 짓게 되었으며 죄의 성품까지 물려받게 되었음을 밝히고 있다 8:21; 롬 5:19. • 아브라함과 그의 후손을 통한 구원의 약속이 주어졌다. 창세기 이후 모든 성경의 중심은 이 언약의 성취를 가져온 예수 그리스도에게 집중되고 있다.

나의 기도

창세기

1 태초에 하나님이 천지를 창조하시
니라
2 땅이 혼돈하고 공허하며 흑암이 깊
음 위에 있고 하나님의 영은 수면
위에 운행하시니라
3 하나님이 이르시되 빛이 있으라 하
시니 빛이 있었고
4 빛이 하나님이 보시기에 좋았더라
하나님이 빛과 어둠을 나누사
5 하나님이 빛을 낮이라 부르시고 어
둠을 밤이라 부르시니라 저녁이 되
고 아침이 되니 이는 첫째 날이니라
6 하나님이 이르시되 물 가운데에 궁
창이 있어 물과 물로 나뉘라 하시고
7 하나님이 궁창을 만드사 궁창 아래
의 물과 궁창 위의 물로 나뉘게 하
시니 그대로 되니라
8 하나님이 궁창을 하늘이라 부르시
니라 저녁이 되고 아침이 되니 이는
둘째 날이니라
9 하나님이 이르시되 천하의 물이 한
곳으로 모이고 뭍이 드러나라 하시
니 그대로 되니라
10 하나님이 뭍을 땅이라 부르시고 모
인 물을 바다라 부르시니 하나님이
보시기에 좋았더라
11 하나님이 이르시되 땅은 풀과 씨
맺는 채소와 각기 종류대로 씨 가
진 열매 맺는 나무를 내라 하시니
그대로 되어
12 땅이 풀과 각기 종류대로 씨 맺는
채소와 각기 종류대로 씨 가진 열
매 맺는 나무를 내니 하나님이 보
시기에 좋았더라
13 저녁이 되고 아침이 되니 이는 셋째
날이니라
14 하나님이 이르시되 하늘의 궁창에
광명체들이 있어 낮과 밤을 나뉘게
하고 그것들로 징조와 계절과 날과
해를 이루게 하라
15 또 광명체들이 하늘의 궁창에 있어
땅을 비추라 하시니 그대로 되니라
16 하나님이 두 큰 광명체를 만드사
큰 광명체로 낮을 주관하게 하시고
작은 광명체로 밤을 주관하게 하시
며 또 별들을 만드시고
17 하나님이 그것들을 하늘의 궁창에
두어 땅을 비추게 하시며
18 낮과 밤을 주관하게 하시고 빛과
어둠을 나뉘게 하시니 하나님이 보
시기에 좋았더라
19 저녁이 되고 아침이 되니 이는 넷째
날이니라
20 하나님이 이르시되 물들은 생물을
번성하게 하라 땅 위 하늘의 궁창
에는 새가 날으라 하시고

기록일 : . . .

21 하나님이 큰 바다 짐승들과 물에서
번성하여 움직이는 모든 생물을 그
종류대로, 날개 있는 모든 새를 그
종류대로 창조하시니 하나님이 보
시기에 좋았더라
22 하나님이 그들에게 복을 주시며 이
르시되 생육하고 번성하여 여러 바
닷물에 충만하라 새들도 땅에 번성
하라 하시니라
23 저녁이 되고 아침이 되니 이는 다섯
째 날이니라
24 하나님이 이르시되 땅은 생물을 그
종류대로 내되 가축과 기는 것과
땅의 짐승을 종류대로 내라 하시니
그대로 되니라
25 하나님이 땅의 짐승을 그 종류대
로, 가축을 그 종류대로, 땅에 기는
모든 것을 그 종류대로 만드시니
하나님이 보시기에 좋았더라
26 하나님이 이르시되 우리의 형상을
따라 우리의 모양대로 우리가 사람
을 만들고 그들로 바다의 물고기와
하늘의 새와 가축과 온 땅과 땅에
기는 모든 것을 다스리게 하자 하
시고
27 하나님이 자기 형상 곧 하나님의 형
상대로 사람을 창조하시되 남자와
여자를 창조하시고
28 하나님이 그들에게 복을 주시며 하
나님이 그들에게 이르시되 생육하
고 번성하여 땅에 충만하라, 땅을
정복하라, 바다의 물고기와 하늘의
새와 땅에 움직이는 모든 생물을
다스리라 하시니라
29 하나님이 이르시되 내가 온 지면의
씨 맺는 모든 채소와 씨 가진 열매
맺는 모든 나무를 너희에게 주노니
너희의 먹을 거리가 되리라
30 또 땅의 모든 짐승과 하늘의 모든
새와 생명이 있어 땅에 기는 모든
것에게는 내가 모든 푸른 풀을 먹
을 거리로 주노라 하시니 그대로
되니라
31 하나님이 지으신 그 모든 것을 보시
니 보시기에 심히 좋았더라 저녁이
되고 아침이 되니 이는 여섯째 날이
니라

2

천지와 만물이 다 이루어지니라
2 하나님이 그가 하시던 일을 일곱
째 날에 마치시니 그가 하시던 모
든 일을 그치고 일곱째 날에 안식
하시니라
3 하나님이 그 일곱째 날을 복되게
하사 거룩하게 하셨으니 이는 하나
님이 그 창조하시며 만드시던 모든
일을 마치시고 그 날에 안식하셨음
이니라
4 이것이 천지가 창조될 때에 하늘과
땅의 내력이니 야훼 하나님이 땅과
하늘을 만드시던 날에

기록일 : . . .

5 야훼 하나님이 땅에 비를 내리지
아니하셨고 땅을 갈 사람도 없었
으므로 들에는 초목이 아직 없었고
밭에는 채소가 나지 아니하였으며
6 안개만 땅에서 올라와 온 지면을
적셨더라
7 야훼 하나님이 땅의 흙으로 사람을
지으시고 생기를 그 코에 불어넣으
시니 사람이 생령이 되니라
8 야훼 하나님이 동방의 에덴에 동
산을 창설하시고 그 지으신 사람을
거기 두시니라
9 야훼 하나님이 그 땅에서 보기에
아름답고 먹기에 좋은 나무가 나
게 하시니 동산 가운데에는 생명
나무와 선악을 알게 하는 나무도
있더라
10 강이 에덴에서 흘러 나와 동산을
적시고 거기서부터 갈라져 네 근원
이 되었으니
11 첫째의 이름은 비손이라 금이 있는
하윌라 온 땅을 둘렀으며
12 그 땅의 금은 순금이요 그 곳에는
베델리엄과 호마노도 있으며
13 둘째 강의 이름은 기혼이라 구스
온 땅을 둘렀고
14 셋째 강의 이름은 힛데겔이라 앗수
르 동쪽으로 흘렀으며 넷째 강은
유브라데더라
15 야훼 하나님이 그 사람을 이끌어
에덴 동산에 두어 그것을 경작하며
지키게 하시고
16 야훼 하나님이 그 사람에게 명하여
이르시되 동산 각종 나무의 열매는
네가 임의로 먹되
17 선악을 알게 하는 나무의 열매는
먹지 말라 네가 먹는 날에는 반드
시 죽으리라 하시니라
18 야훼 하나님이 이르시되 사람이 혼
자 사는 것이 좋지 아니하니 내가
그를 위하여 돕는 배필을 지으리라
하시니라
19 야훼 하나님이 흙으로 각종 들짐승과
공중의 각종 새를 지으시고 아담이 무
엇이라고 부르나 보시려고 그것들을 그
에게로 이끌어 가시니 아담이 각 생물
을 부르는 것이 곧 그 이름이 되었더라
20 아담이 모든 가축과 공중의 새와
들의 모든 짐승에게 이름을 주니라
아담이 돕는 배필이 없으므로
21 야훼 하나님이 아담을 깊이 잠들게
하시니 잠들매 그가 그 갈빗대 하
나를 취하고 살로 대신 채우시고
22 야훼 하나님이 아담에게서 취하신
그 갈빗대로 여자를 만드시고 그를
아담에게로 이끌어 오시니
23 아담이 이르되 이는 내 뼈 중의 뼈
요 살 중의 살이라 이것을 남자에
게서 취하였은즉 여자라 부르리라
하니라

24 이러므로 남자가 부모를 떠나 그의
아내와 합하여 둘이 한 몸을 이룰
지로다

25 아담과 그의 아내 두 사람이 벌거
벗었으나 부끄러워하지 아니하니라

3 그런데 뱀은 야훼 하나님이 지으
신 들짐승 중에 가장 간교하니라
뱀이 여자에게 물어 이르되 하나님
이 참으로 너희에게 동산 모든 나
무의 열매를 먹지 말라 하시더냐

2 여자가 뱀에게 말하되 동산 나무의
열매를 우리가 먹을 수 있으나

3 동산 중앙에 있는 나무의 열매는
하나님의 말씀에 너희는 먹지도 말
고 만지지도 말라 너희가 죽을까
하노라 하셨느니라

4 뱀이 여자에게 이르되 너희가 결코
죽지 아니하리라

5 너희가 그것을 먹는 날에는 너희
눈이 밝아져 하나님과 같이 되어 선
악을 알 줄 하나님이 아심이니라

6 여자가 그 나무를 본즉 먹음직도
하고 보암직도 하고 지혜롭게 할
만큼 탐스럽기도 한 나무인지라 여
자가 그 열매를 따먹고 자기와 함
께 있는 남편에게도 주매 그도 먹
은지라

7 이에 그들의 눈이 밝아져 자기들이
벗은 줄을 알고 무화과나무 잎을
엮어 치마로 삼았더라

8 그들이 그 날 바람이 불 때 동산에
거니시는 야훼 하나님의 소리를 듣
고 아담과 그의 아내가 야훼 하나
님의 낯을 피하여 동산 나무 사이
에 숨은지라

9 야훼 하나님이 아담을 부르시며 그
에게 이르시되 네가 어디 있느냐

10 이르되 내가 동산에서 하나님의 소
리를 듣고 내가 벗었으므로 두려워
하여 숨었나이다

11 이르시되 누가 너의 벗었음을 네게
알렸느냐 내가 네게 먹지 말라 명
한 그 나무 열매를 네가 먹었느냐

12 아담이 이르되 하나님이 주셔서 나
와 함께 있게 하신 여자 그가 그 나
무 열매를 내게 주므로 내가 먹었
나이다

13 야훼 하나님이 여자에게 이르시되
네가 어찌하여 이렇게 하였느냐 여
자가 이르되 뱀이 나를 꾀므로 내
가 먹었나이다

14 야훼 하나님이 뱀에게 이르시되 네
가 이렇게 하였으니 네가 모든 가
축과 들의 모든 짐승보다 더욱 저
주를 받아 배로 다니고 살아 있는
동안 흙을 먹을지니라

15 내가 너로 여자와 원수가 되게 하
고 네 후손도 여자의 후손과 원수
가 되게 하리니 여자의 후손은 네
머리를 상하게 할 것이요 너는 그

의 발꿈치를 상하게 할 것이니라
하시고
16 또 여자에게 이르시되 내가 네게
임신하는 고통을 크게 더하리니 네
가 수고하고 자식을 낳을 것이며
너는 남편을 원하고 남편은 너를
다스릴 것이니라 하시고
17 아담에게 이르시되 네가 네 아내의
말을 듣고 내가 네게 먹지 말라 한
나무의 열매를 먹었은즉 땅은 너로
말미암아 저주를 받고 너는 네 평생
에 수고하여야 그 소산을 먹으리라
18 땅이 네게 가시덤불과 엉겅퀴를 낼
것이라 네가 먹을 것은 밭의 채소
인즉
19 네가 흙으로 돌아갈 때까지 얼굴에
땀을 흘려야 먹을 것을 먹으리니
네가 그것에서 취함을 입었음이라
너는 흙이니 흙으로 돌아갈 것이니
라 하시니라
20 아담이 그의 아내의 이름을 하와라
불렀으니 그는 모든 산 자의 어머
니가 됨이더라
21 야훼 하나님이 아담과 그의 아내를
위하여 가죽옷을 지어 입히시니라
22 야훼 하나님이 이르시되 보라 이
사람이 선악을 아는 일에 우리 중
하나 같이 되었으니 그가 그의 손
을 들어 생명 나무 열매도 따먹고
영생할까 하노라 하시고
23 야훼 하나님이 에덴 동산에서 그를
내보내어 그의 근원이 된 땅을 갈
게 하시니라
24 이같이 하나님이 그 사람을 쫓아내
시고 에덴 동산 동쪽에 그룹들과
두루 도는 불 칼을 두어 생명 나무
의 길을 지키게 하시니라

4

아담이 그의 아내 하와와 동침하
매 하와가 임신하여 가인을 낳고
이르되 내가 야훼로 말미암아 득남
하였다 하니라
2 그가 또 가인의 아우 아벨을 낳았
는데 아벨은 양 치는 자였고 가인
은 농사하는 자였더라
3 세월이 지난 후에 가인은 땅의 소산
으로 제물을 삼아 야훼께 드렸고
4 아벨은 자기도 양의 첫 새끼와 그
기름으로 드렸더니 야훼께서 아벨
과 그의 제물은 받으셨으나
5 가인과 그의 제물은 받지 아니하신
지라 가인이 몹시 분하여 안색이 변
하니
6 야훼께서 가인에게 이르시되 네가
분하여 함은 어찌 됨이며 안색이
변함은 어찌 됨이냐
7 네가 선을 행하면 어찌 낯을 들지
못하겠느냐 선을 행하지 아니하면
죄가 문에 엎드려 있느니라 죄가 너
를 원하나 너는 죄를 다스릴지니라
8 가인이 그의 아우 아벨에게 말하고

기록일 : . . .

그들이 들에 있을 때에 가인이 그
의 아우 아벨을 쳐죽이니라
9 야훼께서 가인에게 이르시되 네 아
우 아벨이 어디 있느냐 그가 이르
되 내가 알지 못하나이다 내가 내
아우를 지키는 자니이까
10 이르시되 네가 무엇을 하였느냐 네
아우의 핏소리가 땅에서부터 내게
호소하느니라
11 땅이 그 입을 벌려 네 손에서부터
네 아우의 피를 받았은즉 네가 땅
에서 저주를 받으리니
12 네가 밭을 갈아도 땅이 다시는 그
효력을 네게 주지 아니할 것이요 너
는 땅에서 피하며 유리하는 자가
되리라
13 가인이 야훼께 아뢰되 내 죄벌이
지기가 너무 무거우니이다
14 주께서 오늘 이 지면에서 나를 쫓
아내시온즉 내가 주의 낯을 뵈옵지
못하리니 내가 땅에서 피하며 유리
하는 자가 될지라 무릇 나를 만나
는 자마다 나를 죽이겠나이다
15 야훼께서 그에게 이르시되 그렇지
아니하다 가인을 죽이는 자는 벌을
칠 배나 받으리라 하시고 가인에게
표를 주사 그를 만나는 모든 사람
에게서 죽임을 면하게 하시니라
16 가인이 야훼 앞을 떠나서 에덴 동
쪽 놋 땅에 거주하더니
17 아내와 동침하매 그가 임신하여 에
녹을 낳은지라 가인이 성을 쌓고
그의 아들의 이름으로 성을 이름하
여 에녹이라 하니라
18 에녹이 이랏을 낳고 이랏은 므후야
엘을 낳고 므후야엘은 므드사엘을
낳고 므드사엘은 라멕을 낳았더라
19 라멕이 두 아내를 맞이하였으니 하
나의 이름은 아다요 하나의 이름은
씰라였더라
20 아다는 야발을 낳았으니 그는 장막
에 거주하며 가축을 치는 자의 조
상이 되었고
21 그의 아우의 이름은 유발이니 그는
수금과 퉁소를 잡는 모든 자의 조
상이 되었으며
22 씰라는 두발가인을 낳았으니 그는
구리와 쇠로 여러 가지 기구를 만
드는 자요 두발가인의 누이는 나아
마였더라
23 라멕이 아내들에게 이르되 아다와
씰라여 내 목소리를 들으라 라멕의
아내들이여 내 말을 들으라 나의
상처로 말미암아 내가 사람을 죽였
고 나의 상함으로 말미암아 소년을
죽였도다
24 가인을 위하여는 벌이 칠 배일진대
라멕을 위하여는 벌이 칠십칠 배이
리로다 하였더라
25 아담이 다시 자기 아내와 동침하매

기록일 : . . .

그가 아들을 낳아 그의 이름을 셋
이라 하였으니 이는 하나님이 내게
가인이 죽인 아벨 대신에 다른 씨
를 주셨다 함이며
26 셋도 아들을 낳고 그의 이름을 에
노스라 하였으며 그 때에 사람들이
비로소 야훼의 이름을 불렀더라

5

이것은 아담의 계보를 적은 책이
니라 하나님이 사람을 창조하실 때
에 하나님의 모양대로 지으시되
2 남자와 여자를 창조하셨고 그들이
창조되던 날에 하나님이 그들에게
복을 주시고 그들의 이름을 사람이
라 일컬으셨더라
3 아담은 백삼십 세에 자기의 모양
곧 자기의 형상과 같은 아들을 낳
아 이름을 셋이라 하였고
4 아담은 셋을 낳은 후 팔백 년을 지
내며 자녀들을 낳았으며
5 그는 구백삼십 세를 살고 죽었더라
6 셋은 백오 세에 에노스를 낳았고
7 에노스를 낳은 후 팔백칠 년을 지
내며 자녀들을 낳았으며
8 그는 구백십이 세를 살고 죽었더라
9 에노스는 구십 세에 게난을 낳았고
10 게난을 낳은 후 팔백십오 년을 지
내며 자녀들을 낳았으며
11 그는 구백오 세를 살고 죽었더라
12 게난은 칠십 세에 마할랄렐을 낳
았고
13 마할랄렐을 낳은 후 팔백사십 년을
지내며 자녀들을 낳았으며
14 그는 구백십 세를 살고 죽었더라
15 마할랄렐은 육십오 세에 야렛을 낳
았고
16 야렛을 낳은 후 팔백삼십 년을 지
내며 자녀를 낳았으며
17 그는 팔백구십오 세를 살고 죽었
더라
18 야렛은 백육십이 세에 에녹을 낳
았고
19 에녹을 낳은 후 팔백 년을 지내며
자녀들을 낳았으며
20 그는 구백육십이 세를 살고 죽었
더라
21 에녹은 육십오 세에 므두셀라를 낳
았고
22 므두셀라를 낳은 후 삼백 년을 하나
님과 동행하며 자녀들을 낳았으며
23 그는 삼백육십오 세를 살았더라
24 에녹이 하나님과 동행하더니 하나
님이 그를 데려가시므로 세상에 있
지 아니하였더라
25 므두셀라는 백팔십칠 세에 라멕을
낳았고
26 라멕을 낳은 후 칠백팔십이 년을
지내며 자녀를 낳았으며
27 그는 구백육십구 세를 살고 죽었
더라
28 라멕은 백팔십이 세에 아들을 낳고

29 이름을 노아라 하여 이르되 야훼께
서 땅을 저주하시므로 수고롭게 일
하는 우리를 이 아들이 안위하리라
하였더라
30 라멕은 노아를 낳은 후 오백구십오
년을 지내며 자녀들을 낳았으며
31 그는 칠백칠십칠 세를 살고 죽었
더라
32 노아는 오백 세 된 후에 셈과 함과
야벳을 낳았더라

6 사람이 땅 위에 번성하기 시작할
때에 그들에게서 딸들이 나니
2 하나님의 아들들이 사람의 딸들의
아름다움을 보고 자기들이 좋아하
는 모든 여자를 아내로 삼는지라
3 야훼께서 이르시되 나의 영이 영원
히 사람과 함께 하지 아니하리니
이는 그들이 육신이 됨이라 그러나
그들의 날은 백이십 년이 되리라
하시니라
4 당시에 땅에는 네피림이 있었고 그
후에도 하나님의 아들들이 사람의
딸들에게로 들어와 자식을 낳았으
니 그들은 용사라 고대에 명성이
있는 사람들이었더라
5 야훼께서 사람의 죄악이 세상에 가
득함과 그의 마음으로 생각하는 모든
계획이 항상 악할 뿐임을 보시고
6 땅 위에 사람 지으셨음을 한탄하사
마음에 근심하시고
7 이르시되 내가 창조한 사람을 내가
지면에서 쓸어버리되 사람으로부터
가축과 기는 것과 공중의 새까지
그리하리니 이는 내가 그것들을 지
었음을 한탄함이니라 하시니라
8 그러나 노아는 야훼께 은혜를 입었
더라
9 이것이 노아의 족보니라 노아는 의
인이요 당대에 완전한 자라 그는
하나님과 동행하였으며
10 세 아들을 낳았으니 셈과 함과 야벳
이라
11 그 때에 온 땅이 하나님 앞에 부패
하여 포악함이 땅에 가득한지라
12 하나님이 보신즉 땅이 부패하였으
니 이는 땅에서 모든 혈육 있는 자
의 행위가 부패함이었더라
13 하나님이 노아에게 이르시되 모든
혈육 있는 자의 포악함이 땅에 가
득하므로 그 끝 날이 내 앞에 이르
렀으니 내가 그들을 땅과 함께 멸
하리라
14 너는 고페르 나무로 너를 위하여
방주를 만들되 그 안에 칸들을 막
고 역청을 그 안팎에 칠하라
15 네가 만들 방주는 이러하니 그 길
이는 삼백 규빗, 너비는 오십 규빗,
높이는 삼십 규빗이라
16 거기에 창을 내되 위에서부터 한
규빗에 내고 그 문은 옆으로 내고

기록일 : . . .

상 중 하 삼층으로 할지니라
17 내가 홍수를 땅에 일으켜 무릇 생
명의 기운이 있는 모든 육체를 천
하에서 멸절하리니 땅에 있는 것들
이 다 죽으리라
18 그러나 너와는 내가 내 언약을 세
우리니 너는 네 아들들과 네 아내
와 네 며느리들과 함께 그 방주로
들어가고
19 혈육 있는 모든 생물을 너는 각기
암수 한 쌍씩 방주로 이끌어들여
너와 함께 생명을 보존하게 하되
20 새가 그 종류대로, 가축이 그 종류
대로, 땅에 기는 모든 것이 그 종류
대로 각기 둘씩 네게로 나아오리니
그 생명을 보존하게 하라
21 너는 먹을 모든 양식을 네게로 가
져다가 저축하라 이것이 너와 그들
의 먹을 것이 되리라
22 노아가 그와 같이 하여 하나님이
자기에게 명하신 대로 다 준행하였
더라
7 야훼께서 노아에게 이르시되 너
와 네 온 집은 방주로 들어가라 이
세대에서 네가 내 앞에 의로움을
내가 보았음이니라
2 너는 모든 정결한 짐승은 암수 일
곱씩, 부정한 것은 암수 둘씩을 네
게로 데려오며
3 공중의 새도 암수 일곱씩을 데려와
그 씨를 온 지면에 유전하게 하라
4 지금부터 칠 일이면 내가 사십 주야
를 땅에 비를 내려 내가 지은 모든
생물을 지면에서 쓸어버리리라
5 노아가 야훼께서 자기에게 명하신
대로 다 준행하였더라
6 홍수가 땅에 있을 때에 노아가 육
백 세라
7 노아는 아들들과 아내와 며느리들
과 함께 홍수를 피하여 방주에 들
어갔고
8 정결한 짐승과 부정한 짐승과 새와
땅에 기는 모든 것은
9 하나님이 노아에게 명하신 대로 암
수 둘씩 노아에게 나아와 방주로
들어갔으며
10 칠 일 후에 홍수가 땅에 덮이니
11 노아가 육백 세 되던 해 둘째 달 곧
그 달 열이렛날이라 그 날에 큰 깊
음의 샘들이 터지며 하늘의 창문들
이 열려
12 사십 주야를 비가 땅에 쏟아졌더라
13 곧 그 날에 노아와 그의 아들 셈,
함, 야벳과 노아의 아내와 세 며느
리가 다 방주로 들어갔고
14 그들과 모든 들짐승이 그 종류대
로, 모든 가축이 그 종류대로, 땅에
기는 모든 것이 그 종류대로, 모든
새가 그 종류대로
15 무릇 생명의 기운이 있는 육체가

기록일 : . . .

둘씩 노아에게 나아와 방주로 들어
갔으니
16 들어간 것들은 모든 것의 암수라
하나님이 그에게 명하신 대로 들어
가매 야훼께서 그를 들여보내고 문
을 닫으시니라
17 홍수가 땅에 사십 일 동안 계속된
지라 물이 많아져 방주가 땅에서
떠올랐고
18 물이 더 많아져 땅에 넘치매 방주
가 물 위에 떠 다녔으며
19 물이 땅에 더욱 넘치매 천하의 높
은 산이 다 잠겼더니
20 물이 불어서 십오 규빗이나 오르니
산들이 잠긴지라
21 땅 위에 움직이는 생물이 다 죽었
으니 곧 새와 가축과 들짐승과 땅
에 기는 모든 것과 모든 사람이라
22 육지에 있어 그 코에 생명의 기운
의 숨이 있는 것은 다 죽었더라
23 지면의 모든 생물을 쓸어버리시니
곧 사람과 가축과 기는 것과 공중
의 새까지라 이들은 땅에서 쓸어버
림을 당하였으되 오직 노아와 그와
함께 방주에 있던 자들만 남았더라
24 물이 백오십 일을 땅에 넘쳤더라
8 하나님이 노아와 그와 함께 방주
에 있는 모든 들짐승과 가축을 기
억하사 하나님이 바람을 땅 위에
불게 하시매 물이 줄어들었고
2 깊음의 샘과 하늘의 창문이 닫히고
하늘에서 비가 그치매
3 물이 땅에서 물러가고 점점 물러가
서 백오십 일 후에 줄어들고
4 일곱째 달 곧 그 달 열이렛날에 방
주가 아라랏 산에 머물렀으며
5 물이 점점 줄어들어 열째 달 곧 그
달 초하룻날에 산들의 봉우리가 보
였더라
6 사십 일을 지나서 노아가 그 방주
에 낸 창문을 열고
7 까마귀를 내놓으매 까마귀가 물이
땅에서 마르기까지 날아 왕래하였
더라
8 그가 또 비둘기를 내놓아 지면에서
물이 줄어들었는지를 알고자 하매
9 온 지면에 물이 있으므로 비둘기가
발 붙일 곳을 찾지 못하고 방주로
돌아와 그에게로 오는지라 그가 손
을 내밀어 방주 안 자기에게로 받
아들이고
10 또 칠 일을 기다려 다시 비둘기를
방주에서 내놓으매
11 저녁때에 비둘기가 그에게로 돌아
왔는데 그 입에 감람나무 새 잎사
귀가 있는지라 이에 노아가 땅에
물이 줄어든 줄을 알았으며
12 또 칠 일을 기다려 비둘기를 내놓으
매 다시는 그에게로 돌아오지 아니
하였더라

기록일 : . . .

13 육백일 년 첫째 달 곧 그 달 초하룻
날에 땅 위에서 물이 걷힌지라 노
아가 방주 뚜껑을 제치고 본즉 지
면에서 물이 걷혔더니
14 둘째 달 스무이렛날에 땅이 말랐
더라
15 하나님이 노아에게 말씀하여 이르
시되
16 너는 네 아내와 네 아들들과 네 며
느리들과 함께 방주에서 나오고
17 너와 함께 한 모든 혈육 있는 생물
곧 새와 가축과 땅에 기는 모든 것
을 다 이끌어내라 이것들이 땅에서
생육하고 땅에서 번성하리라 하시매
18 노아가 그 아들들과 그의 아내와
그 며느리들과 함께 나왔고
19 땅 위의 동물 곧 모든 짐승과 모든
기는 것과 모든 새도 그 종류대로
방주에서 나왔더라
20 노아가 야훼께 제단을 쌓고 모든
정결한 짐승과 모든 정결한 새 중
에서 제물을 취하여 번제로 제단에
드렸더니
21 야훼께서 그 향기를 받으시고 그
중심에 이르시되 내가 다시는 사람
으로 말미암아 땅을 저주하지 아니
하리니 이는 사람의 마음이 계획하
는 바가 어려서부터 악함이라 내가
전에 행한 것 같이 모든 생물을 다
시 멸하지 아니하리니
22 땅이 있을 동안에는 심음과 거둠과
추위와 더위와 여름과 겨울과 낮과
밤이 쉬지 아니하리라

9 하나님이 노아와 그 아들들에게
복을 주시며 그들에게 이르시되 생
육하고 번성하여 땅에 충만하라
2 땅의 모든 짐승과 공중의 모든 새
와 땅에 기는 모든 것과 바다의 모
든 물고기가 너희를 두려워하며 너
희를 무서워하리니 이것들은 너희
의 손에 붙였음이니라
3 모든 산 동물은 너희의 먹을 것이
될지라 채소 같이 내가 이것을 다
너희에게 주노라
4 그러나 고기를 그 생명 되는 피째
먹지 말 것이니라
5 내가 반드시 너희의 피 곧 너희의
생명의 피를 찾으리니 짐승이면 그
짐승에게서, 사람이나 사람의 형제
면 그에게서 그의 생명을 찾으리라
6 다른 사람의 피를 흘리면 그 사람의
피도 흘릴 것이니 이는 하나님이 자
기 형상대로 사람을 지으셨음이니라
7 너희는 생육하고 번성하며 땅에
가득하여 그 중에서 번성하라 하셨
더라
8 하나님이 노아와 그와 함께 한 아
들들에게 말씀하여 이르시되
9 내가 내 언약을 너희와 너희 후손과
10 너희와 함께 한 모든 생물 곧 너희

기록일 : . . .

와 함께 한 새와 가축과 땅의 모든
생물에게 세우리니 방주에서 나온
모든 것 곧 땅의 모든 짐승에게니라
11 내가 너희와 언약을 세우리니 다시
는 모든 생물을 홍수로 멸하지 아
니할 것이라 땅을 멸할 홍수가 다
시 있지 아니하리라
12 하나님이 이르시되 내가 나와 너희
와 및 너희와 함께 하는 모든 생물
사이에 대대로 영원히 세우는 언약
의 증거는 이것이니라
13 내가 내 무지개를 구름 속에 두었
나니 이것이 나와 세상 사이의 언약
의 증거니라
14 내가 구름으로 땅을 덮을 때에 무
지개가 구름 속에 나타나면
15 내가 나와 너희와 및 육체를 가진
모든 생물 사이의 내 언약을 기억
하리니 다시는 물이 모든 육체를
멸하는 홍수가 되지 아니할지라
16 무지개가 구름 사이에 있으리니 내
가 보고 나 하나님과 모든 육체를
가진 땅의 모든 생물 사이의 영원
한 언약을 기억하리라
17 하나님이 노아에게 또 이르시되 내
가 나와 땅에 있는 모든 생물 사
이에 세운 언약의 증거가 이것이라
하셨더라
18 방주에서 나온 노아의 아들들은 셈
과 함과 야벳이며 함은 가나안의
아버지라
19 노아의 이 세 아들로부터 사람들이
온 땅에 퍼지니라
20 노아가 농사를 시작하여 포도나무
를 심었더니
21 포도주를 마시고 취하여 그 장막
안에서 벌거벗은지라
22 가나안의 아버지 함이 그의 아버지
의 하체를 보고 밖으로 나가서 그
의 두 형제에게 알리매
23 셈과 야벳이 옷을 가져다가 자기들
의 어깨에 메고 뒷걸음쳐 들어가서
그들의 아버지의 하체를 덮었으며
그들이 얼굴을 돌이키고 그들의 아
버지의 하체를 보지 아니하였더라
24 노아가 술이 깨어 그의 작은 아들
이 자기에게 행한 일을 알고
25 이에 이르되 가나안은 저주를 받아
그의 형제의 종들의 종이 되기를
원하노라 하고
26 또 이르되 셈의 하나님 야훼를 찬
송하리로다 가나안은 셈의 종이
되고
27 하나님이 야벳을 창대하게 하사 셈
의 장막에 거하게 하시고 가나안은
그의 종이 되게 하시기를 원하노라
하였더라
28 홍수 후에 노아가 삼백오십 년을
살았고
29 그의 나이가 구백오십 세가 되어

죽었더라

10 노아의 아들 셈과 함과 야벳의
족보는 이러하니라 홍수 후에 그들
이 아들들을 낳았으니
2 야벳의 아들은 고멜과 마곡과 마대
와 야완과 두발과 메섹과 디라스요
3 고멜의 아들은 아스그나스와 리밧
과 도갈마요
4 야완의 아들은 엘리사와 달시스와
깃딤과 도다님이라
5 이들로부터 여러 나라 백성으로 나
뉘어서 각기 언어와 종족과 나라대
로 바닷가의 땅에 머물렀더라
6 함의 아들은 구스와 미스라임과 붓
과 가나안이요
7 구스의 아들은 스바와 하윌라와 삽
다와 라아마와 삽드가요 라아마의
아들은 스바와 드단이며
8 구스가 또 니므롯을 낳았으니 그는
세상에 첫 용사라
9 그가 야훼 앞에서 용감한 사냥꾼이
되었으므로 속담에 이르기를 아무
는 야훼 앞에 니므롯 같이 용감한
사냥꾼이로다 하더라
10 그의 나라는 시날 땅의 바벨과 에렉
과 악갓과 갈레에서 시작되었으며
11 그가 그 땅에서 앗수르로 나아가
니느웨와 르호보딜과 갈라와
12 및 니느웨와 갈라 사이의 레센을
건설하였으니 이는 큰 성읍이라
13 미스라임은 루딤과 아나밈과 르하
빔과 납두힘과
14 바드루심과 가슬루힘과 갑도림을
낳았더라 (가슬루힘에게서 블레셋
이 나왔더라)
15 가나안은 장자 시돈과 헷을 낳고
16 또 여부스 족속과 아모리 족속과
기르가스 족속과
17 히위 족속과 알가 족속과 신 족속과
18 아르왓 족속과 스말 족속과 하맛
족속을 낳았더니 이 후로 가나안
자손의 족속이 흩어져 나아갔더라
19 가나안의 경계는 시돈에서부터 그
랄을 지나 가사까지와 소돔과 고모
라와 아드마와 스보임을 지나 라사
까지였더라
20 이들은 함의 자손이라 각기 족속과
언어와 지방과 나라대로였더라
21 셈은 에벨 온 자손의 조상이요 야
벳의 형이라 그에게도 자녀가 출생
하였으니
22 셈의 아들은 엘람과 앗수르와 아르
박삿과 룻과 아람이요
23 아람의 아들은 우스와 훌과 게델과
마스며
24 아르박삿은 셀라를 낳고 셀라는 에
벨을 낳았으며
25 에벨은 두 아들을 낳고 하나의 이
름을 벨렉이라 하였으니 그 때에
세상이 나뉘었음이요 벨렉의 아우

기록일 : . . .

의 이름은 욕단이며
26 욕단은 알모닷과 셀렙과 하살마웻
과 예라와
27 하도람과 우살과 디글라와
28 오발과 아비마엘과 스바와
29 오빌과 하윌라와 요밥을 낳았으니
이들은 다 욕단의 아들이며
30 그들이 거주하는 곳은 메사에서부터
스발로 가는 길의 동쪽 산이었더라
이들은 셈의 자손이니 그 족속과
31 언어와 지방과 나라대로였더라
이들은 그 백성들의 족보에 따르면
32 노아 자손의 족속들이요 홍수 후에
이들에게서 그 땅의 백성들이 나뉘
었더라

11

온 땅의 언어가 하나요 말이 하나
였더라
2 이에 그들이 동방으로 옮기다가 시
날 평지를 만나 거기 거류하며
3 서로 말하되 자, 벽돌을 만들어 견
고히 굽자 하고 이에 벽돌로 돌을
대신하며 역청으로 진흙을 대신하고
4 또 말하되 자, 성읍과 탑을 건설하
여 그 탑 꼭대기를 하늘에 닿게 하
여 우리 이름을 내고 온 지면에 흩
어짐을 면하자 하였더니
5 야훼께서 사람들이 건설하는 그 성
읍과 탑을 보려고 내려오셨더라
6 야훼께서 이르시되 이 무리가 한
족속이요 언어도 하나이므로 이같
이 시작하였으니 이 후로는 그 하고
자 하는 일을 막을 수 없으리로다
7 자, 우리가 내려가서 거기서 그들의
언어를 혼잡하게 하여 그들이 서로
알아듣지 못하게 하자 하시고
8 야훼께서 거기서 그들을 온 지면에
흩으셨으므로 그들이 그 도시를 건
설하기를 그쳤더라
9 그러므로 그 이름을 바벨이라 하니
이는 야훼께서 거기서 온 땅의 언
어를 혼잡하게 하셨음이니라 야훼
께서 거기서 그들을 온 지면에 흩
으셨더라
10 셈의 족보는 이러하니라 셈은 백
세 곧 홍수 후 이 년에 아르박삿을
낳았고
11 아르박삿을 낳은 후에 오백 년을
지내며 자녀를 낳았으며
12 아르박삿은 삼십오 세에 셀라를 낳
았고
13 셀라를 낳은 후에 사백삼 년을 지
내며 자녀를 낳았으며
14 셀라는 삼십 세에 에벨을 낳았고
15 에벨을 낳은 후에 사백삼 년을 지
내며 자녀를 낳았으며
16 에벨은 삼십사 세에 벨렉을 낳았고
17 벨렉을 낳은 후에 사백삼십 년을
지내며 자녀를 낳았으며
18 벨렉은 삼십 세에 르우를 낳았고
19 르우를 낳은 후에 이백구 년을 지

내며 자녀를 낳았으며
20 르우는 삼십이 세에 스룩을 낳았고
21 스룩을 낳은 후에 이백칠 년을 지
내며 자녀를 낳았으며
22 스룩은 삼십 세에 나홀을 낳았고
23 나홀을 낳은 후에 이백 년을 지내
며 자녀를 낳았으며
24 나홀은 이십구 세에 데라를 낳았고
25 데라를 낳은 후에 백십구 년을 지
내며 자녀를 낳았으며
26 데라는 칠십 세에 아브람과 나홀과
하란을 낳았더라
27 데라의 족보는 이러하니라 데라는
아브람과 나홀과 하란을 낳고 하란
은 롯을 낳았으며
28 하란은 그 아비 데라보다 먼저 고
향 갈대아인의 우르에서 죽었더라
29 아브람과 나홀이 장가 들었으니 아
브람의 아내의 이름은 사래며 나
홀의 아내의 이름은 밀가니 하란의
딸이요 하란은 밀가의 아버지이며
또 이스가의 아버지더라
30 사래는 임신하지 못하므로 자식이
없었더라
31 데라가 그 아들 아브람과 하란의
아들인 그의 손자 롯과 그의 며느
리 아브람의 아내 사래를 데리고
갈대아인의 우르를 떠나 가나안 땅
으로 가고자 하더니 하란에 이르러
거기 거류하였으며
32 데라는 나이가 이백오 세가 되어
하란에서 죽었더라

12 여호와께서 아브람에게 이르시되
너는 너의 고향과 친척과 아버지의
집을 떠나 내가 네게 보여 줄 땅으
로 가라
2 내가 너로 큰 민족을 이루고 네게
복을 주어 네 이름을 창대하게 하
리니 너는 복이 될지라
3 너를 축복하는 자에게는 내가 복
을 내리고 너를 저주하는 자에게는
내가 저주하리니 땅의 모든 족속
이 너로 말미암아 복을 얻을 것이라
하신지라
4 이에 아브람이 여호와의 말씀을 따라
갔고 롯도 그와 함께 갔으며 아브
람이 하란을 떠날 때에 칠십오 세
였더라
5 아브람이 그의 아내 사래와 조카
롯과 하란에서 모은 모든 소유와
얻은 사람들을 이끌고 가나안 땅
으로 가려고 떠나서 마침내 가나안
땅에 들어갔더라
6 아브람이 그 땅을 지나 세겜 땅 모
레 상수리나무에 이르니 그 때에 가
나안 사람이 그 땅에 거주하였더라
7 여호와께서 아브람에게 나타나 이르시
되 내가 이 땅을 네 자손에게 주리
라 하신지라 자기에게 나타나신 여
호와께 그가 그 곳에서 제단을 쌓고

기록일 : . . .

8 거기서 벧엘 동쪽 산으로 옮겨 장막
을 치니 서쪽은 벧엘이요 동쪽은 아
이라 그가 그 곳에서 야훼께 제단을
쌓고 야훼의 이름을 부르더니
9 점점 남방으로 옮겨갔더라
10 그 땅에 기근이 들었으므로 아브람
이 애굽에 거류하려고 그리로 내려
갔으니 이는 그 땅에 기근이 심하
였음이라
11 그가 애굽에 가까이 이르렀을 때에
그의 아내 사래에게 말하되 내가
알기에 그대는 아리따운 여인이라
12 애굽 사람이 그대를 볼 때에 이르
기를 이는 그의 아내라 하여 나는
죽이고 그대는 살리리니
13 원하건대 그대는 나의 누이라 하라
그러면 내가 그대로 말미암아 안전
하고 내 목숨이 그대로 말미암아
보존되리라 하니라
14 아브람이 애굽에 이르렀을 때에 애
굽 사람들이 그 여인이 심히 아리따
움을 보았고
15 바로의 고관들도 그를 보고 바로
앞에서 칭찬하므로 그 여인을 바로
의 궁으로 이끌어들인지라
16 이에 바로가 그로 말미암아 아브람
을 후대하므로 아브람이 양과 소
와 노비와 암수 나귀와 낙타를 얻
었더라
17 야훼께서 아브람의 아내 사래의 일
로 바로와 그 집에 큰 재앙을 내리
신지라
바로가 아브람을 불러서 이르되 네
18 가 어찌하여 나에게 이렇게 행하였
느냐 네가 어찌하여 그를 네 아내
라고 내게 말하지 아니하였느냐
네가 어찌 그를 누이라 하여 내가
19 그를 데려다가 아내를 삼게 하였느
냐 네 아내가 여기 있으니 이제 데
려가라 하고
바로가 사람들에게 그의 일을 명하
20 매 그들이 그와 함께 그의 아내와
그의 모든 소유를 보내었더라

13 아브람이 애굽에서 그와 그의 아
내와 모든 소유와 롯과 함께 네게
브로 올라가니
아브람에게 가축과 은과 금이 풍부
2 하였더라
그가 네게브에서부터 길을 떠나 벧
3 엘에 이르며 벧엘과 아이 사이 곧
전에 장막 쳤던 곳에 이르니
그가 처음으로 제단을 쌓은 곳이
4 라 그가 거기서 야훼의 이름을 불
렀더라
아브람의 일행 롯도 양과 소와 장
5 막이 있으므로
그 땅이 그들이 동거하기에 넉넉하
6 지 못하였으니 이는 그들의 소유가
많아서 동거할 수 없었음이니라
7 그러므로 아브람의 가축의 목자와

롯의 가축의 목자가 서로 다투고
또 가나안 사람과 브리스 사람도
그 땅에 거주하였는지라
8 아브람이 롯에게 이르되 우리는 한
친족이라 나나 너나 내 목자나 네
목자나 서로 다투게 하지 말자
9 네 앞에 온 땅이 있지 아니하냐 나
를 떠나가라 네가 좌하면 나는 우
하고 네가 우하면 나는 좌하리라
10 이에 롯이 눈을 들어 요단 지역을
바라본즉 소알까지 온 땅에 물이
넉넉하니 야훼께서 소돔과 고모라
를 멸하시기 전이었으므로 야훼의
동산 같고 애굽 땅과 같았더라
11 그러므로 롯이 요단 온 지역을 택
하고 동으로 옮기니 그들이 서로
떠난지라
12 아브람은 가나안 땅에 거주하였고
롯은 그 지역의 도시들에 머무르
며 그 장막을 옮겨 소돔까지 이르
렀더라
13 소돔 사람은 야훼 앞에 악하며 큰
죄인이었더라
14 롯이 아브람을 떠난 후에 야훼께서
아브람에게 이르시되 너는 눈을 들
어 너 있는 곳에서 북쪽과 남쪽 그
리고 동쪽과 서쪽을 바라보라
15 보이는 땅을 내가 너와 네 자손에
게 주리니 영원히 이르리라
16 내가 네 자손이 땅의 티끌 같게 하
리니 사람이 땅의 티끌을 능히 셀
수 있을진대 네 자손도 세리라
17 너는 일어나 그 땅을 종과 횡으로
두루 다녀 보라 내가 그것을 네게
주리라
18 이에 아브람이 장막을 옮겨 헤브론
에 있는 마므레 상수리 수풀에 이
르러 거주하며 거기서 야훼를 위하
여 제단을 쌓았더라

14 당시에 시날 왕 아므라벨과 엘라
살 왕 아리옥과 엘람 왕 그돌라오
멜과 고임 왕 디달이
2 소돔 왕 베라와 고모라 왕 비르사와
아드마 왕 시납과 스보임 왕 세메벨
과 벨라 곧 소알 왕과 싸우니라
3 이들이 다 싯딤 골짜기 곧 지금의
염해에 모였더라
4 이들이 십이 년 동안 그돌라오멜을
섬기다가 제십삼년에 배반한지라
5 제십사년에 그돌라오멜과 그와 함
께 한 왕들이 나와서 아스드롯 가
르나임에서 르바 족속을, 함에서
수스 족속을, 사웨 기랴다임에서
엠 족속을 치고
6 호리 족속을 그 산 세일에서 쳐서
광야 근방 엘바란까지 이르렀으며
7 그들이 돌이켜 엔미스밧 곧 가데스
에 이르러 아말렉 족속의 온 땅과
하사손다말에 사는 아모리 족속을
친지라

기록일 : . . .

8 소돔 왕과 고모라 왕과 아드마 왕
과 스보임 왕과 벨라 곧 소알 왕이
나와서 싯딤 골짜기에서 그들과 전
쟁을 하기 위하여 진을 쳤더니
9 엘람 왕 그돌라오멜과 고임 왕 디
달과 시날 왕 아므라벨과 엘라살
왕 아리옥 네 왕이 곧 그 다섯 왕과
맞서니라
10 싯딤 골짜기에는 역청 구덩이가 많
은지라 소돔 왕과 고모라 왕이 달
아날 때에 그들이 거기 빠지고 그
나머지는 산으로 도망하매
11 네 왕이 소돔과 고모라의 모든 재
물과 양식을 빼앗아 가고
12 소돔에 거주하는 아브람의 조카 롯
도 사로잡고 그 재물까지 노략하여
갔더라
13 도망한 자가 와서 히브리 사람 아
브람에게 알리니 그 때에 아브람이
아모리 족속 마므레의 상수리 수풀
근처에 거주하였더라 마므레는 에
스골의 형제요 또 아넬의 형제라
이들은 아브람과 동맹한 사람들이
더라
14 아브람이 그의 조카가 사로잡혔음
을 듣고 집에서 길리고 훈련된 자
삼백십팔 명을 거느리고 단까지 쫓
아가서
15 그와 그의 가신들이 나뉘어 밤에
그들을 쳐부수고 다메섹 왼편 호바
까지 쫓아가
16 모든 빼앗겼던 재물과 자기의 조카
롯과 그의 재물과 또 부녀와 친척
을 다 찾아왔더라
17 아브람이 그돌라오멜과 그와 함께
한 왕들을 쳐부수고 돌아올 때에
소돔 왕이 사웨 골짜기 곧 왕의 골
짜기로 나와 그를 영접하였고
18 살렘 왕 멜기세덱이 떡과 포도주를
가지고 나왔으니 그는 지극히 높으
신 하나님의 제사장이었더라
19 그가 아브람에게 축복하여 이르되
천지의 주재이시요 지극히 높으신
하나님이여 아브람에게 복을 주옵
소서
20 너희 대적을 네 손에 붙이신 지극히
높으신 하나님을 찬송할지로다 하
매 아브람이 그 얻은 것에서 십분
의 일을 멜기세덱에게 주었더라
21 소돔 왕이 아브람에게 이르되 사람
은 내게 보내고 물품은 네가 가지라
22 아브람이 소돔 왕에게 이르되 천지
의 주재이시요 지극히 높으신 하나
님 야훼께 내가 손을 들어 맹세하
노니
23 네 말이 내가 아브람으로 치부하게
하였다 할까 하여 네게 속한 것은
실 한 오라기나 들메끈 한 가닥도
내가 가지지 아니하리라
24 오직 젊은이들이 먹은 것과 나와

기록일 : . . .

동행한 아넬과 에스골과 마므레의
분깃을 제할지니 그들이 그 분깃을
가질 것이니라

15 이 후에 야훼의 말씀이 환상 중에
아브람에게 임하여 이르시되 아브
람아 두려워하지 말라 나는 네 방
패요 너의 지극히 큰 상급이니라
2 아브람이 이르되 주 야훼여 무엇을
내게 주시려 하나이까 나는 자식이
없사오니 나의 상속자는 이 다메섹
사람 엘리에셀이니이다
3 아브람이 또 이르되 주께서 내게 씨
를 주지 아니하셨으니 내 집에서 길
린 자가 내 상속자가 될 것이니이다
4 야훼의 말씀이 그에게 임하여 이르
시되 그 사람이 네 상속자가 아니
라 네 몸에서 날 자가 네 상속자가
되리라 하시고
5 그를 이끌고 밖으로 나가 이르시되
하늘을 우러러 뭇별을 셀 수 있나
보라 또 그에게 이르시되 네 자손
이 이와 같으리라
6 아브람이 야훼를 믿으니 야훼께서
이를 그의 의로 여기시고
7 또 그에게 이르시되 나는 이 땅을
네게 주어 소유를 삼게 하려고 너
를 갈대아인의 우르에서 이끌어 낸
야훼니라
8 그가 이르되 주 야훼여 내가 이 땅
을 소유로 받을 것을 무엇으로 알
리이까
9 야훼께서 그에게 이르시되 나를 위
하여 삼 년 된 암소와 삼 년 된 암
염소와 삼 년 된 숫양과 산비둘기와
집비둘기 새끼를 가져올지니라
10 아브람이 그 모든 것을 가져다가
그 중간을 쪼개고 그 쪼갠 것을 마
주 대하여 놓고 그 새는 쪼개지 아
니하였으며
11 솔개가 그 사체 위에 내릴 때에는
아브람이 쫓았더라
12 해 질 때에 아브람에게 깊은 잠이
임하고 큰 흑암과 두려움이 그에게
임하였더니
13 야훼께서 아브람에게 이르시되 너
는 반드시 알라 네 자손이 이방에
서 객이 되어 그들을 섬기겠고 그
들은 사백 년 동안 네 자손을 괴롭
히리니
14 그들이 섬기는 나라를 내가 징벌할
지며 그 후에 네 자손이 큰 재물을
이끌고 나오리라
15 너는 장수하다가 평안히 조상에게
로 돌아가 장사될 것이요
16 네 자손은 사대 만에 이 땅으로 돌
아오리니 이는 아모리 족속의 죄악
이 아직 가득 차지 아니함이니라 하
시더니
17 해가 져서 어두울 때에 연기 나는
화로가 보이며 타는 횃불이 쪼갠

교가 사이로 지나더라
18 그 날에 야훼께서 아브람과 더불어
언약을 세워 이르시되 내가 이 땅
을 애굽 강에서부터 그 큰 강 유브
라데까지 네 자손에게 주노니
19 곧 겐 족속과 그니스 족속과 갓몬
족속과
20 헷 족속과 브리스 족속과 르바 족
속과
21 아모리 족속과 가나안 족속과 기르
가스 족속과 여부스 족속의 땅이니
라 하셨더라

16 아브람의 아내 사래는 출산하지
못하였고 그에게 한 여종이 있으니
애굽 사람이요 이름은 하갈이라
2 사래가 아브람에게 이르되 야훼께
서 내 출산을 허락하지 아니하셨으
니 원하건대 내 여종에게 들어가라
내가 혹 그로 말미암아 자녀를 얻
을까 하노라 하매 아브람이 사래의
말을 들으니라
3 아브람의 아내 사래가 그 여종 애
굽 사람 하갈을 데려다가 그 남편
아브람에게 첩으로 준 때는 아브람
이 가나안 땅에 거주한 지 십 년 후
였더라
4 아브람이 하갈과 동침하였더니 하
갈이 임신하매 그가 자기의 임신함
을 알고 그의 여주인을 멸시한지라
5 사래가 아브람에게 이르되 내가 받
는 모욕은 당신이 받아야 옳도다
내가 나의 여종을 당신의 품에 두
었거늘 그가 자기의 임신함을 알고
나를 멸시하니 당신과 나 사이에
야훼께서 판단하시기를 원하노라
6 아브람이 사래에게 이르되 당신의
여종은 당신의 수중에 있으니 당신
의 눈에 좋을 대로 그에게 행하라
하매 사래가 하갈을 학대하였더니
하갈이 사래 앞에서 도망하였더라
7 야훼의 사자가 광야의 샘물 곁 곧
술 길 샘 곁에서 그를 만나
8 이르되 사래의 여종 하갈아 네가
어디서 왔으며 어디로 가느냐 그가
이르되 나는 내 여주인 사래를 피
하여 도망하나이다
9 야훼의 사자가 그에게 이르되 네
여주인에게로 돌아가서 그 수하에
복종하라
10 야훼의 사자가 또 그에게 이르되
내가 네 씨를 크게 번성하여 그 수
가 많아 셀 수 없게 하리라
11 야훼의 사자가 또 그에게 이르되
네가 임신하였은즉 아들을 낳으리
니 그 이름을 이스마엘이라 하라
이는 야훼께서 네 고통을 들으셨음
이니라
12 그가 사람 중에 들나귀 같이 되리
니 그의 손이 모든 사람을 치겠고
모든 사람의 손이 그를 칠지며 그

기록일 : . . .

가 모든 형제와 대항해서 살리라
하니라
13 하갈이 자기에게 이르신 야훼의 이
름을 나를 살피시는 하나님이라 하
였으니 이는 내가 어떻게 여기서 나
를 살피시는 하나님을 뵈었는고 함
이라
14 이러므로 그 샘을 브엘라해로이라
불렀으며 그것은 가데스와 베렛 사
이에 있더라
15 하갈이 아브람의 아들을 낳으매 아
브람이 하갈이 낳은 그 아들을 이
름하여 이스마엘이라 하였더라
16 하갈이 아브람에게 이스마엘을 낳
았을 때에 아브람이 팔십육 세였
더라

17 아브람이 구십구 세 때에 야훼께
서 아브람에게 나타나서 그에게 이
르시되 나는 전능한 하나님이라 너
는 내 앞에서 행하여 완전하라
2 내가 내 언약을 나와 너 사이에 두
어 너를 크게 번성하게 하리라 하
시니
3 아브람이 엎드렸더니 하나님이 또
그에게 말씀하여 이르시되
4 보라 내 언약이 너와 함께 있으니
너는 여러 민족의 아버지가 될지라
5 이제 후로는 네 이름을 아브람이라
하지 아니하고 아브라함이라 하리
니 이는 내가 너를 여러 민족의 아
버지가 되게 함이니라
6 내가 너로 심히 번성하게 하리니 내
가 네게서 민족들이 나게 하며 왕
들이 네게로부터 나오리라
7 내가 내 언약을 나와 너 및 네 대대
후손 사이에 세워서 영원한 언약을
삼고 너와 네 후손의 하나님이 되
리라
8 내가 너와 네 후손에게 네가 거류
하는 이 땅 곧 가나안 온 땅을 주어
영원한 기업이 되게 하고 나는 그
들의 하나님이 되리라
9 하나님이 또 아브라함에게 이르시
되 그런즉 너는 내 언약을 지키고
네 후손도 대대로 지키라
10 너희 중 남자는 다 할례를 받으라
이것이 나와 너희와 너희 후손 사
이에 지킬 내 언약이니라
11 너희는 포피를 베어라 이것이 나와
너희 사이의 언약의 표징이니라
12 너희의 대대로 모든 남자는 집에
서 난 자나 또는 너희 자손이 아니
라 이방 사람에게서 돈으로 산 자
를 막론하고 난 지 팔 일 만에 할례
를 받을 것이라
13 너희 집에서 난 자든지 너희 돈으
로 산 자든지 할례를 받아야 하리
니 이에 내 언약이 너희 살에 있어
영원한 언약이 되려니와
14 할례를 받지 아니한 남자 곧 그 포

기록일 : . . .

피를 베지 아니한 자는 백성 중에
서 끊어지리니 그가 내 언약을 배반
하였음이니라
15 하나님이 또 아브라함에게 이르시
되 네 아내 사래는 이름을 사래라
하지 말고 사라라 하라
16 내가 그에게 복을 주어 그가 네게
아들을 낳아 주게 하며 내가 그에
게 복을 주어 그를 여러 민족의 어
머니가 되게 하리니 민족의 여러 왕
이 그에게서 나리라
17 아브라함이 엎드려 웃으며 마음속
으로 이르되 백 세 된 사람이 어찌
자식을 낳을까 사라는 구십 세니
어찌 출산하리요 하고
18 아브라함이 이에 하나님께 아뢰되
이스마엘이나 하나님 앞에 살기를
원하나이다
19 하나님이 이르시되 아니라 네 아내
사라가 네게 아들을 낳으리니 너는
그 이름을 이삭이라 하라 내가 그
와 내 언약을 세우리니 그의 후손
에게 영원한 언약이 되리라
20 이스마엘에 대하여는 내가 네 말
을 들었나니 내가 그에게 복을 주
어 그를 매우 크게 생육하고 번성
하게 할지라 그가 열두 두령을 낳
으리니 내가 그를 큰 나라가 되게
하려니와
21 내 언약은 내가 내년 이 시기에 사
라가 네게 낳을 이삭과 세우리라
22 하나님이 아브라함과 말씀을 마치
시고 그를 떠나 올라가셨더라
23 이에 아브라함이 하나님이 자기에
게 말씀하신 대로 이 날에 그 아들
이스마엘과 집에서 태어난 모든 자
와 돈으로 산 모든 자 곧 아브라함
의 집 사람 중 모든 남자를 데려다
가 그 포피를 베었으니
24 아브라함이 그의 포피를 벤 때는
구십구 세였고
25 그의 아들 이스마엘이 그의 포피를
벤 때는 십삼 세였더라
26 그 날에 아브라함과 그 아들 이스
마엘이 할례를 받았고
27 그 집의 모든 남자 곧 집에서 태어
난 자와 돈으로 이방 사람에게서
사온 자가 다 그와 함께 할례를 받
았더라

18

야훼께서 마므레의 상수리나무
들이 있는 곳에서 아브라함에게 나
타나시니라 날이 뜨거울 때에 그가
장막 문에 앉아 있다가
2 눈을 들어 본즉 사람 셋이 맞은편
에 서 있는지라 그가 그들을 보자
곧 장막 문에서 달려나가 영접하며
몸을 땅에 굽혀
3 이르되 내 주여 내가 주께 은혜를
입었사오면 원하건대 종을 떠나 지
나가지 마시옵고

기록일 : . . .

4 물을 조금 가져오게 하사 당신들
의 발을 씻으시고 나무 아래에서
쉬소서
5 내가 떡을 조금 가져오리니 당신들
의 마음을 상쾌하게 하신 후에 지
나가소서 당신들이 종에게 오셨음
이니이다 그들이 이르되 네 말대로
그리하라
6 아브라함이 급히 장막으로 가서 사
라에게 이르되 속히 고운 가루 세
스아를 가져다가 반죽하여 떡을 만
들라 하고
7 아브라함이 또 가축 떼 있는 곳으
로 달려가서 기름지고 좋은 송아지
를 잡아 하인에게 주니 그가 급히
요리한지라
8 아브라함이 엉긴 젖과 우유와 하인
이 요리한 송아지를 가져다가 그들
앞에 차려 놓고 나무 아래에 모셔
서매 그들이 먹으니라
9 그들이 아브라함에게 이르되 네 아
내 사라가 어디 있느냐 대답하되
장막에 있나이다
10 그가 이르시되 내년 이맘때 내가 반
드시 네게로 돌아오리니 네 아내 사
라에게 아들이 있으리라 하시니 사
라가 그 뒤 장막 문에서 들었더라
11 아브라함과 사라는 나이가 많아 늙
었고 사라에게는 여성의 생리가 끊
어졌는지라
12 사라가 속으로 웃고 이르되 내가
노쇠하였고 내 주인도 늙었으니 내
게 무슨 즐거움이 있으리요
13 야훼께서 아브라함에게 이르시되
사라가 왜 웃으며 이르기를 내가
늙었거늘 어떻게 아들을 낳으리요
하느냐
14 야훼께 능하지 못한 일이 있겠느
냐 기한이 이를 때에 내가 네게로
돌아오리니 사라에게 아들이 있으
리라
15 사라가 두려워서 부인하여 이르되
내가 웃지 아니하였나이다 이르시
되 아니라 네가 웃었느니라
16 그 사람들이 거기서 일어나서 소돔
으로 향하고 아브라함은 그들을 전
송하러 함께 나가니라
17 야훼께서 이르시되 내가 하려는 것
을 아브라함에게 숨기겠느냐
18 아브라함은 강대한 나라가 되고 천
하 만민은 그로 말미암아 복을 받
게 될 것이 아니냐
19 내가 그로 그 자식과 권속에게 명
하여 야훼의 도를 지켜 의와 공도
를 행하게 하려고 그를 택하였나니
이는 나 야훼가 아브라함에게 대하
여 말한 일을 이루려 함이니라
20 야훼께서 또 이르시되 소돔과 고모
라에 대한 부르짖음이 크고 그 죄
악이 심히 무거우니

기록일 : . . .

12 내가 이제 내려가서 그 모든 행한
것이 과연 내게 들린 부르짖음과
같은지 그렇지 않은지 내가 보고
알려 하노라
22 그 사람들이 거기서 떠나 소돔으로
향하여 가고 아브라함은 야훼 앞에
그대로 섰더니
23 아브라함이 가까이 나아가 이르되
주께서 의인을 악인과 함께 멸하려
하시나이까
24 그 성 중에 의인 오십 명이 있을지
라도 주께서 그 곳을 멸하시고 그
오십 의인을 위하여 용서하지 아니
하시리이까
25 주께서 이같이 하사 의인을 악인과
함께 죽이심은 부당하오며 의인과
악인을 같이 하심도 부당하니이다
세상을 심판하시는 이가 정의를 행
하실 것이 아니니이까
26 야훼께서 이르시되 내가 만일 소
돔 성읍 가운데에서 의인 오십 명
을 찾으면 그들을 위하여 온 지역
을 용서하리라
27 아브라함이 대답하여 이르되 나는
티끌이나 재와 같사오나 감히 주께
아뢰나이다
28 오십 의인 중에 오 명이 부족하다
면 그 오 명이 부족함으로 말미암
아 온 성읍을 멸하시리이까 이르시
되 내가 거기서 사십오 명을 찾으면
멸하지 아니하리라
29 아브라함이 또 아뢰어 이르되 거기
서 사십 명을 찾으시면 어찌 하려
하시나이까 이르시되 사십 명으로
말미암아 멸하지 아니하리라
30 아브라함이 이르되 내 주여 노하지
마시옵고 말씀하게 하옵소서 거기서
삼십 명을 찾으시면 어찌 하려 하시
나이까 이르시되 내가 거기서 삼십
명을 찾으면 그리하지 아니하리라
31 아브라함이 또 이르되 내가 감히
내 주께 아뢰나이다 거기서 이십 명
을 찾으시면 어찌 하려 하시나이까
이르시되 내가 이십 명으로 말미암
아 그리하지 아니하리라
32 아브라함이 또 이르되 주는 노하
지 마옵소서 내가 이번만 더 아뢰리
이다 거기서 십 명을 찾으시면 어찌
하려 하시나이까 이르시되 내가 십
명으로 말미암아 멸하지 아니하리라
33 야훼께서 아브라함과 말씀을 마치
시고 가시니 아브라함도 자기 곳으
로 돌아갔더라

19

저녁 때에 그 두 천사가 소돔에
이르니 마침 롯이 소돔 성문에 앉
아 있다가 그들을 보고 일어나 영
접하고 땅에 엎드려 절하며
2 이르되 내 주여 돌이켜 종의 집으
로 들어와 발을 씻고 주무시고 일
찍이 일어나 갈 길을 가소서 그들

기록일 : . . .

이 이르되 아니라 우리가 거리에서
밤을 새우리라
3 롯이 간청하매 그제서야 돌이켜 그
집으로 들어오는지라 롯이 그들을
위하여 식탁을 베풀고 무교병을 구
우니 그들이 먹으니라
4 그들이 눕기 전에 그 성 사람 곧 소
돔 백성들이 노소를 막론하고 원근
에서 다 모여 그 집을 에워싸고
5 롯을 부르고 그에게 이르되 오늘
밤에 네게 온 사람들이 어디 있느
냐 이끌어 내라 우리가 그들을 상
관하리라
6 롯이 문 밖의 무리에게로 나가서
뒤로 문을 닫고
7 이르되 청하노니 내 형제들아 이런
악을 행하지 말라
8 내게 남자를 가까이 하지 아니한
두 딸이 있노라 청하건대 내가 그
들을 너희에게로 이끌어 내리니 너
희 눈에 좋을 대로 그들에게 행하
고 이 사람들은 내 집에 들어왔은
즉 이 사람들에게는 아무 일도 저
지르지 말라
9 그들이 이르되 너는 물러나라 또
이르되 이 자가 들어와서 거류하면
서 우리의 법관이 되려 하는도다 이
제 우리가 그들보다 너를 더 해하
리라 하고 롯을 밀치며 가까이 가
서 그 문을 부수려고 하는지라
10 그 사람들이 손을 내밀어 롯을 집
으로 끌어들이고 문을 닫고
11 문 밖의 무리를 대소를 막론하고
그 눈을 어둡게 하니 그들이 문을
찾느라고 헤매었더라
12 그 사람들이 롯에게 이르되 이 외
에 네게 속한 자가 또 있느냐 네 사
위나 자녀나 성 중에 네게 속한 자
들을 다 성 밖으로 이끌어 내라
13 그들에 대한 부르짖음이 야훼 앞에
크므로 야훼께서 이 곳을 멸하시려
고 우리를 보내셨나니 우리가 멸하
리라
14 롯이 나가서 그 딸들과 결혼할 사
위들에게 말하여 이르기를 야훼께
서 이 성을 멸하실 터이니 너희는
일어나 이 곳에서 떠나라 하되 그
의 사위들은 농담으로 여겼더라
15 동틀 때에 천사가 롯을 재촉하여
이르되 일어나 여기 있는 네 아내와
두 딸을 이끌어 내라 이 성의 죄악
중에 함께 멸망할까 하노라
16 그러나 롯이 지체하매 그 사람들이
롯의 손과 그 아내의 손과 두 딸의
손을 잡아 인도하여 성 밖에 두니
야훼께서 그에게 자비를 더하심이
었더라
17 그 사람들이 그들을 밖으로 이끌어
낸 후에 이르되 도망하여 생명을
보존하라 돌아보거나 들에 머물지

기록일 : . . .

말고 산으로 도망하여 멸망함을 면
하라
18 롯이 그들에게 이르되 내 주여 그
리 마옵소서
19 주의 종이 주께 은혜를 입었고 주
께서 큰 인자를 내게 베푸사 내 생
명을 구원하시오나 내가 도망하여
산에까지 갈 수 없나이다 두렵건대
재앙을 만나 죽을까 하나이다
20 보소서 저 성읍은 도망하기에 가
깝고 작기도 하오니 나를 그 곳으
로 도망하게 하소서 이는 작은 성
읍이 아니니이까 내 생명이 보존되
리이다
21 그가 그에게 이르되 내가 이 일에
도 네 소원을 들었은즉 네가 말하
는 그 성읍을 멸하지 아니하리니
22 그리로 속히 도망하라 네가 거기
이르기까지는 내가 아무 일도 행할
수 없노라 하였더라 그러므로 그
성읍 이름을 소알이라 불렀더라
23 롯이 소알에 들어갈 때에 해가 돋
았더라
24 야훼께서 하늘 곧 야훼께로부터 유
황과 불을 소돔과 고모라에 비같이
내리사
25 그 성들과 온 들과 성에 거주하는
모든 백성과 땅에 난 것을 다 엎어
멸하셨더라
26 롯의 아내는 뒤를 돌아보았으므로
소금 기둥이 되었더라
27 아브라함이 그 아침에 일찍이 일어
나 야훼 앞에 서 있던 곳에 이르러
28 소돔과 고모라와 그 온 지역을 향
하여 눈을 들어 연기가 옹기 가마
의 연기같이 치솟음을 보았더라
29 하나님이 그 지역의 성을 멸하실 때
곧 롯이 거주하는 성을 엎으실 때
에 하나님이 아브라함을 생각하사
롯을 그 엎으시는 중에서 내보내셨
더라
30 롯이 소알에 거주하기를 두려워하
여 두 딸과 함께 소알에서 나와 산
에 올라가 거주하되 그 두 딸과 함
께 굴에 거주하였더니
31 큰 딸이 작은 딸에게 이르되 우리
아버지는 늙으셨고 온 세상의 도리
를 따라 우리의 배필 될 사람이 이
땅에는 없으니
32 우리가 우리 아버지에게 술을 마
시게 하고 동침하여 우리 아버지로
말미암아 후손을 이어가자 하고
33 그 밤에 그들이 아버지에게 술을
마시게 하고 큰 딸이 들어가서 그
아버지와 동침하니라 그러나 그 아
버지는 그 딸이 눕고 일어나는 것
을 깨닫지 못하였더라
34 이튿날 큰 딸이 작은 딸에게 이르
되 어제 밤에는 내가 우리 아버지
와 동침하였으니 오늘 밤에도 우리

가 아버지에게 술을 마시게 하고 네
가 들어가 동침하고 우리가 아버지
로 말미암아 후손을 이어가자 하고
35 그 밤에도 그들이 아버지에게 술을
마시게 하고 작은 딸이 일어나 아
버지와 동침하니라 그러나 아버지
는 그 딸이 눕고 일어나는 것을 깨
닫지 못하였더라
36 롯의 두 딸이 아버지로 말미암아
임신하고
37 큰 딸은 아들을 낳아 이름을 모압
이라 하였으니 오늘날 모압의 조상
이요
38 작은 딸도 아들을 낳아 이름을 벤
암미라 하였으니 오늘날 암몬 자손
의 조상이었더라

20 아브라함이 거기서 네게브 땅으
로 옮겨가 가데스와 술 사이 그랄
에 거류하며
2 그의 아내 사라를 자기 누이라 하
였으므로 그랄 왕 아비멜렉이 사람
을 보내어 사라를 데려갔더니
3 그 밤에 하나님이 아비멜렉에게 현
몽하시고 그에게 이르시되 네가 데
려간 이 여인으로 말미암아 네가
죽으리니 그는 남편이 있는 여자임
이라
4 아비멜렉이 그 여인을 가까이 하지
아니하였으므로 그가 대답하되 주
여 주께서 의로운 백성도 멸하시나
이까
5 그가 나에게 이는 내 누이라고 하
지 아니하였나이까 그 여인도 그는
내 오라비라 하였사오니 나는 온전
한 마음과 깨끗한 손으로 이렇게
하였나이다
6 하나님이 꿈에 또 그에게 이르시되
네가 온전한 마음으로 이렇게 한
줄을 나도 알았으므로 너를 막아
내게 범죄하지 아니하게 하였나니
여인에게 가까이 하지 못하게 함이
이 때문이니라
7 이제 그 사람의 아내를 돌려보내라
그는 선지자라 그가 너를 위하여
기도하리니 네가 살려니와 네가 돌
려보내지 아니하면 너와 네게 속한
자가 다 반드시 죽을 줄 알지니라
8 아비멜렉이 그 날 아침에 일찍이
일어나 모든 종들을 불러 그 모든
일을 말하여 들려 주니 그들이 심히
두려워하였더라
9 아비멜렉이 아브라함을 불러서 그
에게 이르되 네가 어찌하여 우리에
게 이렇게 하느냐 내가 무슨 죄를
네게 범하였기에 네가 나와 내 나
라가 큰 죄에 빠질 뻔하게 하였느
냐 네가 합당하지 아니한 일을 내
게 행하였도다 하고
10 아비멜렉이 또 아브라함에게 이르
되 네가 무슨 뜻으로 이렇게 하였

기록일 : . . .

느냐
11 아브라함이 이르되 이 곳에서는 하
나님을 두려워함이 없으니 내 아내
로 말미암아 사람들이 나를 죽일까
생각하였음이요
12 또 그는 정말로 나의 이복 누이로
서 내 아내가 되었음이니라
13 하나님이 나를 내 아버지의 집을
떠나 두루 다니게 하실 때에 내가
아내에게 말하기를 이 후로 우리의
가는 곳마다 그대는 나를 그대의
오라비라 하라 이것이 그대가 내게
베풀 은혜라 하였었노라
14 아비멜렉이 양과 소와 종들을 이끌
어 아브라함에게 주고 그의 아내
사라도 그에게 돌려보내고
15 아브라함에게 이르되 내 땅이 네
앞에 있으니 네가 보기에 좋은 대
로 거주하라 하고
16 사라에게 이르되 내가 은 천 개를
네 오라비에게 주어서 그것으로 너
와 함께 한 여러 사람 앞에서 네 수
치를 가리게 하였노니 네 일이 다
해결되었느니라
17 아브라함이 하나님께 기도하매 하
나님이 아비멜렉과 그의 아내와 여
종을 치료하사 출산하게 하셨으니
18 야훼께서 이왕에 아브라함의 아내
사라의 일로 아비멜렉의 집의 모든
태를 닫으셨음이더라

21

야훼께서 말씀하신 대로 사라를
돌보셨고 야훼께서 말씀하신 대로
사라에게 행하셨으므로
2 사라가 임신하고 하나님이 말씀하
신 시기가 되어 노년의 아브라함에
게 아들을 낳으니
3 아브라함이 그에게 태어난 아들 곧
사라가 자기에게 낳은 아들을 이름
하여 이삭이라 하였고
4 그 아들 이삭이 난 지 팔 일 만에
그가 하나님이 명령하신 대로 할례
를 행하였더라
5 아브라함이 그의 아들 이삭이 그에
게 태어날 때에 백 세라
6 사라가 이르되 하나님이 나를 웃게
하시니 듣는 자가 다 나와 함께 웃
으리로다
7 또 이르되 사라가 자식들을 젖먹이
겠다고 누가 아브라함에게 말하였
으리요마는 아브라함의 노경에 내
가 아들을 낳았도다 하니라
8 아이가 자라매 젖을 떼고 이삭이
젖을 떼는 날에 아브라함이 큰 잔
치를 베풀었더라
9 사라가 본즉 아브라함의 아들 애굽
여인 하갈의 아들이 이삭을 놀리는
지라
10 그가 아브라함에게 이르되 이 여종
과 그 아들을 내쫓으라 이 종의 아
들은 내 아들 이삭과 함께 기업을

기록일 : . . .

얻지 못하리라 하므로
11 아브라함이 그의 아들로 말미암아
그 일이 매우 근심이 되었더니
12 하나님이 아브라함에게 이르시되
네 아이나 네 여종으로 말미암아
근심하지 말고 사라가 네게 이른
말을 다 들으라 이삭에게서 나는
자라야 네 씨라 부를 것임이니라
13 그러나 여종의 아들도 네 씨니 내
가 그로 한 민족을 이루게 하리라
하신지라
14 아브라함이 아침에 일찍이 일어나
떡과 물 한 가죽부대를 가져다가
하갈의 어깨에 메워 주고 그 아이
를 데리고 가게 하니 하갈이 나가
서 브엘세바 광야에서 방황하더니
15 가죽부대의 물이 떨어진지라 그 자
식을 관목덤불 아래에 두고
16 이르되 아이가 죽는 것을 차마 보
지 못하겠다 하고 화살 한 바탕 거
리 떨어져 마주 앉아 바라보며 소
리 내어 우니
17 하나님이 그 어린 아이의 소리를 들
으셨으므로 하나님의 사자가 하늘
에서부터 하갈을 불러 이르시되 하
갈아 무슨 일이냐 두려워하지 말라
하나님이 저기 있는 아이의 소리를
들으셨나니
18 일어나 아이를 일으켜 네 손으로
붙들라 그가 큰 민족을 이루게 하
리라 하시니라
19 하나님이 하갈의 눈을 밝히셨으므
로 샘물을 보고 가서 가죽부대에
물을 채워다가 그 아이에게 마시게
하였더라
20 하나님이 그 아이와 함께 계시매
그가 장성하여 광야에서 거주하며
활 쏘는 자가 되었더니
21 그가 바란 광야에 거주할 때에 그
의 어머니가 그를 위하여 애굽 땅
에서 아내를 얻어 주었더라
22 그 때에 아비멜렉과 그 군대 장관
비골이 아브라함에게 말하여 이르
되 네가 무슨 일을 하든지 하나님
이 너와 함께 계시도다
23 그런즉 너는 나와 내 아들과 내 손
자에게 거짓되이 행하지 아니하기
를 이제 여기서 하나님을 가리켜 내
게 맹세하라 내가 네게 후대한 대
로 너도 나와 네가 머무는 이 땅에
행할 것이니라
24 아브라함이 이르되 내가 맹세하리
라 하고
25 아비멜렉의 종들이 아브라함의 우
물을 빼앗은 일에 관하여 아브라함
이 아비멜렉을 책망하매
26 아비멜렉이 이르되 누가 그리하였
는지 내가 알지 못하노라 너도 내
게 알리지 아니하였고 나도 듣지
못하였더니 오늘에야 들었노라

기록일 : . . .

27 아브라함이 양과 소를 가져다가 아
비멜렉에게 주고 두 사람이 서로
언약을 세우니라
28 아브라함이 일곱 암양 새끼를 따로
놓으니
29 아비멜렉이 아브라함에게 이르되
이 일곱 암양 새끼를 따로 놓음은
어찜이냐
30 아브라함이 이르되 너는 내 손에서
이 암양 새끼 일곱을 받아 내가 이
우물 판 증거를 삼으라 하고
31 두 사람이 거기서 서로 맹세하였으
므로 그 곳을 브엘세바라 이름하였
더라
32 그들이 브엘세바에서 언약을 세우
매 아비멜렉과 그 군대 장관 비골
은 떠나 블레셋 사람의 땅으로 돌
아갔고
33 아브라함은 브엘세바에 에셀 나무
를 심고 거기서 영원하신 여호와의 이
름을 불렀으며
34 그가 블레셋 사람의 땅에서 여러
날을 지냈더라

22 그 일 후에 하나님이 아브라함
을 시험하시려고 그를 부르시되 아
브라함아 하시니 그가 이르되 내가
여기 있나이다
2 여호와께서 이르시되 네 아들 네 사
랑하는 독자 이삭을 데리고 모리아
땅으로 가서 내가 네게 일러 준 한
산 거기서 그를 번제로 드리라
3 아브라함이 아침에 일찍이 일어나
나귀에 안장을 지우고 두 종과 그
의 아들 이삭을 데리고 번제에 쓸
나무를 쪼개어 가지고 떠나 하나님
이 자기에게 일러 주신 곳으로 가
더니
4 제삼일에 아브라함이 눈을 들어 그
곳을 멀리 바라본지라
5 이에 아브라함이 종들에게 이르되
너희는 나귀와 함께 여기서 기다리
라 내가 아이와 함께 저기 가서 예
배하고 우리가 너희에게로 돌아오
리라 하고
6 아브라함이 이에 번제 나무를 가져
다가 그의 아들 이삭에게 지우고
자기는 불과 칼을 손에 들고 두 사
람이 동행하더니
7 이삭이 그 아버지 아브라함에게 말
하여 이르되 내 아버지여 하니 그가
이르되 내 아들아 내가 여기 있노
라 이삭이 이르되 불과 나무는 있
거니와 번제할 어린 양은 어디 있나
이까
8 아브라함이 이르되 내 아들아 번제
할 어린 양은 하나님이 자기를 위
하여 친히 준비하시리라 하고 두 사
람이 함께 나아가서
9 하나님이 그에게 일러 주신 곳에 이
른지라 이에 아브라함이 그 곳에

제단을 쌓고 나무를 벌여 놓고 그
의 아들 이삭을 결박하여 제단 나
무 위에 놓고
10 손을 내밀어 칼을 잡고 그 아들을
잡으려 하니
11 야훼의 사자가 하늘에서부터 그를
불러 이르시되 아브라함아 아브라
함아 하시는지라 아브라함이 이르
되 내가 여기 있나이다 하매
12 사자가 이르시되 그 아이에게 네
손을 대지 말라 그에게 아무 일도
하지 말라 네가 네 아들 네 독자까
지도 내게 아끼지 아니하였으니 내
가 이제야 네가 하나님을 경외하는
줄을 아노라
13 아브라함이 눈을 들어 살펴본즉 한
숫양이 뒤에 있는데 뿔이 수풀에
걸려 있는지라 아브라함이 가서 그
숫양을 가져다가 아들을 대신하여
번제로 드렸더라
14 아브라함이 그 땅 이름을 야훼 이
레라 하였으므로 오늘날까지 사람
들이 이르기를 야훼의 산에서 준비
되리라 하더라
15 야훼의 사자가 하늘에서부터 두 번
째 아브라함을 불러
16 이르시되 야훼께서 이르시기를 내
가 나를 가리켜 맹세하노니 네가
이같이 행하여 네 아들 네 독자도
아끼지 아니하였은즉
17 내가 네게 큰 복을 주고 네 씨가 크
게 번성하여 하늘의 별과 같고 바닷
가의 모래와 같게 하리니 네 씨가
그 대적의 성문을 차지하리라
18 또 네 씨로 말미암아 천하 만민이
복을 받으리니 이는 네가 나의 말을
준행하였음이니라 하셨다 하니라
19 이에 아브라함이 그의 종들에게로
돌아가서 함께 떠나 브엘세바에 이
르러 거기 거주하였더라
20 이 일 후에 어떤 사람이 아브라함
에게 알리어 이르기를 밀가가 당신
의 형제 나홀에게 자녀를 낳았다
하였더라
21 그의 맏아들은 우스요 우스의 형제
는 부스와 아람의 아버지 그므엘과
22 게셋과 하소와 빌다스와 이들랍과
브두엘이라
23 이 여덟 사람은 아브라함의 형제
나홀의 아내 밀가의 소생이며 브두
엘은 리브가를 낳았고
24 나홀의 첩 르우마라 하는 자도 데
바와 가함과 다하스와 마아가를 낳
았더라

23 사라가 백이십칠 세를 살았으니
이것이 곧 사라가 누린 햇수라
2 사라가 가나안 땅 헤브론 곧 기럇
아르바에서 죽으매 아브라함이 들
어가서 사라를 위하여 슬퍼하며 애
통하다가

기록일 : . . .

3 그 시신 앞에서 일어나 나가서 헷
족속에게 말하여 이르되
4 나는 당신들 중에 나그네요 거류하
는 자이니 당신들 중에서 내게 매
장할 소유지를 주어 내가 나의 죽
은 자를 내 앞에서 내어다가 장사
하게 하시오
5 헷 족속이 아브라함에게 대답하여
이르되
6 내 주여 들으소서 당신은 우리 가
운데 있는 하나님이 세우신 지도자
이시니 우리 묘실 중에서 좋은 것을
택하여 당신의 죽은 자를 장사하소
서 우리 중에서 자기 묘실에 당신의
죽은 자 장사함을 금할 자가 없으
리이다
7 아브라함이 일어나 그 땅 주민 헷
족속을 향하여 몸을 굽히고
8 그들에게 말하여 이르되 나로 나의
죽은 자를 내 앞에서 내어다가 장
사하게 하는 일이 당신들의 뜻일진
대 내 말을 듣고 나를 위하여 소할
의 아들 에브론에게 구하여
9 그가 그의 밭머리에 있는 그의 막
벨라 굴을 내게 주도록 하되 충분
한 대가를 받고 그 굴을 내게 주어
당신들 중에서 매장할 소유지가 되
게 하기를 원하노라 하매
10 에브론이 헷 족속 중에 앉아 있더
니 그가 헷 족속 곧 성문에 들어온
모든 자가 듣는 데서 아브라함에게
대답하여 이르되
11 내 주여 그리 마시고 내 말을 들으
소서 내가 그 밭을 당신에게 드리
고 그 속의 굴도 내가 당신에게 드
리되 내가 내 동족 앞에서 당신에
게 드리오니 당신의 죽은 자를 장
사하소서
12 아브라함이 이에 그 땅의 백성 앞
에서 몸을 굽히고
13 그 땅의 백성이 듣는 데서 에브론
에게 말하여 이르되 당신이 합당히
여기면 청하건대 내 말을 들으시오
내가 그 밭 값을 당신에게 주리니
당신은 내게서 받으시오 내가 나의
죽은 자를 거기 장사하겠노라
14 에브론이 아브라함에게 대답하여
이르되
15 내 주여 내 말을 들으소서 땅 값은
은 사백 세겔이나 그것이 나와 당
신 사이에 무슨 문제가 되리이까
당신의 죽은 자를 장사하소서
16 아브라함이 에브론의 말을 따라 에
브론이 헷 족속이 듣는 데서 말한
대로 상인이 통용하는 은 사백 세
겔을 달아 에브론에게 주었더니
17 마므레 앞 막벨라에 있는 에브론의
밭 곧 그 밭과 거기에 속한 굴과 그
밭과 그 주위에 둘린 모든 나무가
18 성 문에 들어온 모든 헷 족속이 보

는 데서 아브라함의 소유로 확정된
지라
19 그 후에 아브라함이 그 아내 사라
를 가나안 땅 마므레 앞 막벨라 밭
굴에 장사하였더라 (마므레는 곧
헤브론이라)
20 이와 같이 그 밭과 거기에 속한 굴
이 헷 족속으로부터 아브라함이 매
장할 소유지로 확정되었더라
24 아브라함이 나이가 많아 늙었고
야훼께서 그에게 범사에 복을 주
셨더라
2 아브라함이 자기 집 모든 소유를
맡은 늙은 종에게 이르되 청하건대
내 허벅지 밑에 네 손을 넣으라
3 내가 너에게 하늘의 하나님, 땅의
하나님이신 야훼를 가리켜 맹세하
게 하노니 너는 내가 거주하는 이
지방 가나안 족속의 딸 중에서 내
아들을 위하여 아내를 택하지 말고
4 내 고향 내 족속에게로 가서 내 아
들 이삭을 위하여 아내를 택하라
5 종이 이르되 여자가 나를 따라 이
땅으로 오려고 하지 아니하거든 내
가 주인의 아들을 주인이 나오신
땅으로 인도하여 돌아가리이까
6 아브라함이 그에게 이르되 내 아들
을 그리로 데리고 돌아가지 아니하
도록 하라
7 하늘의 하나님 야훼께서 나를 내
아버지의 집과 내 고향 땅에서 떠
나게 하시고 내게 말씀하시며 내게
맹세하여 이르시기를 이 땅을 네
씨에게 주리라 하셨으니 그가 그
사자를 너보다 앞서 보내실지라 네
가 거기서 내 아들을 위하여 아내
를 택할지니라
8 만일 여자가 너를 따라 오려고 하
지 아니하면 나의 이 맹세가 너와
상관이 없나니 오직 내 아들을 데
리고 그리로 가지 말지니라
9 그 종이 이에 그의 주인 아브라함
의 허벅지 아래에 손을 넣고 이 일
에 대하여 그에게 맹세하였더라
10 이에 종이 그 주인의 낙타 중 열 필
을 끌고 떠났는데 곧 그의 주인의
모든 좋은 것을 가지고 떠나 메소보
다미아로 가서 나홀의 성에 이르러
11 그 낙타를 성 밖 우물 곁에 꿇렸으
니 저녁 때라 여인들이 물을 길으러
나올 때였더라
12 그가 이르되 우리 주인 아브라함의
하나님 야훼여 원하건대 오늘 나에
게 순조롭게 만나게 하사 내 주인
아브라함에게 은혜를 베푸시옵소서
13 성 중 사람의 딸들이 물 길으러 나
오겠사오니 내가 우물 곁에 서 있
다가
14 한 소녀에게 이르기를 청하건대 너
는 물동이를 기울여 나로 마시게

하라 하리니 그의 대답이 마시라
내가 당신의 낙타에게도 마시게 하
리라 하면 그는 주께서 주의 종 이
삭을 위하여 정하신 자라 이로 말
미암아 주께서 내 주인에게 은혜
베푸심을 내가 알겠나이다
15 말을 마치기도 전에 리브가가 물동
이를 어깨에 메고 나오니 그는 아
브라함의 동생 나홀의 아내 밀가의
아들 브두엘의 소생이라
16 그 소녀는 보기에 심히 아리땁고
지금까지 남자가 가까이 하지 아니
한 처녀더라 그가 우물로 내려가서
물을 그 물동이에 채워가지고 올라
오는지라
17 종이 마주 달려가서 이르되 청하건
대 네 물동이의 물을 내게 조금 마
시게 하라
18 그가 이르되 내 주여 마시소서 하
며 급히 그 물동이를 손에 내려 마
시게 하고
19 마시게 하기를 다하고 이르되 당
신의 낙타를 위하여서도 물을 길어
그것들도 배불리 마시게 하리이다
하고
20 급히 물동이의 물을 구유에 붓고
다시 길으려고 우물로 달려가서 모
든 낙타를 위하여 긷는지라
21 그 사람이 그를 묵묵히 주목하며
야훼께서 과연 평탄한 길을 주신
여부를 알고자 하더니
22 낙타가 마시기를 다하매 그가 반
세겔 무게의 금 코걸이 한 개와 열
세겔 무게의 금 손목고리 한 쌍을
그에게 주며
23 이르되 네가 누구의 딸이냐 청하건
대 내게 말하라 네 아버지의 집에
우리가 유숙할 곳이 있느냐
24 그 여자가 그에게 이르되 나는 밀
가가 나홀에게서 낳은 아들 브두엘
의 딸이니이다
25 또 이르되 우리에게 짚과 사료가
족하며 유숙할 곳도 있나이다
26 이에 그 사람이 머리를 숙여 야훼
께 경배하고
27 이르되 나의 주인 아브라함의 하나
님 야훼를 찬송하나이다 나의 주
인에게 주의 사랑과 성실을 그치지
아니하셨사오며 야훼께서 길에서
나를 인도하사 내 주인의 동생 집
에 이르게 하셨나이다 하니라
28 소녀가 달려가서 이 일을 어머니 집
에 알렸더니
29 리브가에게 오라버니가 있어 그의
이름은 라반이라 그가 우물로 달려
가 그 사람에게 이르러
30 그의 누이의 코걸이와 그 손의 손
목고리를 보고 또 그의 누이 리브
가가 그 사람이 자기에게 이같이
말하더라 함을 듣고 그 사람에게로

기록일 : . . .

나아감이라 그 때에 그가 우물가
낙타 곁에 서 있더라
31 라반이 이르되 야훼께 복을 받은
자여 들어오소서 어찌 밖에 서 있
나이까 내가 방과 낙타의 처소를
준비하였나이다
32 그 사람이 그 집으로 들어가매 라
반이 낙타의 짐을 부리고 짚과 사
료를 낙타에게 주고 그 사람의 발
과 그의 동행자들의 발 씻을 물을
주고
33 그 앞에 음식을 베푸니 그 사람이
이르되 내가 내 일을 진술하기 전
에는 먹지 아니하겠나이다 라반이
이르되 말하소서
34 그가 이르되 나는 아브라함의 종이
니이다
35 야훼께서 나의 주인에게 크게 복을
주시어 창성하게 하시되 소와 양과
은금과 종들과 낙타와 나귀를 그에
게 주셨고
36 나의 주인의 아내 사라가 노년에
나의 주인에게 아들을 낳으매 주인
이 그의 모든 소유를 그 아들에게
주었나이다
37 나의 주인이 나에게 맹세하게 하여
이르되 너는 내 아들을 위하여 내
가 사는 땅 가나안 족속의 딸들 중
에서 아내를 택하지 말고
38 내 아버지의 집, 내 족속에게로 가
서 내 아들을 위하여 아내를 택하
라 하시기로
39 내가 내 주인에게 여쭈되 혹 여자
가 나를 따르지 아니하면 어찌하리
이까 한즉
40 주인이 내게 이르되 내가 섬기는
야훼께서 그의 사자를 너와 함께
보내어 네게 평탄한 길을 주시리니
너는 내 족속 중 내 아버지 집에서
내 아들을 위하여 아내를 택할 것
이니라
41 네가 내 족속에게 이를 때에는 네
가 내 맹세와 상관이 없으리라 만
일 그들이 네게 주지 아니할지라도
네가 내 맹세와 상관이 없으리라
하시기로
42 내가 오늘 우물에 이르러 말하기를
내 주인 아브라함의 하나님 야훼여
만일 내가 행하는 길에 형통함을
주실진대
43 내가 이 우물 곁에 서 있다가 젊은
여자가 물을 길으러 오거든 내가
그에게 청하기를 너는 물동이의 물
을 내게 조금 마시게 하라 하여
44 그의 대답이 당신은 마시라 내가
또 당신의 낙타를 위하여도 길으리
라 하면 그 여자는 야훼께서 내 주
인의 아들을 위하여 정하여 주신
자가 되리이다 하며
45 내가 마음속으로 말하기를 마치기

기록일 : . . .

도 전에 리브가가 물동이를 어깨에
메고 나와서 우물로 내려와 길기로
내가 그에게 이르기를 청하건대 내
게 마시게 하라 한즉
46 그가 급히 물동이를 어깨에서 내리
며 이르되 마시라 내가 당신의 낙
타에게도 마시게 하리라 하기로 내
가 마시매 그가 또 낙타에게도 마
시게 한지라
47 내가 그에게 묻기를 네가 뉘 딸이
냐 한즉 이르되 밀가가 나홀에게서
낳은 브두엘의 딸이라 하기로 내가
코걸이를 그 코에 꿰고 손목고리를
그 손에 끼우고
48 내 주인 아브라함의 하나님 야훼께
서 나를 바른 길로 인도하사 나의
주인의 동생의 딸을 그의 아들을
위하여 택하게 하셨으므로 내가 머
리를 숙여 그에게 경배하고 찬송하
였나이다
49 이제 당신들이 인자함과 진실함으
로 내 주인을 대접하려거든 내게
알게 해 주시고 그렇지 아니할지라
도 내게 알게 해 주셔서 내가 우로
든지 좌로든지 행하게 하소서
50 라반과 브두엘이 대답하여 이르되
이 일이 야훼께로 말미암았으니 우
리는 가부를 말할 수 없노라
51 리브가가 당신 앞에 있으니 데리고
가서 야훼의 명령대로 그를 당신의
주인의 아들의 아내가 되게 하라
52 아브라함의 종이 그들의 말을 듣고
땅에 엎드려 야훼께 절하고
53 은금 패물과 의복을 꺼내어 리브가
에게 주고 그의 오라버니와 어머니
에게도 보물을 주니라
54 이에 그들 곧 종과 동행자들이 먹
고 마시고 유숙하고 아침에 일어나
서 그가 이르되 나를 보내어 내 주
인에게로 돌아가게 하소서
55 리브가의 오라버니와 그의 어머니
가 이르되 이 아이로 하여금 며칠
또는 열흘을 우리와 함께 머물게
하라 그 후에 그가 갈 것이니라
56 그 사람이 그들에게 이르되 나를
만류하지 마소서 야훼께서 내게 형
통한 길을 주셨으니 나를 보내어
내 주인에게로 돌아가게 하소서
57 그들이 이르되 우리가 소녀를 불러
그에게 물으리라 하고
58 리브가를 불러 그에게 이르되 네가
이 사람과 함께 가려느냐 그가 대
답하되 가겠나이다
59 그들이 그 누이 리브가와 그의 유
모와 아브라함의 종과 그 동행자들
을 보내며
60 리브가에게 축복하여 이르되 우리
누이여 너는 천만인의 어머니가 될
지어다 네 씨로 그 원수의 성 문을
얻게 할지어다

기록일 : . . .

61 리브가가 일어나 여자 종들과 함께
낙타를 타고 그 사람을 따라가니
그 종이 리브가를 데리고 가니라
62 그 때에 이삭이 브엘라해로이에서
왔으니 그가 네게브 지역에 거주하
였음이라
63 이삭이 저물 때에 들에 나가 묵상
하다가 눈을 들어 보매 낙타들이
오는지라
64 리브가가 눈을 들어 이삭을 바라보
고 낙타에서 내려
65 종에게 말하되 들에서 배회하다가
우리에게로 마주 오는 자가 누구냐
종이 이르되 이는 내 주인이니이다
리브가가 너울을 가지고 자기의 얼
굴을 가리더라
66 종이 그 행한 일을 다 이삭에게 아
뢰매
67 이삭이 리브가를 인도하여 그의 어
머니 사라의 장막으로 들이고 그를
맞이하여 아내로 삼고 사랑하였으
니 이삭이 그의 어머니를 장례한 후
에 위로를 얻었더라

25 아브라함이 후처를 맞이하였으니
그의 이름은 그두라라
2 그가 시므란과 욕산과 므단과 미디
안과 이스박과 수아를 낳고
3 욕산은 스바와 드단을 낳았으며 드
단의 자손은 앗수르 족속과 르두시
족속과 르움미 족속이며
4 미디안의 아들은 에바와 에벨과 하
녹과 아비다와 엘다아이니 다 그두
라의 자손이었더라
5 아브라함이 이삭에게 자기의 모든
소유를 주었고
6 자기 서자들에게도 재산을 주어 자
기 생전에 그들로 하여금 자기 아
들 이삭을 떠나 동방 곧 동쪽 땅으
로 가게 하였더라
7 아브라함의 향년이 백칠십오 세라
8 그의 나이가 높고 늙어서 기운이
다하여 죽어 자기 열조에게로 돌아
가매
9 그의 아들들인 이삭과 이스마엘이
그를 마므레 앞 헷 족속 소할의 아들
에브론의 밭에 있는 막벨라 굴에 장사
하였으니
10 이것은 아브라함이 헷 족속에게서
산 밭이라 아브라함과 그의 아내
사라가 거기 장사되니라
11 아브라함이 죽은 후에 하나님이 그
의 아들 이삭에게 복을 주셨고 이
삭은 브엘라해로이 근처에 거주하
였더라
12 사라의 여종 애굽인 하갈이 아브라
함에게 낳은 아들 이스마엘의 족보
는 이러하고
13 이스마엘의 아들들의 이름은 그 이
름과 그 세대대로 이와 같으니라
이스마엘의 장자는 느바욧이요 그

다음은 게달과 앗브엘과 밉삼과
14 미스마와 두마와 맛사와
15 하닷과 데마와 여둘과 나비스와 게드
마니
16 이들은 이스마엘의 아들들이요 그
촌과 부락대로 된 이름이며 그 족
속대로는 열두 지도자들이었더라
17 이스마엘은 향년이 백삼십칠 세에
기운이 다하여 죽어 자기 백성에게
로 돌아갔고
18 그 자손들은 하윌라에서부터 앗수
르로 통하는 애굽 앞 술까지 이르
러 그 모든 형제의 맞은편에 거주
하였더라
19 아브라함의 아들 이삭의 족보는
이러하니라 아브라함이 이삭을 낳
았고
20 이삭은 사십 세에 리브가를 맞이하
여 아내를 삼았으니 리브가는 밧단
아람의 아람 족속 중 브두엘의 딸
이요 아람 족속 중 라반의 누이였
더라
21 이삭이 그의 아내가 임신하지 못하
므로 그를 위하여 야훼께 간구하
매 야훼께서 그의 간구를 들으셨
으므로 그의 아내 리브가가 임신
하였더니
22 그 아들들이 그의 태 속에서 서로
싸우는지라 그가 이르되 이럴 경우
에는 내가 어찌할꼬 하고 가서 야
훼께 묻자온대
23 야훼께서 그에게 이르시되 두 국민
이 네 태중에 있구나 두 민족이 네
복중에서부터 나누이리라 이 족속
이 저 족속보다 강하겠고 큰 자가
어린 자를 섬기리라 하셨더라
24 그 해산 기한이 찬즉 태에 쌍둥이
가 있었는데
25 먼저 나온 자는 붉고 전신이 털옷
같아서 이름을 에서라 하였고
26 후에 나온 아우는 손으로 에서의
발꿈치를 잡았으므로 그 이름을 야
곱이라 하였으며 리브가가 그들을
낳을 때에 이삭이 육십 세였더라
27 그 아이들이 장성하매 에서는 익숙
한 사냥꾼이었으므로 들사람이 되
고 야곱은 조용한 사람이었으므로
장막에 거주하니
28 이삭은 에서가 사냥한 고기를 좋아
하므로 그를 사랑하고 리브가는 야
곱을 사랑하였더라
29 야곱이 죽을 쑤었더니 에서가 들에
서 돌아와서 심히 피곤하여
30 야곱에게 이르되 내가 피곤하니
그 붉은 것을 내가 먹게 하라 한지
라 그러므로 에서의 별명은 에돔이
더라
31 야곱이 이르되 형의 장자의 명분을
오늘 내게 팔라
32 에서가 이르되 내가 죽게 되었으니

기록일 : . . .

이 장자의 명분이 내게 무엇이 유익
하리요
33 야곱이 이르되 오늘 내게 맹세하라
에서가 맹세하고 장자의 명분을 야
곱에게 판지라
34 야곱이 떡과 팥죽을 에서에게 주
매 에서가 먹으며 마시고 일어나 갔
으니 에서가 장자의 명분을 가볍게
여김이었더라
26 아브라함 때에 첫 흉년이 들었더
니 그 땅에 또 흉년이 들매 이삭이
그랄로 가서 블레셋 왕 아비멜렉에
게 이르렀더니
2 야훼께서 이삭에게 나타나 이르시
되 애굽으로 내려가지 말고 내가
네게 지시하는 땅에 거주하라
3 이 땅에 거류하면 내가 너와 함께
있어 네게 복을 주고 내가 이 모든
땅을 너와 네 자손에게 주리라 내
가 네 아버지 아브라함에게 맹세한
것을 이루어
4 네 자손을 하늘의 별과 같이 번성
하게 하며 이 모든 땅을 네 자손에
게 주리니 네 자손으로 말미암아
천하 만민이 복을 받으리라
5 이는 아브라함이 내 말을 순종하고
내 명령과 내 계명과 내 율례와 내
법도를 지켰음이라 하시니라
6 이삭이 그랄에 거주하였더니
7 그 곳 사람들이 그의 아내에 대하
여 물으매 그가 말하기를 그는 내
누이라 하였으니 리브가는 보기에
아리따우므로 그 곳 백성이 리브가
로 말미암아 자기를 죽일까 하여
그는 내 아내라 하기를 두려워함이
었더라
8 이삭이 거기 오래 거주하였더니 이
삭이 그 아내 리브가를 껴안은 것
을 블레셋 왕 아비멜렉이 창으로
내다본지라
9 이에 아비멜렉이 이삭을 불러 이르
되 그가 분명히 네 아내거늘 어찌
네 누이라 하였느냐 이삭이 그에게
대답하되 내 생각에 그로 말미암
아 내가 죽게 될까 두려워하였음
이로라
10 아비멜렉이 이르되 네가 어찌 우리
에게 이렇게 행하였느냐 백성 중 하
나가 네 아내와 동침할 뻔하였도다
네가 죄를 우리에게 입혔으리라
11 아비멜렉이 이에 모든 백성에게 명
하여 이르되 이 사람이나 그의 아내
를 범하는 자는 죽이리라 하였더라
12 이삭이 그 땅에서 농사하여 그 해
에 백 배나 얻었고 야훼께서 복을
주시므로
13 그 사람이 창대하고 왕성하여 마침
내 거부가 되어
14 양과 소가 떼를 이루고 종이 심히
많으므로 블레셋 사람이 그를 시기

기록일 : . . .

하여
15 그 아버지 아브라함 때에 그 아버
지의 종들이 판 모든 우물을 막고
흙으로 메웠더라
16 아비멜렉이 이삭에게 이르되 네가
우리보다 크게 강성한즉 우리를 떠
나라
17 이삭이 그 곳을 떠나 그랄 골짜기
에 장막을 치고 거기 거류하며
18 그 아버지 아브라함 때에 팠던 우
물들을 다시 팠으니 이는 아브라함
이 죽은 후에 블레셋 사람이 그 우
물들을 메웠음이라 이삭이 그 우물
들의 이름을 그의 아버지가 부르던
이름으로 불렀더라
19 이삭의 종들이 골짜기를 파서 샘
근원을 얻었더니
20 그랄 목자들이 이삭의 목자와 다투
어 이르되 이 물은 우리의 것이라
하매 이삭이 그 다툼으로 말미암아
그 우물 이름을 에섹이라 하였으며
21 또 다른 우물을 팠더니 그들이 또
다투므로 그 이름을 싯나라 하였
으며
22 이삭이 거기서 옮겨 다른 우물을 팠
더니 그들이 다투지 아니하였으므
로 그 이름을 르호봇이라 하여 이
르되 이제는 야훼께서 우리를 위하
여 넓게 하셨으니 이 땅에서 우리가
번성하리로다 하였더라
23 이삭이 거기서부터 브엘세바로 올
라갔더니
24 그 밤에 야훼께서 그에게 나타나
이르시되 나는 네 아버지 아브라함
의 하나님이니 두려워하지 말라 내
종 아브라함을 위하여 내가 너와
함께 있어 네게 복을 주어 네 자손
이 번성하게 하리라 하신지라
25 이삭이 그 곳에 제단을 쌓고, 야훼
의 이름을 부르며 거기 장막을 쳤더
니 이삭의 종들이 거기서도 우물을
팠더라
26 아비멜렉이 그 친구 아훗삿과 군대
장관 비골과 더불어 그랄에서부터
이삭에게로 온지라
27 이삭이 그들에게 이르되 너희가 나
를 미워하여 나에게 너희를 떠나게
하였거늘 어찌하여 내게 왔느냐
28 그들이 이르되 야훼께서 너와 함께
계심을 우리가 분명히 보았으므로
우리의 사이 곧 우리와 너 사이에
맹세하여 너와 계약을 맺으리라 말
하였노라
29 너는 우리를 해하지 말라 이는 우
리가 너를 범하지 아니하고 선한 일
만 네게 행하여 네가 평안히 가게
하였음이니라 이제 너는 야훼께 복
을 받은 자니라
30 이삭이 그들을 위하여 잔치를 베풀
매 그들이 먹고 마시고

31 아침에 일찍이 일어나 서로 맹세한
후에 이삭이 그들을 보내매 그들이
평안히 갔더라
32 그 날에 이삭의 종들이 자기들이
판 우물에 대하여 이삭에게 와서
알리어 이르되 우리가 물을 얻었나
이다 하매
33 그가 그 이름을 세바라 한지라 그
러므로 그 성읍 이름이 오늘까지
브엘세바더라
34 에서가 사십 세에 헷 족속 브에리
의 딸 유딧과 헷 족속 엘론의 딸
바스맛을 아내로 맞이하였더니
35 그들이 이삭과 리브가의 마음에 근
심이 되었더라

27 이삭이 나이가 많아 눈이 어두워
잘 보지 못하더니 맏아들 에서를
불러 이르되 내 아들아 하매 그가
이르되 내가 여기 있나이다 하니
2 이삭이 이르되 내가 이제 늙어 어느
날 죽을는지 알지 못하니
3 그런즉 네 기구 곧 화살통과 활을
가지고 들에 가서 나를 위하여 사
냥하여
4 내가 즐기는 별미를 만들어 내게로
가져와서 먹게 하여 내가 죽기 전에
내 마음껏 네게 축복하게 하라
5 이삭이 그의 아들 에서에게 말할
때에 리브가가 들었더니 에서가 사
냥하여 오려고 들로 나가매
6 리브가가 그의 아들 야곱에게 말하
여 이르되 네 아버지가 네 형 에서
에게 말씀하시는 것을 내가 들으니
이르시기를
7 나를 위하여 사냥하여 가져다가 별
미를 만들어 내가 먹게 하여 죽기
전에 여호와 앞에서 네게 축복하게
하라 하셨으니
8 그런즉 내 아들아 내 말을 따라 내
가 네게 명하는 대로
9 염소 떼에 가서 거기서 좋은 염소
새끼 두 마리를 내게로 가져오면
내가 그것으로 네 아버지를 위하여
그가 즐기시는 별미를 만들리니
10 네가 그것을 네 아버지께 가져다
드려서 그가 죽기 전에 네게 축복
하기 위하여 잡수시게 하라
11 야곱이 그 어머니 리브가에게 이르
되 내 형 에서는 털이 많은 사람이
요 나는 매끈매끈한 사람인즉
12 아버지께서 나를 만지실진대 내가
아버지의 눈에 속이는 자로 보일지
라 복은 고사하고 저주를 받을까
하나이다
13 어머니가 그에게 이르되 내 아들아
너의 저주는 내게로 돌리리니 내
말만 따르고 가서 가져오라
14 그가 가서 끌어다가 어머니에게로
가져왔더니 그의 어머니가 그의 아
버지가 즐기는 별미를 만들었더라

기록일 : . . .

15 리브가가 집 안 자기에게 있는 그
의 맏아들 에서의 좋은 의복을 가
져다가 그의 작은 아들 야곱에게
입히고
16 또 염소 새끼의 가죽을 그의 손과
목의 매끈매끈한 곳에 입히고
17 자기가 만든 별미와 떡을 자기 아
들 야곱의 손에 주니
18 야곱이 아버지에게 나아가서 내 아
버지여 하고 부르니 이르되 내가 여
기 있노라 내 아들아 네가 누구냐
19 야곱이 아버지에게 대답하되 나는
아버지의 맏아들 에서로소이다 아
버지께서 내게 명하신 대로 내가
하였사오니 원하건대 일어나 앉아
서 내가 사냥한 고기를 잡수시고
아버지 마음껏 내게 축복하소서
20 이삭이 그의 아들에게 이르되 내
아들아 네가 어떻게 이같이 속히
잡았느냐 그가 이르되 아버지의 하
나님 야훼께서 나로 순조롭게 만나
게 하셨음이니이다
21 이삭이 야곱에게 이르되 내 아들아
가까이 오라 네가 과연 내 아들 에
서인지 아닌지 내가 너를 만져보려
하노라
22 야곱이 그 아버지 이삭에게 가까이
가니 이삭이 만지며 이르되 음성은
야곱의 음성이나 손은 에서의 손이
로다 하며
23 그의 손이 형 에서의 손과 같이 털
이 있으므로 분별하지 못하고 축복
하였더라
24 이삭이 이르되 네가 참 내 아들 에
서냐 그가 대답하되 그러하니이다
25 이삭이 이르되 내게로 가져오라 내
아들이 사냥한 고기를 먹고 내 마
음껏 네게 축복하리라 야곱이 그에
게로 가져가매 그가 먹고 또 포도
주를 가져가매 그가 마시고
26 그의 아버지 이삭이 그에게 이르되
내 아들아 가까이 와서 내게 입맞
추라
27 그가 가까이 가서 그에게 입맞추니
아버지가 그의 옷의 향취를 맡고
그에게 축복하여 이르되 내 아들의
향취는 야훼께서 복 주신 밭의 향
취로다
28 하나님은 하늘의 이슬과 땅의 기름
짐이며 풍성한 곡식과 포도주를 네
게 주시기를 원하노라
29 만민이 너를 섬기고 열국이 네게 굴
복하리니 네가 형제들의 주가 되고
네 어머니의 아들들이 네게 굴복하
며 너를 저주하는 자는 저주를 받
고 너를 축복하는 자는 복을 받기
를 원하노라
30 이삭이 야곱에게 축복하기를 마치
매 야곱이 그의 아버지 이삭 앞에
서 나가자 곧 그의 형 에서가 사냥

기록일 : . . .

하여 돌아온지라
31 그가 별미를 만들어 아버지에게로
가지고 가서 이르되 아버지여 일어
나서 아들이 사냥한 고기를 잡수시
고 마음껏 내게 축복하소서
32 그의 아버지 이삭이 그에게 이르되
너는 누구냐 그가 대답하되 나는
아버지의 아들 곧 아버지의 맏아들
에서로소이다
33 이삭이 심히 크게 떨며 이르되 그러
면 사냥한 고기를 내게 가져온 자
가 누구냐 네가 오기 전에 내가 다
먹고 그를 위하여 축복하였은즉 그
가 반드시 복을 받을 것이니라
34 에서가 그의 아버지의 말을 듣고
소리 내어 울며 아버지에게 이르되
내 아버지여 내게 축복하소서 내게
도 그리하소서
35 이삭이 이르되 네 아우가 와서 속
여 네 복을 빼앗았도다
36 에서가 이르되 그의 이름을 야곱이
라 함이 합당하지 아니하니이까 그
가 나를 속임이 이것이 두 번째니이
다 전에는 나의 장자의 명분을 빼
앗고 이제는 내 복을 빼앗았나이다
또 이르되 아버지께서 나를 위하여
빌 복을 남기지 아니하셨나이까
37 이삭이 에서에게 대답하여 이르되
내가 그를 너의 주로 세우고 그의
모든 형제를 내가 그에게 종으로
주었으며 곡식과 포도주를 그에게
주었으니 내 아들아 내가 네게 무
엇을 할 수 있으랴
38 에서가 아버지에게 이르되 내 아버
지여 아버지가 빌 복이 이 하나뿐이
리이까 내 아버지여 내게 축복하소
서 내게도 그리하소서 하고 소리를
높여 우니
39 그 아버지 이삭이 그에게 대답하여
이르되 네 주소는 땅의 기름짐에서
멀고 내리는 하늘 이슬에서 멀 것
이며
40 너는 칼을 믿고 생활하겠고 네 아
우를 섬길 것이며 네가 매임을 벗을
때에는 그 멍에를 네 목에서 떨쳐
버리리라 하였더라
41 그의 아버지가 야곱에게 축복한 그
축복으로 말미암아 에서가 야곱을
미워하여 심중에 이르기를 아버지
를 곡할 때가 가까웠은즉 내가 내
아우 야곱을 죽이리라 하였더니
42 맏아들 에서의 이 말이 리브가에
게 들리매 이에 사람을 보내어 작
은 아들 야곱을 불러 그에게 이르
되 네 형 에서가 너를 죽여 그 한을
풀려 하니
43 내 아들아 내 말을 따라 일어나 하
란으로 가서 내 오라버니 라반에게
로 피신하여
44 네 형의 노가 풀리기까지 몇 날 동

기록일 : . . .

안 그와 함께 거주하라
45 네 형의 분노가 풀려 네가 자기에
게 행한 것을 잊어버리거든 내가
곧 사람을 보내어 너를 거기서 불
러오리라 어찌 하루에 너희 둘을
잃으랴
46 리브가가 이삭에게 이르되 내가
헷 사람의 딸들로 말미암아 내 삶
이 싫어졌거늘 야곱이 만일 이 땅의
딸들 곧 그들과 같은 헷 사람의 딸
들 중에서 아내를 맞이하면 내 삶
이 내게 무슨 재미가 있으리이까

28 이삭이 야곱을 불러 그에게 축복
하고 또 당부하여 이르되 너는 가
나안 사람의 딸들 중에서 아내를
맞이하지 말고
2 일어나 밧단아람으로 가서 네 외조
부 브두엘의 집에 이르러 거기서 네
외삼촌 라반의 딸 중에서 아내를
맞이하라
3 전능하신 하나님이 네게 복을 주시
어 네가 생육하고 번성하게 하여
네가 여러 족속을 이루게 하시고
4 아브라함에게 허락하신 복을 네게
주시되 너와 너와 함께 네 자손에
게도 주사 하나님이 아브라함에게
주신 땅 곧 네가 거류하는 땅을 네
가 차지하게 하시기를 원하노라
5 이에 이삭이 야곱을 보내매 그가
밧단아람으로 가서 라반에게 이르
렀으니 라반은 아람 사람 브두엘의
아들이요 야곱과 에서의 어머니 리
브가의 오라비더라
6 에서가 본즉 이삭이 야곱에게 축복
하고 그를 밧단아람으로 보내어 거
기서 아내를 맞이하게 하였고 또
그에게 축복하고 명하기를 너는 가
나안 사람의 딸들 중에서 아내를
맞이하지 말라 하였고
7 또 야곱이 부모의 명을 따라 밧단
아람으로 갔으며
8 에서가 또 본즉 가나안 사람의 딸
들이 그의 아버지 이삭을 기쁘게
하지 못하는지라
9 이에 에서가 이스마엘에게 가서 그
본처들 외에 아브라함의 아들 이스
마엘의 딸이요 느바욧의 누이인 마
할랏을 아내로 맞이하였더라
10 야곱이 브엘세바에서 떠나 하란으
로 향하여 가더니
11 한 곳에 이르러는 해가 진지라 거기
서 유숙하려고 그 곳의 한 돌을 가
져다가 베개로 삼고 거기 누워 자
더니
12 꿈에 본즉 사닥다리가 땅 위에 서
있는데 그 꼭대기가 하늘에 닿았고
또 본즉 하나님의 사자들이 그 위
에서 오르락내리락 하고
13 또 본즉 야훼께서 그 위에 서서 이
르시되 나는 야훼니 너의 조부 아

브라함의 하나님이요 이삭의 하나
님이라 네가 누워 있는 땅을 내가
너와 네 자손에게 주리니
14 네 자손이 땅의 티끌 같이 되어 네
가 서쪽과 동쪽과 북쪽과 남쪽으로
퍼져나갈지며 땅의 모든 족속이 너
와 네 자손으로 말미암아 복을 받
으리라
15 내가 너와 함께 있어 네가 어디로
가든지 너를 지키며 너를 이끌어 이
땅으로 돌아오게 할지라 내가 네게
허락한 것을 다 이루기까지 너를
떠나지 아니하리라 하신지라
16 야곱이 잠이 깨어 이르되 야훼께서
과연 여기 계시거늘 내가 알지 못하
였도다
17 이에 두려워하여 이르되 두렵도다
이 곳이여 이것은 다름 아닌 하나
님의 집이요 이는 하늘의 문이로다
하고
18 야곱이 아침에 일찍이 일어나 베개
로 삼았던 돌을 가져다가 기둥으로
세우고 그 위에 기름을 붓고
19 그 곳 이름을 벧엘이라 하였더라
이 성의 옛 이름은 루스더라
20 야곱이 서원하여 이르되 하나님이
나와 함께 계셔서 내가 가는 이 길
에서 나를 지키시고 먹을 떡과 입
을 옷을 주시어
21 내가 평안히 아버지 집으로 돌아가
게 하시오면 야훼께서 나의 하나님
이 되실 것이요
22 내가 기둥으로 세운 이 돌이 하나
님의 집이 될 것이요 하나님께서 내
게 주신 모든 것에서 십분의 일을
내가 반드시 하나님께 드리겠나이
다 하였더라

29 야곱이 길을 떠나 동방 사람의 땅
에 이르러
2 본즉 들에 우물이 있고 그 곁에 양
세 떼가 누워 있으니 이는 목자들
이 그 우물에서 양 떼에게 물을 먹
임이라 큰 돌로 우물 아귀를 덮었
다가
3 모든 떼가 모이면 그들이 우물 아
귀에서 돌을 옮기고 그 양 떼에게
물을 먹이고는 우물 아귀 그 자리
에 다시 그 돌을 덮더라
4 야곱이 그들에게 이르되 내 형제여
어디서 왔느냐 그들이 이르되 하란
에서 왔노라
5 야곱이 그들에게 이르되 너희가 나
홀의 손자 라반을 아느냐 그들이
이르되 아노라
6 야곱이 그들에게 이르되 그가 평안
하냐 이르되 평안하니라 그의 딸
라헬이 지금 양을 몰고 오느니라
7 야곱이 이르되 해가 아직 높은즉
가축 모일 때가 아니니 양에게 물
을 먹이고 가서 풀을 뜯게 하라

8 그들이 이르되 우리가 그리하지 못
하겠노라 떼가 다 모이고 목자들이
우물 아귀에서 돌을 옮겨야 우리가
양에게 물을 먹이느니라
9 야곱이 그들과 말하는 동안에 라헬
이 그의 아버지의 양과 함께 오니
그가 그의 양들을 치고 있었기 때
문이더라
10 야곱이 그의 외삼촌 라반의 딸 라
헬과 그의 외삼촌의 양을 보고 나
아가 우물 아귀에서 돌을 옮기고
외삼촌 라반의 양 떼에게 물을 먹
이고
11 그가 라헬에게 입맞추고 소리 내어
울며
12 그에게 자기가 그의 아버지의 생질
이요 리브가의 아들 됨을 말하였더
니 라헬이 달려가서 그 아버지에게
알리매
13 라반이 그의 생질 야곱의 소식을
듣고 달려와서 그를 영접하여 안고
입맞추며 자기 집으로 인도하여 들
이니 야곱이 자기의 모든 일을 라
반에게 말하매
14 라반이 이르되 너는 참으로 내 혈
육이로다 하였더라 야곱이 한 달을
그와 함께 거주하더니
15 라반이 야곱에게 이르되 네가 비록
내 생질이나 어찌 그저 내 일을 하
겠느냐 네 품삯을 어떻게 할지 내
게 말하라
16 라반에게 두 딸이 있으니 언니의
이름은 레아요 아우의 이름은 라헬
이라
17 레아는 시력이 약하고 라헬은 곱고
아리따우니
18 야곱이 라헬을 더 사랑하므로 대답
하되 내가 외삼촌의 작은 딸 라헬
을 위하여 외삼촌에게 칠 년을 섬
기리이다
19 라반이 이르되 그를 네게 주는 것
이 타인에게 주는 것보다 나으니
나와 함께 있으라
20 야곱이 라헬을 위하여 칠 년 동안
라반을 섬겼으나 그를 사랑하는 까
닭에 칠 년을 며칠 같이 여겼더라
21 야곱이 라반에게 이르되 내 기한이
찼으니 내 아내를 내게 주소서 내
가 그에게 들어가겠나이다
22 라반이 그 곳 사람을 다 모아 잔치
하고
23 저녁에 그의 딸 레아를 야곱에게로
데려가매 야곱이 그에게로 들어가
니라
24 라반이 또 그의 여종 실바를 그의
딸 레아에게 시녀로 주었더라
25 야곱이 아침에 보니 레아라 라반에
게 이르되 외삼촌이 어찌하여 내게
이같이 행하셨나이까 내가 라헬을
위하여 외삼촌을 섬기지 아니하였

기록일 : . . .

나이까 외삼촌이 나를 속이심은 어
찌됨이니이까
26 라반이 이르되 언니보다 아우를 먼
저 주는 것은 우리 지방에서 하지
아니하는 바이라
27 이를 위하여 칠 일을 채우라 우리
가 그도 네게 주리니 네가 또 나를
칠 년 동안 섬길지니라
28 야곱이 그대로 하여 그 칠 일을 채
우매 라반이 딸 라헬도 그에게 아
내로 주고
29 라반이 또 그의 여종 빌하를 그의
딸 라헬에게 주어 시녀가 되게 하매
30 야곱이 또한 라헬에게로 들어갔고
그가 레아보다 라헬을 더 사랑하여
다시 칠 년 동안 라반을 섬겼더라
31 야훼께서 레아가 사랑 받지 못함을
보시고 그의 태를 여셨으나 라헬은
자녀가 없었더라
32 레아가 임신하여 아들을 낳고 그
이름을 르우벤이라 하여 이르되 야
훼께서 나의 괴로움을 돌보셨으니
이제는 내 남편이 나를 사랑하리로
다 하였더라
33 그가 다시 임신하여 아들을 낳고
이르되 야훼께서 내가 사랑 받지
못함을 들으셨으므로 내게 이 아들
도 주셨도다 하고 그의 이름을 시
므온이라 하였으며
34 그가 또 임신하여 아들을 낳고 이
르되 내가 그에게 세 아들을 낳았
으니 내 남편이 지금부터 나와 연합
하리로다 하고 그의 이름을 레위라
하였으며
35 그가 또 임신하여 아들을 낳고 이
르되 내가 이제는 야훼를 찬송하리
로다 하고 이로 말미암아 그가 그
의 이름을 유다라 하였고 그의 출
산이 멈추었더라

30

라헬이 자기가 야곱에게서 아들
을 낳지 못함을 보고 그의 언니를
시기하여 야곱에게 이르되 내게 자
식을 낳게 하라 그렇지 아니하면
내가 죽겠노라
2 야곱이 라헬에게 성을 내어 이르되
그대를 임신하지 못하게 하시는 이
는 하나님이시니 내가 하나님을 대
신하겠느냐
3 라헬이 이르되 내 여종 빌하에게로
들어가라 그가 아들을 낳아 내 무
릎에 두리니 그러면 나도 그로 말
미암아 자식을 얻겠노라 하고
4 그의 시녀 빌하를 남편에게 아내로
주매 야곱이 그에게로 들어갔더니
5 빌하가 임신하여 야곱에게 아들을
낳은지라
6 라헬이 이르되 하나님이 내 억울함
을 푸시려고 내 호소를 들으사 내
게 아들을 주셨다 하고 이로 말미
암아 그의 이름을 단이라 하였으며

7 라헬의 시녀 빌하가 다시 임신하여
둘째 아들을 야곱에게 낳으매
8 라헬이 이르되 내가 언니와 크게
경쟁하여 이겼다 하고 그의 이름을
납달리라 하였더라
9 레아가 자기의 출산이 멈춤을 보고
그의 시녀 실바를 데려다가 야곱에
게 주어 아내로 삼게 하였더니
10 레아의 시녀 실바가 야곱에게서 아
들을 낳으매
11 레아가 이르되 복되도다 하고 그의
이름을 갓이라 하였으며
12 레아의 시녀 실바가 둘째 아들을
야곱에게 낳으매
13 레아가 이르되 기쁘도다 모든 딸들
이 나를 기쁜 자라 하리로다 하고
그의 이름을 아셀이라 하였더라
14 밀 거둘 때 르우벤이 나가서 들에
서 합환채를 얻어 그의 어미니 레아
에게 드렸더니 라헬이 레아에게 이
르되 언니의 아들의 합환채를 청구
하노라
15 레아가 그에게 이르되 네가 내 남
편을 빼앗은 것이 작은 일이냐 그
런데 네가 내 아들의 합환채도 빼
앗고자 하느냐 라헬이 이르되 그
러면 언니의 아들의 합환채 대신에
오늘 밤에 내 남편이 언니와 동침
하리라 하니라
16 저물 때에 야곱이 들에서 돌아오매
레아가 나와서 그를 영접하며 이르
되 내게로 들어오라 내가 내 아들
의 합환채로 당신을 샀노라 그 밤
에 야곱이 그와 동침하였더라
17 하나님이 레아의 소원을 들으셨으
므로 그가 임신하여 다섯째 아들을
야곱에게 낳은지라
18 레아가 이르되 내가 내 시녀를 내
남편에게 주었으므로 하나님이 내
게 그 값을 주셨다 하고 그의 이름
을 잇사갈이라 하였으며
19 레아가 다시 임신하여 여섯째 아들
을 야곱에게 낳은지라
20 레아가 이르되 하나님이 내게 후
한 선물을 주시도다 내가 남편에게
여섯 아들을 낳았으니 이제는 그가
나와 함께 살리라 하고 그의 이름
을 스불론이라 하였으며
21 그 후에 그가 딸을 낳고 그의 이름
을 디나라 하였더라
22 하나님이 라헬을 생각하신지라 하
나님이 그의 소원을 들으시고 그의
태를 여셨으므로
23 그가 임신하여 아들을 낳고 이르되
하나님이 내 부끄러움을 씻으셨다
하고
24 그 이름을 요셉이라 하니 야훼는
다시 다른 아들을 내게 더하시기를
원하노라 하였더라
25 라헬이 요셉을 낳았을 때에 야곱이

기록일 : . . .

라반에게 이르되 나를 보내어 내
고향 나의 땅으로 가게 하시되
26 내가 외삼촌에게서 일하고 얻은 처
자를 내게 주시어 나로 가게 하소
서 내가 외삼촌에게 한 일은 외삼
촌이 아시나이다
27 라반이 그에게 이르되 야훼께서 너
로 말미암아 내게 복 주신 줄을 내
가 깨달았노니 네가 나를 사랑스럽
게 여기거든 그대로 있으라
28 또 이르되 네 품삯을 정하라 내가
그것을 주리라
29 야곱이 그에게 이르되 내가 어떻게
외삼촌을 섬겼는지, 어떻게 외삼촌
의 가축을 쳤는지 외삼촌이 아시나
이다
30 내가 오기 전에는 외삼촌의 소유
가 적더니 번성하여 떼를 이루었으
니 내 발이 이르는 곳마다 야훼께
서 외삼촌에게 복을 주셨나이다 그
러나 나는 언제나 내 집을 세우리
이까
31 라반이 이르되 내가 무엇으로 네게
주랴 야곱이 이르되 외삼촌께서 내
게 아무것도 주시지 않아도 나를 위
하여 이 일을 행하시면 내가 다시 외
삼촌의 양 떼를 먹이고 지키리이다
32 오늘 내가 외삼촌의 양 떼에 두루
다니며 그 양 중에 아롱진 것과 점
있는 것과 검은 것을 가려내며 또
염소 중에 점 있는 것과 아롱진 것
을 가려내리니 이같은 것이 내 품삯
이 되리이다
33 후일에 외삼촌께서 오셔서 내 품삯
을 조사하실 때에 나의 의가 내 대
답이 되리이다 내게 혹시 염소 중
아롱지지 아니한 것이나 점이 없는
것이나 양 중에 검지 아니한 것이
있거든 다 도둑질한 것으로 인정하
소서
34 라반이 이르되 내가 네 말대로 하
리라 하고
35 그 날에 그가 숫염소 중 얼룩무늬
있는 것과 점 있는 것을 가리고 암
염소 중 흰 바탕에 아롱진 것과 점
있는 것을 가리고 양 중의 검은 것
들을 가려 자기 아들들의 손에 맡
기고
36 자기와 야곱의 사이를 사흘 길이
뜨게 하였고 야곱은 라반의 남은
양 떼를 치니라
37 야곱이 버드나무와 살구나무와 신
풍나무의 푸른 가지를 가져다가 그
것들의 껍질을 벗겨 흰 무늬를 내고
38 그 껍질 벗긴 가지를 양 떼가 와서
먹는 개천의 물 구유에 세워 양 떼
를 향하게 하매 그 떼가 물을 먹으
러 올 때에 새끼를 배니
39 가지 앞에서 새끼를 배므로 얼룩얼
룩한 것과 점이 있고 아롱진 것을

기록일 : . . .

낳은지라
40 야곱이 새끼 양을 구분하고 그 얼
룩무늬와 검은 빛 있는 것을 라반
의 양과 서로 마주보게 하며 자기
양을 따로 두어 라반의 양과 섞이
지 않게 하며
41 튼튼한 양이 새끼 밸 때에는 야곱
이 개천에다가 양 떼의 눈 앞에 그
가지를 두어 양이 그 가지 곁에서
새끼를 배게 하고
42 약한 양이면 그 가지를 두지 아니
하니 그렇게 함으로 약한 것은 라
반의 것이 되고 튼튼한 것은 야곱
의 것이 된지라
43 이에 그 사람이 매우 번창하여 양
떼와 노비와 낙타와 나귀가 많았
더라

31 야곱이 라반의 아들들이 하는 말
을 들은즉 야곱이 우리 아버지의
소유를 다 빼앗고 우리 아버지의
소유로 말미암아 이 모든 재물을
모았다 하는지라
2 야곱이 라반의 안색을 본즉 자기에
게 대하여 전과 같지 아니하더라
3 야훼께서 야곱에게 이르시되 네 조
상의 땅 네 족속에게로 돌아가라
내가 너와 함께 있으리라 하신지라
4 야곱이 사람을 보내어 라헬과 레아
를 자기 양 떼가 있는 들로 불러다가
5 그들에게 이르되 내가 그대들의 아
버지의 안색을 본즉 내게 대하여
전과 같지 아니하도다 그러할지라
도 내 아버지의 하나님은 나와 함
께 계셨느니라
6 그대들도 알거니와 내가 힘을 다하
여 그대들의 아버지를 섬겼거늘
7 그대들의 아버지가 나를 속여 품삯
을 열 번이나 변경하였느니라 그러
나 하나님이 그를 막으사 나를 해
치지 못하게 하셨으며
8 그가 이르기를 점 있는 것이 네 삯
이 되리라 하면 온 양 떼가 낳은 것
이 점 있는 것이요 또 얼룩무늬 있
는 것이 네 삯이 되리라 하면 온 양
떼가 낳은 것이 얼룩무늬 있는 것
이니
9 하나님이 이같이 그대들의 아버지
의 가축을 빼앗아 내게 주셨느니라
10 그 양 떼가 새끼 밸 때에 내가 꿈
에 눈을 들어 보니 양 떼를 탄 숫양
은 다 얼룩무늬 있는 것과 점 있는
것과 아롱진 것이었더라
11 꿈에 하나님의 사자가 내게 말씀하
시기를 야곱아 하기로 내가 대답하
기를 여기 있나이다 하매
12 이르시되 네 눈을 들어 보라 양 떼
를 탄 숫양은 다 얼룩무늬 있는 것,
점 있는 것과 아롱진 것이니라 라반
이 네게 행한 모든 것을 내가 보았
노라

13 나는 벧엘의 하나님이라 네가 거기
서 기둥에 기름을 붓고 거기서 내게
서원하였으니 지금 일어나 이 곳을
떠나서 네 출생지로 돌아가라 하셨
느니라
14 라헬과 레아가 그에게 대답하여 이
르되 우리가 우리 아버지 집에서 무
슨 분깃이나 유산이 있으리요
15 아버지가 우리를 팔고 우리의 돈을
다 먹어버렸으니 아버지가 우리를
외국인처럼 여기는 것이 아닌가
16 하나님이 우리 아버지에게서 취하
여 가신 재물은 우리와 우리 자식
의 것이니 이제 하나님이 당신에게
이르신 일을 다 준행하라
17 야곱이 일어나 자식들과 아내들을
낙타들에게 태우고
18 그 모은 바 모든 가축과 모든 소유
물 곧 그가 밧단아람에서 모은 가
축을 이끌고 가나안 땅에 있는 그
의 아버지 이삭에게로 가려 할새
19 그 때에 라반이 양털을 깎으러 갔
으므로 라헬은 그의 아버지의 드라
빔을 도둑질하고
20 야곱은 그 거취를 아람 사람 라반
에게 말하지 아니하고 가만히 떠났
더라
21 그가 그의 모든 소유를 이끌고 강
을 건너 길르앗 산을 향하여 도망
한 지
22 삼 일 만에 야곱이 도망한 것이 라
반에게 들린지라
23 라반이 그의 형제를 거느리고 칠 일
길을 쫓아가 길르앗 산에서 그에게
이르렀더니
24 밤에 하나님이 아람 사람 라반에
게 현몽하여 이르시되 너는 삼가
야곱에게 선악간에 말하지 말라
하셨더라
25 라반이 야곱을 뒤쫓아 이르렀으니
야곱이 그 산에 장막을 친지라 라
반이 그 형제와 더불어 길르앗 산
에 장막을 치고
26 라반이 야곱에게 이르되 네가 나를
속이고 내 딸들을 칼에 사로잡힌
자 같이 끌고 갔으니 어찌 이같이
하였느냐
27 내가 즐거움과 노래와 북과 수금으
로 너를 보내겠거늘 어찌하여 네가
나를 속이고 가만히 도망하고 내게
알리지 아니하였으며
28 내가 내 손자들과 딸들에게 입맞추
지 못하게 하였으니 네 행위가 참
으로 어리석도다
29 너를 해할 만한 능력이 내 손에 있
으나 너희 아버지의 하나님이 어제
밤에 내게 말씀하시기를 너는 삼가
야곱에게 선악간에 말하지 말라 하
셨느니라
30 이제 네가 네 아버지 집을 사모하

여 돌아가려는 것은 옳거니와 어찌
내 신을 도둑질하였느냐
31 야곱이 라반에게 대답하여 이르되
내가 생각하기를 외삼촌이 외삼촌
의 딸들을 내게서 억지로 빼앗으리
라 하여 두려워하였음이니이다
32 외삼촌의 신을 누구에게서 찾든지
그는 살지 못할 것이요 우리 형제
들 앞에서 무엇이든지 외삼촌의 것
이 발견되거든 외삼촌에게로 가져
가소서 하니 야곱은 라헬이 그것을
도둑질한 줄을 알지 못함이었더라
33 라반이 야곱의 장막에 들어가고 레
아의 장막에 들어가고 두 여종의
장막에 들어갔으나 찾지 못하고 레
아의 장막에서 나와 라헬의 장막에
들어가매
34 라헬이 그 드라빔을 가져 낙타 안
장 아래에 넣고 그 위에 앉은지라
라반이 그 장막에서 찾다가 찾아내
지 못하매
35 라헬이 그의 아버지에게 이르되 마
침 생리가 있어 일어나서 영접할 수
없사오니 내 주는 노하지 마소서
하니라 라반이 그 드라빔을 두루
찾다가 찾아내지 못한지라
36 야곱이 노하여 라반을 책망할새 야
곱이 라반에게 대답하여 이르되 내
허물이 무엇이니이까 무슨 죄가 있
기에 외삼촌께서 내 뒤를 급히 추
격하나이까
37 외삼촌께서 내 물건을 다 뒤져 보
셨으니 외삼촌의 집안 물건 중에서
무엇을 찾아내었나이까 여기 내 형
제와 외삼촌의 형제 앞에 그것을
두고 우리 둘 사이에 판단하게 하
소서
38 내가 이 이십 년을 외삼촌과 함께
하였거니와 외삼촌의 암양들이나
암염소들이 낙태하지 아니하였고
또 외삼촌의 양 떼의 숫양을 내가
먹지 아니하였으며
39 물려 찢긴 것은 내가 외삼촌에게로
가져가지 아니하고 낮에 도둑을 맞
았든지 밤에 도둑을 맞았든지 외삼
촌이 그것을 내 손에서 찾았으므로
내가 스스로 그것을 보충하였으며
40 내가 이와 같이 낮에는 더위와 밤
에는 추위를 무릅쓰고 눈 붙일 겨
를도 없이 지냈나이다
41 내가 외삼촌의 집에 있는 이 이십
년 동안 외삼촌의 두 딸을 위하여
십사 년, 외삼촌의 양 떼를 위하여
육 년을 외삼촌에게 봉사하였거니
와 외삼촌께서 내 품삯을 열 번이
나 바꾸셨으며
42 우리 아버지의 하나님, 아브라함의
하나님 곧 이삭이 경외하는 이가
나와 함께 계시지 아니하셨더라면
외삼촌께서 이제 나를 빈손으로 돌

기록일 : . . .

려보내셨으리이다마는 하나님이 내
고난과 내 손의 수고를 보시고 어
제 밤에 외삼촌을 책망하셨나이다
43 라반이 야곱에게 대답하여 이르되
딸들은 내 딸이요 자식들은 내 자
식이요 양 떼는 내 양 떼요 네가 보
는 것은 다 내 것이라 내가 오늘 내
딸들과 그들이 낳은 자식들에게 무
엇을 하겠느냐
44 이제 오라 나와 네가 언약을 맺고
그것으로 너와 나 사이에 증거를
삼을 것이니라
45 이에 야곱이 돌을 가져다가 기둥으
로 세우고
46 또 그 형제들에게 돌을 모으라 하
니 그들이 돌을 가져다가 무더기를
이루매 무리가 거기 무더기 곁에서
먹고
47 라반은 그것을 여갈사하두다라 불
렀고 야곱은 그것을 갈르엣이라 불
렀으니
48 라반의 말에 오늘 이 무더기가 너와
나 사이에 증거가 된다 하였으므로
그 이름을 갈르엣이라 불렀으며
49 또 미스바라 하였으니 이는 그의
말에 우리가 서로 떠나 있을 때에
야훼께서 나와 너 사이를 살피시옵
소서 함이라
50 만일 네가 내 딸을 박대하거나 내
딸들 외에 다른 아내들을 맞이하면
우리와 함께 할 사람은 없어도 보
라 하나님이 나와 너 사이에 증인이
되시느니라 함이었더라
51 라반이 또 야곱에게 이르되 내가
나와 너 사이에 둔 이 무더기를 보
라 또 이 기둥을 보라
52 이 무더기가 증거가 되고 이 기둥이
증거가 되나니 내가 이 무더기를 넘
어 네게로 가서 해하지 않을 것이
요 네가 이 무더기, 이 기둥을 넘어
내게로 와서 해하지 아니할 것이라
53 아브라함의 하나님, 나홀의 하나
님, 그들의 조상의 하나님은 우리
사이에 판단하옵소서 하매 야곱이
그의 아버지 이삭이 경외하는 이를
가리켜 맹세하고
54 야곱이 또 산에서 제사를 드리고
형제들을 불러 떡을 먹이니 그들이
떡을 먹고 산에서 밤을 지내고
55 라반이 아침에 일찍이 일어나 손자
들과 딸들에게 입맞추며 그들에게
축복하고 떠나 고향으로 돌아갔더라

32

야곱이 길을 가는데 하나님의 사
자들이 그를 만난지라
2 야곱이 그들을 볼 때에 이르기를
이는 하나님의 군대라 하고 그 땅
이름을 마하나임이라 하였더라
3 야곱이 세일 땅 에돔 들에 있는 형
에서에게로 자기보다 앞서 사자들
을 보내며

기록일 : . . .

4 그들에게 명령하여 이르되 너희는
내 주 에서에게 이같이 말하라 주
의 종 야곱이 이같이 말하기를 내
가 라반과 함께 거류하며 지금까지
머물러 있었사오며
5 내게 소와 나귀와 양 떼와 노비가
있으므로 사람을 보내어 내 주께
알리고 내 주께 은혜 받기를 원하
나이다 하라 하였더니
6 사자들이 야곱에게 돌아와 이르되
우리가 주인의 형 에서에게 이른즉
그가 사백 명을 거느리고 주인을
만나려고 오더이다
7 야곱이 심히 두렵고 답답하여 자기
와 함께 한 동행자와 양과 소와 낙
타를 두 떼로 나누고
8 이르되 에서가 와서 한 떼를 치면
남은 한 떼는 피하리라 하고
9 야곱이 또 이르되 내 조부 아브라
함의 하나님, 내 아버지 이삭의 하
나님 여호와여 주께서 전에 내게 명
하시기를 네 고향, 네 족속에게로
돌아가라 내가 네게 은혜를 베풀리
라 하셨나이다
10 나는 주께서 주의 종에게 베푸신
모든 은총과 모든 진실하심을 조금
도 감당할 수 없사오나 내가 내 지
팡이만 가지고 이 요단을 건넜더니
지금은 두 떼나 이루었나이다
11 내가 주께 간구하오니 내 형의 손
에서, 에서의 손에서 나를 건져내시
옵소서 내가 그를 두려워함은 그가
와서 나와 내 처자들을 칠까 겁이
나기 때문이니이다
12 주께서 말씀하시기를 내가 반드시
네게 은혜를 베풀어 네 씨로 바다
의 셀 수 없는 모래와 같이 많게 하
리라 하셨나이다
13 야곱이 거기서 밤을 지내고 그 소
유 중에서 형 에서를 위하여 예물
을 택하니
14 암염소가 이백이요 숫염소가 이십
이요 암양이 이백이요 숫양이 이십
이요
15 젖 나는 낙타 삼십과 그 새끼요 암
소가 사십이요 황소가 열이요 암나
귀가 이십이요 그 새끼 나귀가 열
이라
16 그것을 각각 떼로 나누어 종들의
손에 맡기고 그의 종에게 이르되
나보다 앞서 건너가서 각 떼로 거
리를 두게 하라 하고
17 그가 또 앞선 자에게 명령하여 이
르되 내 형 에서가 너를 만나 묻기
를 네가 누구의 사람이며 어디로
가느냐 네 앞의 것은 누구의 것이
냐 하거든
18 대답하기를 주의 종 야곱의 것이요
자기 주 에서에게로 보내는 예물
이오며 야곱도 우리 뒤에 있나이다

기록일 : . . .

하라 하고
19 그 둘째와 셋째와 각 떼를 따라가
는 자에게 명령하여 이르되 너희도
에서를 만나거든 곧 이같이 그에게
말하고
20 또 너희는 말하기를 주의 종 야곱
이 우리 뒤에 있다 하라 하니 이는
야곱이 말하기를 내가 내 앞에 보
내는 예물로 형의 감정을 푼 후에
대면하면 형이 혹시 나를 받아 주리
라 함이었더라
21 그 예물은 그에 앞서 보내고 그는
무리 가운데서 밤을 지내다가
22 밤에 일어나 두 아내와 두 여종과
열한 아들을 인도하여 얍복 나루를
건널새
23 그들을 인도하여 시내를 건너가게
하며 그의 소유도 건너가게 하고
24 야곱은 홀로 남았더니 어떤 사람이
날이 새도록 야곱과 씨름하다가
25 자기가 야곱을 이기지 못함을 보
고 그가 야곱의 허벅지 관절을 치
매 야곱의 허벅지 관절이 그 사람
과 씨름할 때에 어긋났더라
26 그가 이르되 날이 새려 하니 나로
가게 하라 야곱이 이르되 당신이
내게 축복하지 아니하면 가게 하지
아니하겠나이다
27 그 사람이 그에게 이르되 네 이름
이 무엇이냐 그가 이르되 야곱이니
이다
28 그가 이르되 네 이름을 다시는 야곱
이라 부를 것이 아니요 이스라엘이
라 부를 것이니 이는 네가 하나님과
및 사람들과 겨루어 이겼음이니라
29 야곱이 청하여 이르되 당신의 이름
을 알려주소서 그 사람이 이르되
어찌하여 내 이름을 묻느냐 하고
거기서 야곱에게 축복한지라
30 그러므로 야곱이 그 곳 이름을 브
니엘이라 하였으니 그가 이르기를
내가 하나님과 대면하여 보았으나
내 생명이 보전되었다 함이더라
31 그가 브니엘을 지날 때에 해가 돋
았고 그의 허벅다리로 말미암아 절
었더라
32 그 사람이 야곱의 허벅지 관절에 있
는 둔부의 힘줄을 쳤으므로 이스라
엘 사람들이 지금까지 허벅지 관절
에 있는 둔부의 힘줄을 먹지 아니
하더라

33 야곱이 눈을 들어 보니 에서가 사
백 명의 장정을 거느리고 오고 있
는지라 그의 자식들을 나누어 레아
와 라헬과 두 여종에게 맡기고
2 여종들과 그들의 자식들은 앞에 두
고 레아와 그의 자식들은 다음에
두고 라헬과 요셉은 뒤에 두고
3 자기는 그들 앞에서 나아가되 몸을
일곱 번 땅에 굽히며 그의 형 에서

기록일 : . . .

에게 가까이 가니
4 에서가 달려와서 그를 맞이하여 안
고 목을 어긋맞추어 그와 입맞추고
서로 우니라
5 에서가 눈을 들어 여인들과 자식들
을 보고 묻되 너와 함께 한 이들은
누구냐 야곱이 이르되 하나님이 주
의 종에게 은혜로 주신 자식들이니
이다
6 그 때에 여종들이 그의 자식들과
더불어 나아와 절하고
7 레아도 그의 자식들과 더불어 나아
와 절하고 그 후에 요셉이 라헬과
더불어 나아와 절하니
8 에서가 또 이르되 내가 만난 바 이
모든 떼는 무슨 까닭이냐 야곱이
이르되 내 주께 은혜를 입으려 함
이니이다
9 에서가 이르되 내 동생아 내게 있는
것이 족하니 네 소유는 네게 두라
10 야곱이 이르되 그렇지 아니하니이다
내가 형님의 눈앞에서 은혜를 입었
사오면 청하건대 내 손에서 이 예물
을 받으소서 내가 형님의 얼굴을 뵈
온즉 하나님의 얼굴을 본 것 같사오
며 형님도 나를 기뻐하심이니이다
11 하나님이 내게 은혜를 베푸셨고 내
소유도 족하오니 청하건대 내가 형
님께 드리는 예물을 받으소서 하고
그에게 강권하매 받으니라
12 에서가 이르되 우리가 떠나자 내가
너와 동행하리라
13 야곱이 그에게 이르되 내 주도 아
시거니와 자식들은 연약하고 내게
있는 양 떼와 소가 새끼를 데리고
있은즉 하루만 지나치게 몰면 모든
떼가 죽으리니
14 청하건대 내 주는 종보다 앞서 가
소서 나는 앞에 가는 가축과 자식
들의 걸음대로 천천히 인도하여 세
일로 가서 내 주께 나아가리이다
15 에서가 이르되 내가 내 종 몇 사람
을 네게 머물게 하리라 야곱이 이
르되 어찌하여 그리하리이까 나로
내 주께 은혜를 얻게 하소서 하매
16 이 날에 에서는 세일로 돌아가고
17 야곱은 숙곳에 이르러 자기를 위하
여 집을 짓고 그의 가축을 위하여
우릿간을 지었으므로 그 땅 이름을
숙곳이라 부르더라
18 야곱이 밧단아람에서부터 평안히
가나안 땅 세겜 성읍에 이르러 그
성읍 앞에 장막을 치고
19 그가 장막을 친 밭을 세겜의 아버
지 하몰의 아들들의 손에서 백 크
시타에 샀으며
20 거기에 제단을 쌓고 그 이름을 엘
엘로헤이스라엘이라 불렀더라

34 레아가 야곱에게 낳은 딸 디나가
그 땅의 딸들을 보러 나갔더니

기록일 : . . .

2 히위 족속 중 하몰의 아들 그 땅의
추장 세겜이 그를 보고 끌어들여
강간하여 욕되게 하고
3 그 마음이 깊이 야곱의 딸 디나에
게 연연하며 그 소녀를 사랑하여
그의 마음을 말로 위로하고
4 그의 아버지 하몰에게 청하여 이르
되 이 소녀를 내 아내로 얻게 하여
주소서 하였더라
5 야곱이 그 딸 디나를 그가 더럽혔
다 함을 들었으나 자기의 아들들이
들에서 목축하므로 그들이 돌아오
기까지 잠잠하였고
6 세겜의 아버지 하몰은 야곱에게 말
하러 왔으며
7 야곱의 아들들은 들에서 이를 듣고
돌아와서 그들 모두가 근심하고 심
히 노하였으니 이는 세겜이 야곱의
딸을 강간하여 이스라엘에게 부끄
러운 일 곧 행하지 못할 일을 행하
였음이더라
8 하몰이 그들에게 이르되 내 아들
세겜이 마음으로 너희 딸을 연연하
여 하니 원하건대 그를 세겜에게
주어 아내로 삼게 하라
9 너희가 우리와 통혼하여 너희 딸을
우리에게 주며 우리 딸을 너희가
데려가고
10 너희가 우리와 함께 거주하되 땅이
너희 앞에 있으니 여기 머물러 매매
하며 여기서 기업을 얻으라 하고
11 세겜도 디나의 아버지와 그의 남자
형제들에게 이르되 나로 너희에게
은혜를 입게 하라 너희가 내게 말
하는 것은 내가 다 주리니
12 이 소녀만 내게 주어 아내가 되게
하라 아무리 큰 혼수와 예물을 청
할지라도 너희가 내게 말한 대로
주리라
13 야곱의 아들들이 세겜과 그의 아버
지 하몰에게 속여 대답하였으니 이
는 세겜이 그 누이 디나를 더럽혔음
이라
14 야곱의 아들들이 그들에게 말하되
우리는 그리하지 못하겠노라 할례
받지 아니한 사람에게 우리 누이를
줄 수 없노니 이는 우리의 수치가
됨이니라
15 그런즉 이같이 하면 너희에게 허락
하리라 만일 너희 중 남자가 다 할
례를 받고 우리 같이 되면
16 우리 딸을 너희에게 주며 너희 딸
을 우리가 데려오며 너희와 함께
거주하여 한 민족이 되려니와
17 너희가 만일 우리 말을 듣지 아니
하고 할례를 받지 아니하면 우리는
곧 우리 딸을 데리고 가리라
18 그들의 말을 하몰과 그의 아들 세
겜이 좋게 여기므로
19 이 소년이 그 일 행하기를 지체하지

기록일 : . . .

아니하였으니 그가 야곱의 딸을 사
랑함이며 그는 그의 아버지 집에서
가장 존귀하였더라
20 하몰과 그의 아들 세겜이 그들의
성읍 문에 이르러 그들의 성읍 사
람들에게 말하여 이르되
21 이 사람들은 우리와 친목하고 이 땅
은 넓어 그들을 용납할 만하니 그들
이 여기서 거주하며 매매하게 하고
우리가 그들의 딸들을 아내로 데려
오고 우리 딸들도 그들에게 주자
22 그러나 우리 중의 모든 남자가 그들
이 할례를 받음 같이 할례를 받아야
그 사람들이 우리와 함께 거주하여
한 민족 되기를 허락할 것이라
23 그러면 그들의 가축과 재산과 그들
의 모든 짐승이 우리의 소유가 되
지 않겠느냐 다만 그들의 말대로
하자 그러면 그들이 우리와 함께
거주하리라
24 성문으로 출입하는 모든 자가 하몰
과 그의 아들 세겜의 말을 듣고 성
문으로 출입하는 그 모든 남자가
할례를 받으니라
25 제삼일에 아직 그들이 아파할 때에
야곱의 두 아들 디나의 오라버니
시므온과 레위가 각기 칼을 가지고
가서 몰래 그 성읍을 기습하여 그
모든 남자를 죽이고
26 칼로 하몰과 그의 아들 세겜을 죽이
고 디나를 세겜의 집에서 데려오고
27 야곱의 여러 아들이 그 시체 있는
성읍으로 가서 노략하였으니 이는
그들이 그들의 누이를 더럽힌 까닭
이라
28 그들이 양과 소와 나귀와 그 성읍
에 있는 것과 들에 있는 것과
29 그들의 모든 재물을 빼앗으며 그들
의 자녀와 그들의 아내들을 사로잡
고 집 속의 물건을 다 노략한지라
30 야곱이 시므온과 레위에게 이르되
너희가 내게 화를 끼쳐 나로 하여
금 이 땅의 주민 곧 가나안 족속과
브리스 족속에게 악취를 내게 하였
도다 나는 수가 적은즉 그들이 모
여 나를 치고 나를 죽이리니 그러면
나와 내 집이 멸망하리라
31 그들이 이르되 그가 우리 누이를
창녀 같이 대우함이 옳으니이까

35 하나님이 야곱에게 이르시되 일어
나 벧엘로 올라가서 거기 거주하며
네가 네 형 에서의 낯을 피하여 도
망하던 때에 네게 나타났던 하나님
께 거기서 제단을 쌓으라 하신지라
2 야곱이 이에 자기 집안 사람과 자
기와 함께 한 모든 자에게 이르되
너희 중에 있는 이방 신상들을 버리
고 자신을 정결하게 하고 너희들의
의복을 바꾸어 입으라
3 우리가 일어나 벧엘로 올라가자

기록일 : . . .

내 환난 날에 내게 응답하시며 내
가 가는 길에서 나와 함께 하신 하
나님께 내가 거기서 제단을 쌓으려
하노라 하매
4 그들이 자기 손에 있는 모든 이방
신상들과 자기 귀에 있는 귀고리들
을 야곱에게 주는지라 야곱이 그것
들을 세겜 근처 상수리나무 아래에
묻고
5 그들이 떠났으나 하나님이 그 사면
고을들로 크게 두려워하게 하셨으
므로 야곱의 아들들을 추격하는 자
가 없었더라
6 야곱과 그와 함께 한 모든 사람이
가나안 땅 루스 곧 벧엘에 이르고
7 그가 거기서 제단을 쌓고 그 곳을
엘벧엘이라 불렀으니 이는 그의 형
의 낯을 피할 때에 하나님이 거기
서 그에게 나타나셨음이더라
8 리브가의 유모 드보라가 죽으매 그
를 벧엘 아래에 있는 상수리나무
밑에 장사하고 그 나무 이름을 알
론바굿이라 불렀더라
9 야곱이 밧단아람에서 돌아오매 하
나님이 다시 야곱에게 나타나사 그
에게 복을 주시고
10 하나님이 그에게 이르시되 네 이름
이 야곱이지마는 네 이름을 다시는
야곱이라 부르지 않겠고 이스라엘이
네 이름이 되리라 하시고 그가 그의
이름을 이스라엘이라 부르시고
11 하나님이 그에게 이르시되 나는 전
능한 하나님이라 생육하며 번성하
라 한 백성과 백성들의 총회가 네
게서 나오고 왕들이 네 허리에서
나오리라
12 내가 아브라함과 이삭에게 준 땅을
네게 주고 내가 네 후손에게도 그
땅을 주리라 하시고
13 하나님이 그와 말씀하시던 곳에서
그를 떠나 올라가시는지라
14 야곱이 하나님이 자기와 말씀하시
던 곳에 기둥 곧 돌 기둥을 세우고
그 위에 전제물을 붓고 또 그 위에
기름을 붓고
15 하나님이 자기와 말씀하시던 곳의
이름을 벧엘이라 불렀더라
16 그들이 벧엘에서 길을 떠나 에브
랏에 이르기까지 얼마간 거리를 둔
곳에서 라헬이 해산하게 되어 심히
고생하여
17 그가 난산할 즈음에 산파가 그에게
이르되 두려워하지 말라 지금 네가
또 득남하느니라 하매
18 그가 죽게 되어 그의 혼이 떠나려
할 때에 아들의 이름을 베노니라
불렀으나 그의 아버지는 그를 베냐
민이라 불렀더라
19 라헬이 죽으매 에브랏 곧 베들레헴
길에 장사되었고

기록일 : . . .

20 야곱이 라헬의 묘에 비를 세웠더니
지금까지 라헬의 묘비라 일컫더라
21 이스라엘이 다시 길을 떠나 에델
망대를 지나 장막을 쳤더라
22 이스라엘이 그 땅에 거주할 때에
르우벤이 가서 그 아버지의 첩 빌하
와 동침하매 이스라엘이 이를 들었
더라 야곱의 아들은 열둘이라
23 레아의 아들들은 야곱의 장자 르우
벤과 그 다음 시므온과 레위와 유
다와 잇사갈과 스불론이요
24 라헬의 아들들은 요셉과 베냐민이며
25 라헬의 여종 빌하의 아들들은 단과
납달리요
26 레아의 여종 실바의 아들들은 갓과
아셀이니 이들은 야곱의 아들들이요
밧단아람에서 그에게 낳은 자더라
27 야곱이 기럇아르바의 마므레로 가
서 그의 아버지 이삭에게 이르렀으
니 기럇아르바는 곧 아브라함과 이
삭이 거류하던 헤브론이더라
28 이삭의 나이가 백팔십 세라
29 이삭이 나이가 많고 늙어 기운이 다
하매 죽어 자기 열조에게로 돌아가
니 그의 아들 에서와 야곱이 그를
장사하였더라

36 에서 곧 에돔의 족보는 이러하
니라
2 에서가 가나안 여인 중 헷 족속
엘론의 딸 아다와 히위 족속 시브
온의 딸인 아나의 딸 오홀리바마를
자기 아내로 맞이하고
3 또 이스마엘의 딸 느바욧의 누이
바스맛을 맞이하였더니
4 아다는 엘리바스를 에서에게 낳았
고 바스맛은 르우엘을 낳았고
5 오홀리바마는 여우스와 얄람과 고
라를 낳았으니 이들은 에서의 아들
들이요 가나안 땅에서 그에게 태어
난 자들이더라
6 에서가 자기 아내들과 자기 자녀들
과 자기 집의 모든 사람과 자기의
가축과 자기의 모든 짐승과 자기가
가나안 땅에서 모은 모든 재물을
이끌고 그의 동생 야곱을 떠나 다
른 곳으로 갔으니
7 두 사람의 소유가 풍부하여 함께
거주할 수 없음이러라 그들이 거주
하는 땅이 그들의 가축으로 말미암
아 그들을 용납할 수 없었더라
8 이에 에서 곧 에돔이 세일 산에 거
주하니라
9 세일 산에 있는 에돔 족속의 조상
에서의 족보는 이러하고
10 그 자손의 이름은 이러하니라 에서
의 아내 아다의 아들은 엘리바스요
에서의 아내 바스맛의 아들은 르우
엘이며
11 엘리바스의 아들들은 데만과 오말
과 스보와 가담과 그나스요

기록일 : . . .

12 에서의 아들 엘리바스의 첩 딤나는
아말렉을 엘리바스에게 낳았으니 이
들은 에서의 아내 아다의 자손이며
13 르우엘의 아들들은 나핫과 세라와
삼마와 미사니 이들은 에서의 아내
바스맛의 자손이며
14 시브온의 손녀 아나의 딸 에서의
아내 오홀리바마의 아들들은 이러
하니 그가 여우스와 얄람과 고라를
에서에게 낳았더라
15 에서 자손 중 족장은 이러하니라
에서의 장자 엘리바스의 자손으로
는 데만 족장, 오말 족장, 스보 족
장, 그나스 족장과
16 고라 족장, 가담 족장, 아말렉 족장
이니 이들은 에돔 땅에 있는 엘리
바스의 족장들이요 이들은 아다의
자손이며
17 에서의 아들 르우엘의 자손으로는
나핫 족장, 세라 족장, 삼마 족장,
미사 족장이니 이들은 에돔 땅에
있는 르우엘의 족장들이요 이들은
에서의 아내 바스맛의 자손이며
18 에서의 아내인 오홀리바마의 아들
들은 여우스 족장, 얄람 족장, 고라
족장이니 이들은 아나의 딸이요 에
서의 아내인 오홀리바마로 말미암
아 나온 족장들이라
19 에서 곧 에돔의 자손으로서 족장
된 자들이 이러하였더라

20 그 땅의 주민 호리 족속 세일의 자
손은 로단과 소발과 시브온과 아
나와
21 디손과 에셀과 디산이니 이들은 에
돔 땅에 있는 세일의 자손 중 호리
족속의 족장들이요
22 로단의 자녀는 호리와 헤맘과 로단
의 누이 딤나요
23 소발의 자녀는 알완과 마나핫과 에
발과 스보와 오남이요
24 시브온의 자녀는 아야와 아나며
이 아나는 그 아버지 시브온의 나
귀를 칠 때에 광야에서 온천을 발
견하였고
25 아나의 자녀는 디손과 오홀리바마
니 오홀리바마는 아나의 딸이며
26 디손의 자녀는 헴단과 에스반과 이
드란과 그란이요
27 에셀의 자녀는 빌한과 사아완과 아
간이요
28 디산의 자녀는 우스와 아란이니
29 호리 족속의 족장들은 곧 로단 족
장, 소발 족장, 시브온 족장, 아나
족장,
30 디손 족장, 에셀 족장, 디산 족장
이라 이들은 그들의 족속들에 따라
세일 땅에 있는 호리 족속의 족장
들이었더라
31 이스라엘 자손을 다스리는 왕이 있
기 전에 에돔 땅을 다스리던 왕들

기록일 : . . .

은 이러하니라
32 브올의 아들 벨라가 에돔의 왕이 되
었으니 그 도성의 이름은 딘하바며
33 벨라가 죽고 보스라 사람 세라의
아들 요밥이 그를 대신하여 왕이
되었고
34 요밥이 죽고 데만 족속의 땅의 후
삼이 그를 대신하여 왕이 되었고
35 후삼이 죽고 브닷의 아들 곧 모
압 들에서 미디안 족속을 친 하닷
이 그를 대신하여 왕이 되었으니 그
도성 이름은 아윗이며
36 하닷이 죽고 마스레가의 삼라가 그
를 대신하여 왕이 되었고
37 삼라가 죽고 유브라데 강변 르호봇
의 사울이 그를 대신하여 왕이 되
었고
38 사울이 죽고 악볼의 아들 바알하난
이 그를 대신하여 왕이 되었고
39 악볼의 아들 바알하난이 죽고 하달
이 그를 대신하여 왕이 되었으니 그
도성 이름은 바우며 그의 아내의
이름은 므헤다벨이니 마드렛의 딸
이요 메사합의 손녀더라
40 에서에게서 나온 족장들의 이름은
그 종족과 거처와 이름을 따라 나
누면 이러하니 딤나 족장, 알와 족
장, 여뎃 족장,
41 오홀리바마 족장, 엘라 족장, 비논
족장,
42 그나스 족장, 데만 족장, 밉살 족장,
43 막디엘 족장, 이람 족장이라 이들
은 그 구역과 거처를 따른 에돔 족
장들이며 에돔 족속의 조상은 에서
더라

37 야곱이 가나안 땅 곧 그의 아버지
가 거류하던 땅에 거주하였으니
2 야곱의 족보는 이러하니라 요셉이
십칠 세의 소년으로서 그의 형들
과 함께 양을 칠 때에 그의 아버지
의 아내들 빌하와 실바의 아들들과
더불어 함께 있었더니 그가 그들의
잘못을 아버지에게 말하더라
3 요셉은 노년에 얻은 아들이므로 이
스라엘이 여러 아들들보다 그를 더
사랑하므로 그를 위하여 채색옷을
지었더니
4 그의 형들이 아버지가 형들보다 그
를 더 사랑함을 보고 그를 미워하
여 그에게 편안하게 말할 수 없었
더라
5 요셉이 꿈을 꾸고 자기 형들에게
말하매 그들이 그를 더욱 미워하였
더라
6 요셉이 그들에게 이르되 청하건대
내가 꾼 꿈을 들으시오
7 우리가 밭에서 곡식 단을 묶더니
내 단은 일어서고 당신들의 단은
내 단을 둘러서서 절하더이다
8 그의 형들이 그에게 이르되 네가

기록일 : . . .

참으로 우리의 왕이 되겠느냐 참으
로 우리를 다스리게 되겠느냐 하고
그의 꿈과 그의 말로 말미암아 그
를 더욱 미워하더니
9 요셉이 다시 꿈을 꾸고 그의 형들
에게 말하여 이르되 내가 또 꿈을
꾼즉 해와 달과 열한 별이 내게 절
하더이다 하니라
10 그가 그의 꿈을 아버지와 형들에게
말하매 아버지가 그를 꾸짖고 그에
게 이르되 네가 꾼 꿈이 무엇이냐
나와 네 어머니와 네 형들이 참으
로 가서 땅에 엎드려 네게 절하겠
느냐
11 그의 형들은 시기하되 그의 아버지
는 그 말을 간직해 두었더라
12 그의 형들이 세겜에 가서 아버지의
양 떼를 칠 때에
13 이스라엘이 요셉에게 이르되 네 형
들이 세겜에서 양을 치지 아니하느
냐 너를 그들에게로 보내리라 요셉
이 아버지에게 대답하되 내가 그리
하겠나이다
14 이스라엘이 그에게 이르되 가서 네
형들과 양 떼가 다 잘 있는지를 보
고 돌아와 내게 말하라 하고 그를
헤브론 골짜기에서 보내니 그가 세
겜으로 가니라
15 어떤 사람이 그를 만난즉 그가 들
에서 방황하는지라 그 사람이 그
에게 물어 이르되 네가 무엇을 찾
느냐
16 그가 이르되 내가 내 형들을 찾으
오니 청하건대 그들이 양치는 곳을
내게 가르쳐 주소서
17 그 사람이 이르되 그들이 여기서
떠났느니라 내가 그들의 말을 들
으니 도단으로 가자 하더라 하니라
요셉이 그의 형들의 뒤를 따라 가
서 도단에서 그들을 만나니라
18 요셉이 그들에게 가까이 오기 전에
그들이 요셉을 멀리서 보고 죽이기
를 꾀하여
19 서로 이르되 꿈 꾸는 자가 오는도다
20 자, 그를 죽여 한 구덩이에 던지고
우리가 말하기를 악한 짐승이 그를
잡아먹었다 하자 그의 꿈이 어떻게
되는지를 우리가 볼 것이니라 하는
지라
21 르우벤이 듣고 요셉을 그들의 손
에서 구원하려 하여 이르되 우리가
그의 생명은 해치지 말자
22 르우벤이 또 그들에게 이르되 피를
흘리지 말라 그를 광야 그 구덩이
에 던지고 손을 그에게 대지 말라
하니 이는 그가 요셉을 그들의 손
에서 구출하여 그의 아버지에게로
돌려보내려 함이었더라
23 요셉이 형들에게 이르매 그의 형들
이 요셉의 옷 곧 그가 입은 채색옷

기록일 : . . .

을 벗기고
24 그를 잡아 구덩이에 던지니 그 구덩
이는 빈 것이라 그 속에 물이 없었
더라
25 그들이 앉아 음식을 먹다가 눈을
들어 본즉 한 무리의 이스마엘 사
람들이 길르앗에서 오는데 그 낙타
들에 향품과 유향과 몰약을 싣고
애굽으로 내려가는지라
26 유다가 자기 형제에게 이르되 우리
가 우리 동생을 죽이고 그의 피를
덮어둔들 무엇이 유익할까
27 자 그를 이스마엘 사람들에게 팔고
그에게 우리 손을 대지 말자 그는
우리의 동생이요 우리의 혈육이니라
하매 그의 형제들이 청종하였더라
28 그 때에 미디안 사람 상인들이 지
나가고 있는지라 형들이 요셉을 구
덩이에서 끌어올리고 은 이십에 그
를 이스마엘 사람들에게 팔매 그
상인들이 요셉을 데리고 애굽으로
갔더라
29 르우벤이 돌아와 구덩이에 이르러
본즉 거기 요셉이 없는지라 옷을
찢고
30 아우들에게로 되돌아와서 이르되
아이가 없도다 나는 어디로 갈까
31 그들이 요셉의 옷을 가져다가 숫염
소를 죽여 그 옷을 피에 적시고
32 그의 채색옷을 보내어 그의 아버지
에게로 가지고 가서 이르기를 우리
가 이것을 발견하였으니 아버지 아
들의 옷인가 보소서 하매
33 아버지가 그것을 알아보고 이르되
내 아들의 옷이라 악한 짐승이 그
를 잡아 먹었도다 요셉이 분명히
찢겼도다 하고
34 자기 옷을 찢고 굵은 베로 허리를
묶고 오래도록 그의 아들을 위하여
애통하니
35 그의 모든 자녀가 위로하되 그가
그 위로를 받지 아니하여 이르되
내가 슬퍼하며 스올로 내려가 아들
에게로 가리라 하고 그의 아버지가
그를 위하여 울었더라
36 그 미디안 사람들은 그를 애굽에서
바로의 신하 친위대장 보디발에게
팔았더라

38 그 후에 유다가 자기 형제들로부
터 떠나 내려가서 아둘람 사람 히
라와 가까이 하니라
2 유다가 거기서 가나안 사람 수아라
하는 자의 딸을 보고 그를 데리고
동침하니
3 그가 임신하여 아들을 낳으매 유다
가 그의 이름을 엘이라 하니라
4 그가 다시 임신하여 아들을 낳고
그의 이름을 오난이라 하고
5 그가 또 다시 아들을 낳고 그의 이
름을 셀라라 하니라 그가 셀라를

낳을 때에 유다는 거십에 있었더라
6 유다가 장자 엘을 위하여 아내를
데려오니 그의 이름은 다말이더라
7 유다의 장자 엘이 야훼가 보시기에
악하므로 야훼께서 그를 죽이신지라
8 유다가 오난에게 이르되 네 형수에
게로 들어가서 남편의 아우 된 본
분을 행하여 네 형을 위하여 씨가
있게 하라
9 오난이 그 씨가 자기 것이 되지 않
을 줄 알므로 형수에게 들어갔을
때에 그의 형에게 씨를 주지 아니
하려고 땅에 설정하매
10 그 일이 야훼가 보시기에 악하므로
야훼께서 그도 죽이시니
11 유다가 그의 며느리 다말에게 이르
되 수절하고 네 아버지 집에 있어
내 아들 셀라가 장성하기를 기다
리라 하니 셀라도 그 형들 같이 죽
을까 염려함이라 다말이 가서 그의
아버지 집에 있으니라
12 얼마 후에 유다의 아내 수아의 딸
이 죽은지라 유다가 위로를 받은
후에 그의 친구 아둘람 사람 히라
와 함께 딤나로 올라가서 자기의
양털 깎는 자에게 이르렀더니
13 어떤 사람이 다말에게 말하되 네
시아버지가 자기의 양털을 깎으려
고 딤나에 올라왔다 한지라
14 그가 그 과부의 의복을 벗고 너울
로 얼굴을 가리고 몸을 휩싸고 딤
나 길 곁 에나임 문에 앉으니 이는
셀라가 장성함을 보았어도 자기를
그의 아내로 주지 않음으로 말미암
음이라
15 그가 얼굴을 가리었으므로 유다가
그를 보고 창녀로 여겨
16 길 곁으로 그에게 나아가 이르되
청하건대 나로 네게 들어가게 하라
하니 그의 며느리인 줄을 알지 못
하였음이라 그가 이르되 당신이 무
엇을 주고 내게 들어오려느냐
17 유다가 이르되 내가 내 떼에서 염
소 새끼를 주리라 그가 이르되 당
신이 그것을 줄 때까지 담보물을
주겠느냐
18 유다가 이르되 무슨 담보물을 네
게 주랴 그가 이르되 당신의 도장
과 그 끈과 당신의 손에 있는 지팡
이로 하라 유다가 그것들을 그에게
주고 그에게로 들어갔더니 그가 유
다로 말미암아 임신하였더라
19 그가 일어나 떠나가서 그 너울을
벗고 과부의 의복을 도로 입으니라
20 유다가 그 친구 아둘람 사람의 손
에 부탁하여 염소 새끼를 보내고
그 여인의 손에서 담보물을 찾으려
하였으나 그가 그 여인을 찾지 못
한지라
21 그가 그 곳 사람에게 물어 이르되

길 곁 에나임에 있던 창녀가 어디
있느냐 그들이 이르되 여기는 창녀
가 없느니라
22 그가 유다에게로 돌아와 이르되 내
가 그를 찾지 못하였고 그 곳 사람
도 이르기를 거기에는 창녀가 없다
하더이다 하더라
23 유다가 이르되 그로 그것을 가지게
두라 우리가 부끄러움을 당할까 하
노라 내가 이 염소 새끼를 보냈으
나 그대가 그를 찾지 못하였느니라
24 석 달쯤 후에 어떤 사람이 유다에
게 일러 말하되 네 며느리 다말이
행음하였고 그 행음함으로 말미암
아 임신하였느니라 유다가 이르되
그를 끌어내어 불사르라
25 여인이 끌려나갈 때에 사람을 보
내어 시아버지에게 이르되 이 물건
임자로 말미암아 임신하였나이다
청하건대 보소서 이 도장과 그 끈
과 지팡이가 누구의 것이니이까 한
지라
26 유다가 그것들을 알아보고 이르되
그는 나보다 옳도다 내가 그를 내
아들 셀라에게 주지 아니하였음이
로다 하고 다시는 그를 가까이 하
지 아니하였더라
27 해산할 때에 보니 쌍태라
28 해산할 때에 손이 나오는지라 산파
가 이르되 이는 먼저 나온 자라 하
고 홍색 실을 가져다가 그 손에 매
었더니
29 그 손을 도로 들이며 그의 아우가
나오는지라 산파가 이르되 네가 어
찌하여 터뜨리고 나오느냐 하였으
므로 그 이름을 베레스라 불렀고
30 그의 형 곧 손에 홍색 실 있는 자가
뒤에 나오니 그의 이름을 세라라
불렀더라

39 요셉이 이끌려 애굽에 내려가매
바로의 신하 친위대장 애굽 사람
보디발이 그를 그리로 데려간 이스
마엘 사람의 손에서 요셉을 사니라
2 야훼께서 요셉과 함께 하시므로 그
가 형통한 자가 되어 그의 주인 애
굽 사람의 집에 있으니
3 그의 주인이 야훼께서 그와 함께
하심을 보며 또 야훼께서 그의 범
사에 형통하게 하심을 보았더라
4 요셉이 그의 주인에게 은혜를 입어
섬기매 그가 요셉을 가정 총무로
삼고 자기의 소유를 다 그의 손에
위탁하니
5 그가 요셉에게 자기의 집과 그의
모든 소유물을 주관하게 한 때부터
야훼께서 요셉을 위하여 그 애굽
사람의 집에 복을 내리시므로 야훼
의 복이 그의 집과 밭에 있는 모든
소유에 미친지라
6 주인이 그의 소유를 다 요셉의 손

기록일 : . . .

에 위탁하고 자기가 먹는 음식 외
에는 간섭하지 아니하였더라 요셉
은 용모가 빼어나고 아름다웠더라
7 그 후에 그의 주인의 아내가 요셉에
게 눈짓하다가 동침하기를 청하니
8 요셉이 거절하며 자기 주인의 아내
에게 이르되 내 주인이 집안의 모
든 소유를 간섭하지 아니하고 다
내 손에 위탁하였으니
9 이 집에는 나보다 큰 이가 없으며
주인이 아무것도 내게 금하지 아니
하였어도 금한 것은 당신뿐이니 당
신은 그의 아내임이라 그런즉 내가
어찌 이 큰 악을 행하여 하나님께
죄를 지으리이까
10 여인이 날마다 요셉에게 청하였으
나 요셉이 듣지 아니하여 동침하지
아니할 뿐더러 함께 있지도 아니하
니라
11 그러할 때에 요셉이 그의 일을 하
러 그 집에 들어갔더니 그 집 사람
들은 하나도 거기에 없었더라
12 그 여인이 그의 옷을 잡고 이르되
나와 동침하자 그러나 요셉이 자기
의 옷을 그 여인의 손에 버려두고
밖으로 나가매
13 그 여인이 요셉이 그의 옷을 자기
손에 버려두고 도망하여 나감을
보고
14 그 여인의 집 사람들을 불러서 그
들에게 이르되 보라 주인이 히브리
사람을 우리에게 데려다가 우리를
희롱하게 하는도다 그가 나와 동침
하고자 내게로 들어오므로 내가 크
게 소리 질렀더니
15 그가 나의 소리 질러 부름을 듣고
그의 옷을 내게 버려두고 도망하여
나갔느니라 하고
16 그의 옷을 곁에 두고 자기 주인이
집으로 돌아오기를 기다려
17 이 말로 그에게 말하여 이르되 당
신이 우리에게 데려온 히브리 종이
나를 희롱하려고 내게로 들어왔으
므로
18 내가 소리 질러 불렀더니 그가 그의
옷을 내게 버려두고 밖으로 도망하
여 나갔나이다
19 그의 주인이 자기 아내가 자기에게
이르기를 당신의 종이 내게 이같이
행하였다 하는 말을 듣고 심히 노
한지라
20 이에 요셉의 주인이 그를 잡아 옥
에 가두니 그 옥은 왕의 죄수를 가
두는 곳이었더라 요셉이 옥에 갇혔
으나
21 야훼께서 요셉과 함께 하시고 그에
게 인자를 더하사 간수장에게 은혜
를 받게 하시매
22 간수장이 옥중 죄수를 다 요셉의
손에 맡기므로 그 제반 사무를 요

기록일 : . . .

섭이 처리하고
23 간수장은 그의 손에 맡긴 것을 무
엇이든지 살펴보지 아니하였으니
이는 야훼께서 요셉과 함께 하심이
라 야훼께서 그를 범사에 형통하게
하셨더라

40

그 후에 애굽 왕의 술 맡은 자와
떡 굽는 자가 그들의 주인 애굽 왕
에게 범죄한지라
2 바로가 그 두 관원장 곧 술 맡은 관
원장과 떡 굽는 관원장에게 노하여
3 그들을 친위대장의 집 안에 있는 옥
에 가두니 곧 요셉이 갇힌 곳이라
4 친위대장이 요셉에게 그들을 수종
들게 하매 요셉이 그들을 섬겼더라
그들이 갇힌 지 여러 날이라
5 옥에 갇힌 애굽 왕의 술 맡은 자와
떡 굽는 자 두 사람이 하룻밤에 꿈
을 꾸니 각기 그 내용이 다르더라
6 아침에 요셉이 들어가 보니 그들에
게 근심의 빛이 있는지라
7 요셉이 그 주인의 집에 자기와 함
께 갇힌 바로의 신하들에게 묻되
어찌하여 오늘 당신들의 얼굴에 근
심의 빛이 있나이까
8 그들이 그에게 이르되 우리가 꿈을
꾸었으나 이를 해석할 자가 없도다
요셉이 그들에게 이르되 해석은 하
나님께 있지 아니하니이까 청하건
대 내게 이르소서
9 술 맡은 관원장이 그의 꿈을 요셉
에게 말하여 이르되 내가 꿈에 보
니 내 앞에 포도나무가 있는데
10 그 나무에 세 가지가 있고 싹이 나
서 꽃이 피고 포도송이가 익었고
11 내 손에 바로의 잔이 있기로 내가
포도를 따서 그 즙을 바로의 잔에
짜서 그 잔을 바로의 손에 드렸노라
12 요셉이 그에게 이르되 그 해석이
이러하니 세 가지는 사흘이라
13 지금부터 사흘 안에 바로가 당신의
머리를 들고 당신의 전직을 회복시
키리니 당신이 그 전에 술 맡은 자
가 되었을 때에 하던 것 같이 바로
의 잔을 그의 손에 드리게 되리이다
14 당신이 잘 되시거든 나를 생각하
고 내게 은혜를 베풀어서 내 사정
을 바로에게 아뢰어 이 집에서 나
를 건져 주소서
15 나는 히브리 땅에서 끌려온 자요
여기서도 옥에 갇힐 일은 행하지 아
니하였나이다
16 떡 굽는 관원장이 그 해석이 좋은
것을 보고 요셉에게 이르되 나도
꿈에 보니 흰 떡 세 광주리가 내 머
리에 있고
17 맨 윗광주리에 바로를 위하여 만든
각종 구운 음식이 있는데 새들이 내
머리의 광주리에서 그것을 먹더라
18 요셉이 대답하여 이르되 그 해석은

기록일 : . . .

이러하니 세 광주리는 사흘이라
19 지금부터 사흘 안에 바로가 당신의
머리를 들고 당신을 나무에 달리니
새들이 당신의 고기를 뜯어 먹으리
이다 하더니
20 제삼일은 바로의 생일이라 바로가
그의 모든 신하를 위하여 잔치를
베풀 때에 술 맡은 관원장과 떡 굽
는 관원장에게 그의 신하들 중에
머리를 들게 하니라
21 바로의 술 맡은 관원장은 전직을
회복하매 그가 잔을 바로의 손에
받들어 드렸고
22 떡 굽는 관원장은 매달리니 요셉이
그들에게 해석함과 같이 되었으나
23 술 맡은 관원장이 요셉을 기억하지
못하고 그를 잊었더라

41

만 이 년 후에 바로가 꿈을 꾼즉
자기가 나일 강 가에 서 있는데
2 보니 아름답고 살진 일곱 암소가 강
가에서 올라와 갈밭에서 뜯어먹고
3 그 뒤에 또 흉하고 파리한 다른 일
곱 암소가 나일 강 가에서 올라와
그 소와 함께 나일 강 가에 서 있
더니
4 그 흉하고 파리한 소가 그 아름답
고 살진 일곱 소를 먹은지라 바로
가 곧 깨었다가
5 다시 잠이 들어 꿈을 꾸니 한 줄기
에 무성하고 충실한 일곱 이삭이
나오고
6 그 후에 또 가늘고 동풍에 마른 일
곱 이삭이 나오더니
7 그 가는 일곱 이삭이 무성하고 충
실한 일곱 이삭을 삼킨지라 바로가
깬즉 꿈이라
8 아침에 그의 마음이 번민하여 사람
을 보내어 애굽의 점술가와 현인들
을 모두 불러 그들에게 그의 꿈을
말하였으나 그것을 바로에게 해석
하는 자가 없었더라
9 술 맡은 관원장이 바로에게 말하여
이르되 내가 오늘 내 죄를 기억하
나이다
10 바로께서 종들에게 노하사 나와 떡
굽는 관원장을 친위대장의 집에 가
두셨을 때에
11 나와 그가 하룻밤에 꿈을 꾼즉 각
기 뜻이 있는 꿈이라
12 그 곳에 친위대장의 종 된 히브리
청년이 우리와 함께 있기로 우리가
그에게 말하매 그가 우리의 꿈을
풀되 그 꿈대로 각 사람에게 해석
하더니
13 그 해석한 대로 되어 나는 복직되
고 그는 매달렸나이다
14 이에 바로가 사람을 보내어 요셉을
부르매 그들이 급히 그를 옥에서
내놓은지라 요셉이 곧 수염을 깎고
그의 옷을 갈아 입고 바로에게 들

기록일 : . . .

어가니
15 바로가 요셉에게 이르되 내가 한
꿈을 꾸었으나 그것을 해석하는 자
가 없더니 들은즉 너는 꿈을 들으
면 능히 푼다 하더라
16 요셉이 바로에게 대답하여 이르되
내가 아니라 하나님께서 바로에게
편안한 대답을 하시리이다
17 바로가 요셉에게 이르되 내가 꿈에
나일 강 가에 서서
18 보니 살지고 아름다운 일곱 암소가
나일 강 가에 올라와 갈밭에서 뜯
어먹고
19 그 뒤에 또 약하고 심히 흉하고 파
리한 일곱 암소가 올라오니 그같이
흉한 것들은 애굽 땅에서 내가 아
직 보지 못한 것이라
20 그 파리하고 흉한 소가 처음의 일
곱 살진 소를 먹었으며
21 먹었으나 먹은 듯 하지 아니하고 여
전히 흉하더라 내가 곧 깨었다가
22 다시 꿈에 보니 한 줄기에 무성하
고 충실한 일곱 이삭이 나오고
23 그 후에 또 가늘고 동풍에 마른 일
곱 이삭이 나더니
24 그 가는 이삭이 좋은 일곱 이삭을
삼키더라 내가 그 꿈을 점술가에게
말하였으나 그것을 내게 풀이해 주
는 자가 없느니라
25 요셉이 바로에게 아뢰되 바로의 꿈
은 하나라 하나님이 그가 하실 일
을 바로에게 보이심이니이다
26 일곱 좋은 암소는 일곱 해요 일곱
좋은 이삭도 일곱 해니 그 꿈은 하
나라
27 그 후에 올라온 파리하고 흉한 일곱
소는 칠 년이요 동풍에 말라 속이
빈 일곱 이삭도 일곱 해 흉년이니
28 내가 바로에게 이르기를 하나님이
그가 하실 일을 바로에게 보이신다
함이 이것이라
29 온 애굽 땅에 일곱 해 큰 풍년이 있
겠고
30 후에 일곱 해 흉년이 들므로 애굽
땅에 있던 풍년을 다 잊어버리게 되
고 이 땅이 그 기근으로 망하리니
31 후에 든 그 흉년이 너무 심하므로
이전 풍년을 이 땅에서 기억하지 못
하게 되리이다
32 바로께서 꿈을 두 번 겹쳐 꾸신 것
은 하나님이 이 일을 정하셨음이라
하나님이 속히 행하시리니
33 이제 바로께서는 명철하고 지혜 있
는 사람을 택하여 애굽 땅을 다스
리게 하시고
34 바로께서는 또 이같이 행하사 나라
안에 감독관들을 두어 그 일곱 해
풍년에 애굽 땅의 오분의 일을 거
두되
35 그들로 장차 올 풍년의 모든 곡물

기록일 : . . .

을 거두고 그 곡물을 바로의 손에
돌려 양식을 위하여 각 성읍에 쌓
아 두게 하소서
36 이와 같이 그 곡물을 이 땅에 저장
하여 애굽 땅에 임할 일곱 해 흉년
에 대비하시면 땅이 이 흉년으로
말미암아 망하지 아니하리이다
37 바로와 그의 모든 신하가 이 일을
좋게 여긴지라
38 바로가 그의 신하들에게 이르되 이
와 같이 하나님의 영에 감동된 사
람을 우리가 어찌 찾을 수 있으리
요 하고
39 요셉에게 이르되 하나님이 이 모든
것을 네게 보이셨으니 너와 같이 명
철하고 지혜 있는 자가 없도다
40 너는 내 집을 다스리라 내 백성이
다 네 명령에 복종하리니 내가 너
보다 높은 것은 내 왕좌뿐이니라
41 바로가 또 요셉에게 이르되 내가
너를 애굽 온 땅의 총리가 되게 하
노라 하고
42 자기의 인장 반지를 빼어 요셉의
손에 끼우고 그에게 세마포 옷을
입히고 금 사슬을 목에 걸고
43 자기에게 있는 버금 수레에 그를
태우매 무리가 그의 앞에서 소리
지르기를 엎드리라 하더라 바로가
그에게 애굽 전국을 총리로 다스리
게 하였더라
44 바로가 요셉에게 이르되 나는 바로
라 애굽 온 땅에서 네 허락이 없이
는 수족을 놀릴 자가 없으리라 하고
45 그가 요셉의 이름을 사브낫바네아
라 하고 또 온의 제사장 보디베라
의 딸 아스낫을 그에게 주어 아내
로 삼게 하니라 요셉이 나가 애굽
온 땅을 순찰하니라
46 요셉이 애굽 왕 바로 앞에 설 때에
삼십 세라 그가 바로 앞을 떠나 애
굽 온 땅을 순찰하니
47 일곱 해 풍년에 토지 소출이 심히
많은지라
48 요셉이 애굽 땅에 있는 그 칠 년 곡
물을 거두어 각 성에 저장하되 각
성읍 주위의 밭의 곡물을 그 성읍
중에 쌓아 두매
49 쌓아 둔 곡식이 바다 모래 같이 심
히 많아 세기를 그쳤으니 그 수가
한이 없음이었더라
50 흉년이 들기 전에 요셉에게 두 아들
이 나되 곧 온의 제사장 보디베라의
딸 아스낫이 그에게서 낳은지라
51 요셉이 그의 장남의 이름을 므낫세
라 하였으니 하나님이 내게 내 모
든 고난과 내 아버지의 온 집 일을
잊어버리게 하셨다 함이요
52 차남의 이름을 에브라임이라 하였
으니 하나님이 나를 내가 수고한 땅
에서 번성하게 하셨다 함이었더라

기록일 : . . .

53 애굽 땅에 일곱 해 풍년이 그치고
54 요셉의 말과 같이 일곱 해 흉년이
들기 시작하매 각국에는 기근이 있
으나 애굽 온 땅에는 먹을 것이 있
더니
55 애굽 온 땅이 굶주리매 백성이 바
로에게 부르짖어 양식을 구하는지
라 바로가 애굽 모든 백성에게 이
르되 요셉에게 가서 그가 너희에게
이르는 대로 하라 하니라
56 온 지면에 기근이 있으매 요셉이 모
든 창고를 열고 애굽 백성에게 팔
새 애굽 땅에 기근이 심하며
57 각국 백성도 양식을 사려고 애굽으
로 들어와 요셉에게 이르렀으니 기
근이 온 세상에 심함이었더라

42

그 때에 야곱이 애굽에 곡식이
있음을 보고 아들들에게 이르되 너
희는 어찌하여 서로 바라보고만 있
느냐
2 야곱이 또 이르되 내가 들은즉 저
애굽에 곡식이 있다 하니 너희는
그리로 가서 거기서 우리를 위하여
사오라 그러면 우리가 살고 죽지
아니하리라 하매
3 요셉의 형 열 사람이 애굽에서 곡
식을 사려고 내려갔으나
4 야곱이 요셉의 아우 베냐민은 그의
형들과 함께 보내지 아니하였으니
이는 그의 생각에 재난이 그에게
미칠까 두려워함이었더라
5 이스라엘의 아들들이 양식 사러 간
자 중에 있으니 가나안 땅에 기근
이 있음이라
6 때에 요셉이 나라의 총리로서 그
땅 모든 백성에게 곡식을 팔더니
요셉의 형들이 와서 그 앞에서 땅
에 엎드려 절하매
7 요셉이 보고 형들인 줄을 아나 모
르는 체하고 엄한 소리로 그들에
게 말하여 이르되 너희가 어디서 왔
느냐 그들이 이르되 곡물을 사려고
가나안에서 왔나이다
8 요셉은 그의 형들을 알아보았으나
그들은 요셉을 알아보지 못하더라
9 요셉이 그들에게 대하여 꾼 꿈을
생각하고 그들에게 이르되 너희는
정탐꾼들이라 이 나라의 틈을 엿보
려고 왔느니라
10 그들이 그에게 이르되 내 주여 아
니니이다 당신의 종들은 곡물을 사
러 왔나이다
11 우리는 다 한 사람의 아들들로서
확실한 자들이니 당신의 종들은 정
탐꾼이 아니니이다
12 요셉이 그들에게 이르되 아니라 너
희가 이 나라의 틈을 엿보러 왔느
니라
13 그들이 이르되 당신의 종 우리들
은 열두 형제로서 가나안 땅 한 사

람의 아들들이라 막내 아들은 오늘
아버지와 함께 있고 또 하나는 없
어졌나이다
14 요셉이 그들에게 이르되 내가 너희
에게 이르기를 너희는 정탐꾼들이
라 한 말이 이것이니라
15 너희는 이같이 하여 너희 진실함을
증명할 것이라 바로의 생명으로 맹
세하노니 너희 막내 아우가 여기
오지 아니하면 너희가 여기서 나가
지 못하리라
16 너희 중 하나를 보내어 너희 아우
를 데려오게 하고 너희는 갇히어
있으라 내가 너희의 말을 시험하여
너희 중에 진실이 있는지 보리라 바
로의 생명으로 맹세하노니 그리하
지 아니하면 너희는 과연 정탐꾼이
니라 하고
17 그들을 다 함께 삼 일을 가두었더라
18 사흘 만에 요셉이 그들에게 이르되
나는 하나님을 경외하노니 너희는
이같이 하여 생명을 보전하라
19 너희가 확실한 자들이면 너희 형제
중 한 사람만 그 옥에 갇히게 하고
너희는 곡식을 가지고 가서 너희 집
안의 굶주림을 구하고
20 너희 막내 아우를 내게로 데리고
오라 그러면 너희 말이 진실함이 되
고 너희가 죽지 아니하리라 하니
그들이 그대로 하니라
21 그들이 서로 말하되 우리가 아우의
일로 말미암아 범죄하였도다 그가
우리에게 애걸할 때에 그 마음의 괴
로움을 보고도 듣지 아니하였으므
로 이 괴로움이 우리에게 임하도다
22 르우벤이 그들에게 대답하여 이르
되 내가 너희에게 그 아이에 대하
여 죄를 짓지 말라고 하지 아니하였
더냐 그래도 너희가 듣지 아니하였
느니라 그러므로 그의 핏값을 치르
게 되었도다 하니
23 그들 사이에 통역을 세웠으므로 그
들은 요셉이 듣는 줄을 알지 못하
였더라
24 요셉이 그들을 떠나가서 울고 다시
돌아와서 그들과 말하다가 그들 중
에서 시므온을 끌어내어 그들의 눈
앞에서 결박하고
25 명하여 곡물을 그 그릇에 채우게
하고 각 사람의 돈은 그의 자루에
도로 넣게 하고 또 길 양식을 그들
에게 주게 하니 그대로 행하였더라
26 그들이 곡식을 나귀에 싣고 그 곳
을 떠났더니
27 한 사람이 여관에서 나귀에게 먹이
를 주려고 자루를 풀고 본즉 그 돈
이 자루 아귀에 있는지라
28 그가 그 형제에게 말하되 내 돈을
도로 넣었도다 보라 자루 속에 있
도다 이에 그들이 혼이 나서 떨며

기록일 : . . .

서로 돌아보며 말하되 하나님이 어
찌하여 이런 일을 우리에게 행하셨
는가 하고
29 그들이 가나안 땅에 돌아와 그들의
아버지 야곱에게 이르러 그들이 당
한 일을 자세히 알리어 아뢰되
30 그 땅의 주인인 그 사람이 엄하게
우리에게 말씀하고 우리를 그 땅에
대한 정탐꾼으로 여기기로
31 우리가 그에게 이르되 우리는 확실
한 자들이요 정탐꾼이 아니니이다
32 우리는 한 아버지의 아들 열두 형
제로서 하나는 없어지고 막내는 오
늘 우리 아버지와 함께 가나안 땅
에 있나이다 하였더니
33 그 땅의 주인인 그 사람이 우리에
게 이르되 내가 이같이 하여 너희
가 확실한 자들임을 알리니 너희 형
제 중의 하나를 내게 두고 양식을
가지고 가서 너희 집안의 굶주림을
구하고
34 너희 막내 아우를 내게로 데려오라
그러면 너희가 정탐꾼이 아니요 확
실한 자들임을 내가 알고 너희 형제
를 너희에게 돌리리니 너희가 이 나
라에서 무역하리라 하더이다 하고
35 각기 자루를 쏟고 본즉 각 사람의
돈뭉치가 그 자루 속에 있는지라
그들과 그들의 아버지가 돈뭉치를
보고 다 두려워하더니

36 그들의 아버지 야곱이 그들에게 이
르되 너희가 나에게 내 자식들을
잃게 하도다 요셉도 없어졌고 시므
온도 없어졌거늘 베냐민을 또 빼앗
아 가고자 하니 이는 다 나를 해롭
게 함이로다
37 르우벤이 그의 아버지에게 말하여
이르되 내가 그를 아버지께로 데리
고 오지 아니하거든 내 두 아들을
죽이소서 그를 내 손에 맡기소서
내가 그를 아버지께로 데리고 돌아
오리이다
38 야곱이 이르되 내 아들은 너희와
함께 내려가지 못하리니 그의 형은
죽고 그만 남았음이라 만일 너희가
가는 길에서 재난이 그에게 미치면
너희가 내 흰 머리를 슬퍼하며 스
올로 내려가게 함이 되리라

43 그 땅에 기근이 심하고
2 그들이 애굽에서 가져온 곡식을
다 먹으매 그 아버지가 그들에게
이르되 다시 가서 우리를 위하여
양식을 조금 사오라
3 유다가 아버지에게 말하여 이르되
그 사람이 우리에게 엄히 경고하여
이르되 너희 아우가 너희와 함께
오지 아니하면 너희가 내 얼굴을
보지 못하리라 하였으니
4 아버지께서 우리 아우를 우리와 함
께 보내시면 우리가 내려가서 아버

기록일 : . . .

지를 위하여 양식을 사려니와
5 아버지께서 만일 그를 보내지 아
니하시면 우리는 내려가지 아니하
리니 그 사람이 우리에게 말하기
를 너희의 아우가 너희와 함께 오
지 아니하면 너희가 내 얼굴을 보지
못하리라 하였음이니이다
6 이스라엘이 이르되 너희가 어찌하
여 너희에게 또 다른 아우가 있다
고 그 사람에게 말하여 나를 괴롭
게 하였느냐
7 그들이 이르되 그 사람이 우리와
우리의 친족에 대하여 자세히 질문
하여 이르기를 너희 아버지가 아직
살아 계시느냐 너희에게 아우가 있
느냐 하기로 그 묻는 말에 따라 그
에게 대답한 것이니 그가 너희의
아우를 데리고 내려오라 할 줄을
우리가 어찌 알았으리이까
8 유다가 그의 아버지 이스라엘에게
이르되 저 아이를 나와 함께 보내
시면 우리가 곧 가리니 그러면 우리
와 아버지와 우리 어린 아이들이 다
살고 죽지 아니하리이다
9 내가 그를 위하여 담보가 되오리니
아버지께서 내 손에서 그를 찾으
소서 내가 만일 그를 아버지께 데
려다가 아버지 앞에 두지 아니하면
내가 영원히 죄를 지리이다
10 우리가 지체하지 아니하였더라면
벌써 두 번 갔다 왔으리이다
11 그들의 아버지 이스라엘이 그들에
게 이르되 그러할진대 이렇게 하
라 너희는 이 땅의 아름다운 소산
을 그릇에 담아가지고 내려가서 그
사람에게 예물로 드릴지니 곧 유향
조금과 꿀 조금과 향품과 몰약과
유향나무 열매와 감복숭아이니라
12 너희 손에 갑절의 돈을 가지고 너
희 자루 아귀에 도로 넣어져 있던
그 돈을 다시 가지고 가라 혹 잘못
이 있었을까 두렵도다
13 네 아우도 데리고 떠나 다시 그 사
람에게로 가라
14 전능하신 하나님께서 그 사람 앞에
서 너희에게 은혜를 베푸사 그 사
람으로 너희 다른 형제와 베냐민을
돌려보내게 하시기를 원하노라 내
가 자식을 잃게 되면 잃으리로다
15 그 형제들이 예물을 마련하고 갑절
의 돈을 자기들의 손에 가지고 베
냐민을 데리고 애굽에 내려가서 요
셉 앞에 서니라
16 요셉은 베냐민이 그들과 함께 있음
을 보고 자기의 청지기에게 이르되
이 사람들을 집으로 인도해 들이고
짐승을 잡고 준비하라 이 사람들이
정오에 나와 함께 먹을 것이니라
17 청지기가 요셉의 명대로 하여 그
사람들을 요셉의 집으로 인도하니

기록일 : . . .

18 그 사람들이 요셉의 집으로 인도되
매 두려워하여 이르되 전번에 우리
자루에 들어 있던 돈의 일로 우리
가 끌려드는도다 이는 우리를 억류
하고 달려들어 우리를 잡아 노예로
삼고 우리의 나귀를 빼앗으려 함이
로다 하고
19 그들이 요셉의 집 청지기에게 가까
이 나아가 그 집 문 앞에서 그에게
말하여
20 이르되 내 주여 우리가 전번에 내려
와서 양식을 사가지고
21 여관에 이르러 자루를 풀어본즉 각
사람의 돈이 전액 그대로 자루 아
귀에 있기로 우리가 도로 가져왔고
22 양식 살 다른 돈도 우리가 가지고
내려왔나이다 우리의 돈을 우리 자
루에 넣은 자는 누구인지 우리가
알지 못하나이다
23 그가 이르되 너희는 안심하라 두려
워하지 말라 너희 하나님, 너희 아
버지의 하나님이 재물을 너희 자루
에 넣어 너희에게 주신 것이니라 너
희 돈은 내가 이미 받았느니라 하고
시므온을 그들에게로 이끌어내고
24 그들을 요셉의 집으로 인도하고 물
을 주어 발을 씻게 하며 그들의 나
귀에게 먹이를 주더라
25 그들이 거기서 음식을 먹겠다 함을
들었으므로 예물을 정돈하고 요셉
이 정오에 오기를 기다리더니
26 요셉이 집으로 오매 그들이 집으로
들어가서 예물을 그에게 드리고 땅
에 엎드려 절하니
27 요셉이 그들의 안부를 물으며 이르
되 너희 아버지 너희가 말하던 그
노인이 안녕하시냐 아직도 생존해
계시느냐
28 그들이 대답하되 주의 종 우리 아
버지가 평안하고 지금까지 생존하
였나이다 하고 머리 숙여 절하더라
29 요셉이 눈을 들어 자기 어머니의 아
들 자기 동생 베냐민을 보고 이르
되 너희가 내게 말하던 너희 작은
동생이 이 아이냐 그가 또 이르되
소자여 하나님이 네게 은혜 베푸시
기를 원하노라
30 요셉이 아우를 사랑하는 마음이 복
받쳐 급히 울 곳을 찾아 안방으로
들어가서 울고
31 얼굴을 씻고 나와서 그 정을 억제
하고 음식을 차리라 하매
32 그들이 요셉에게 따로 차리고 그
형제들에게 따로 차리고 그와 함께
먹는 애굽 사람에게도 따로 차리니
애굽 사람은 히브리 사람과 같이
먹으면 부정을 입음이었더라
33 그들이 요셉 앞에 앉되 그들의 나
이에 따라 앉히게 되니 그들이 서
로 이상히 여겼더라

기록일 : . . .

34 요셉이 자기 음식을 그들에게 주되
베냐민에게는 다른 사람보다 다섯
배나 주매 그들이 마시며 요셉과
함께 즐거워하였더라

44

요셉이 그의 집 청지기에게 명하
여 이르되 양식을 각자의 자루에
운반할 수 있을 만큼 채우고 각자
의 돈을 그 자루에 넣고
2 또 내 잔 곧 은잔을 그 청년의 자루
아귀에 넣고 그 양식 값 돈도 함께
넣으라 하매 그가 요셉의 명령대로
하고
3 아침이 밝을 때에 사람들과 그들의
나귀들을 보내니라
4 그들이 성읍에서 나가 멀리 가기 전
에 요셉이 청지기에게 이르되 일어
나 그 사람들의 뒤를 따라 가서 그
들에게 이르기를 너희가 어찌하여
선을 악으로 갚느냐
5 이것은 내 주인이 가지고 마시며 늘
점치는 데에 쓰는 것이 아니냐 너희
가 이같이 하니 악하도다 하라
6 청지기가 그들에게 따라 가서 그대
로 말하니
7 그들이 그에게 대답하되 내 주여
어찌 이렇게 말씀하시나이까 당신
의 종들이 이런 일은 결단코 아니하
나이다
8 우리 자루에 있던 돈도 우리가 가
나안 땅에서부터 당신에게로 가져
왔거늘 우리가 어찌 당신의 주인의
집에서 은 금을 도둑질하리이까
9 당신의 종들 중 누구에게서 발견되
든지 그는 죽을 것이요 우리는 내
주의 종들이 되리이다
10 그가 이르되 그러면 너희의 말과
같이 하리라 그것이 누구에게서든
지 발견되면 그는 내게 종이 될 것
이요 너희는 죄가 없으리라
11 그들이 각각 급히 자루를 땅에 내
려놓고 자루를 각기 푸니
12 그가 나이 많은 자에게서부터 시작
하여 나이 적은 자에게까지 조사하
매 그 잔이 베냐민의 자루에서 발
견된지라
13 그들이 옷을 찢고 각기 짐을 나귀
에 싣고 성으로 돌아 가니라
14 유다와 그의 형제들이 요셉의 집에
이르니 요셉이 아직 그 곳에 있는지
라 그의 앞에서 땅에 엎드리니
15 요셉이 그들에게 이르되 너희가 어
찌하여 이런 일을 행하였느냐 나
같은 사람이 점을 잘 치는 줄을 너
희는 알지 못하였느냐
16 유다가 말하되 우리가 내 주께 무
슨 말을 하오리이까 무슨 설명을
하오리이까 우리가 어떻게 우리의
정직함을 나타내리이까 하나님이
종들의 죄악을 찾아내셨으니 우리
와 이 잔이 발견된 자가 다 내 주의

기록일 :   .   .   .

노예가 되겠나이다
17 요셉이 이르되 내가 결코 그리하지
아니하리라 잔이 그 손에서 발견된
자만 내 종이 되고 너희는 평안히
너희 아버지께로 도로 올라갈 것이
니라
18 유다가 그에게 가까이 가서 이르
되 내 주여 원하건대 당신의 종에
게 내 주의 귀에 한 말씀을 아뢰게
하소서 주의 종에게 노하지 마소서
주는 바로와 같으심이니이다
19 이전에 내 주께서 종들에게 물으시
되 너희는 아버지가 있느냐 아우가
있느냐 하시기에
20 우리가 내 주께 아뢰되 우리에게
아버지가 있으니 노인이요 또 그가
노년에 얻은 아들 청년이 있으니 그
의 형은 죽고 그의 어머니가 남긴
것은 그뿐이므로 그의 아버지가 그
를 사랑하나이다 하였더니
21 주께서 또 종들에게 이르시되 그를
내게로 데리고 내려와서 내가 그를
보게 하라 하시기로
22 우리가 내 주께 말씀드리기를 그
아이는 그의 아버지를 떠나지 못할
지니 떠나면 그의 아버지가 죽겠나
이다
23 주께서 또 주의 종들에게 말씀하시
되 너희 막내 아우가 너희와 함께
내려오지 아니하면 너희가 다시 내
얼굴을 보지 못하리라 하시기로
24 우리가 주의 종 우리 아버지에게로
도로 올라가서 내 주의 말씀을 그
에게 아뢰었나이다
25 그 후에 우리 아버지가 다시 가서
곡물을 조금 사오라 하시기로
26 우리가 이르되 우리가 내려갈 수
없나이다 우리 막내 아우가 함께
가면 내려가려니와 막내 아우가 우
리와 함께 가지 아니하면 그 사람
의 얼굴을 볼 수 없음이니이다
27 주의 종 우리 아버지가 우리에게
이르되 너희도 알거니와 내 아내가
내게 두 아들을 낳았으나
28 하나는 내게서 나갔으므로 내가 말
하기를 틀림없이 찢겨 죽었다 하고
내가 지금까지 그를 보지 못하거늘
29 너희가 이 아이도 내게서 데려 가려
하니 만일 재해가 그 몸에 미치면
나의 흰 머리를 슬퍼하며 스올로
내려가게 하리라 하니
30 아버지의 생명과 아이의 생명이 서
로 하나로 묶여 있거늘 이제 내가
주의 종 우리 아버지에게 돌아갈
때에 아이가 우리와 함께 가지 아
니하면
31 아버지가 아이의 없음을 보고 죽으
리니 이같이 되면 종들이 주의 종
우리 아버지가 흰 머리로 슬퍼하며
스올로 내려가게 함이니이다

기록일 : . . .

32 주의 종이 내 아버지에게 아이를
담보하기를 내가 이를 아버지께로
데리고 돌아오지 아니하면 영영히
아버지께 죄짐을 지리이다 하였사
오니
33 이제 주의 종으로 그 아이를 대신
하여 머물러 있어 내 주의 종이 되
게 하시고 그 아이는 그의 형제들
과 함께 올려 보내소서
34 그 아이가 나와 함께 가지 아니하
면 내가 어찌 내 아버지에게로 올
라갈 수 있으리이까 두렵건대 재해
가 내 아버지에게 미침을 보리이다

45

요셉이 시종하는 자들 앞에서 그
정을 억제하지 못하여 소리 질러 모
든 사람을 자기에게서 물러가라 하
고 그 형제들에게 자기를 알리니
그 때에 그와 함께 한 다른 사람이
없었더라
2 요셉이 큰 소리로 우니 애굽 사람에
게 들리며 바로의 궁중에 들리더라
3 요셉이 그 형들에게 이르되 나는
요셉이라 내 아버지께서 아직 살아
계시니이까 형들이 그 앞에서 놀라
서 대답하지 못하더라
4 요셉이 형들에게 이르되 내게로 가
까이 오소서 그들이 가까이 가니
이르되 나는 당신들의 아우 요셉이
니 당신들이 애굽에 판 자라
5 당신들이 나를 이 곳에 팔았다고
해서 근심하지 마소서 한탄하지 마
소서 하나님이 생명을 구원하시려
고 나를 당신들보다 먼저 보내셨나
이다
6 이 땅에 이 년 동안 흉년이 들었으
나 아직 오 년은 밭갈이도 못하고
추수도 못할지라
7 하나님이 큰 구원으로 당신들의 생
명을 보존하고 당신들의 후손을 세
상에 두시려고 나를 당신들보다 먼
저 보내셨나니
8 그런즉 나를 이리로 보낸 이는 당
신들이 아니요 하나님이시라 하나
님이 나를 바로에게 아버지로 삼으
시고 그 온 집의 주로 삼으시며 애
굽 온 땅의 통치자로 삼으셨나이다
9 당신들은 속히 아버지께로 올라가
서 아뢰기를 아버지의 아들 요셉의
말에 하나님이 나를 애굽 전국의
주로 세우셨으니 지체 말고 내게로
내려오사
10 아버지의 아들들과 아버지의 손자
들과 아버지의 양과 소와 모든 소
유가 고센 땅에 머물며 나와 가깝
게 하소서
11 흉년이 아직 다섯 해가 있으니 내가
거기서 아버지를 봉양하리이다 아
버지와 아버지의 가족과 아버지께
속한 모든 사람에게 부족함이 없도
록 하겠나이다 하더라고 전하소서

기록일 : . . .

12 당신들의 눈과 내 아우 베냐민의
눈이 보는 바 당신들에게 이 말을
하는 것은 내 입이라
13 당신들은 내가 애굽에서 누리는 영
화와 당신들이 본 모든 것을 다 내
아버지께 아뢰고 속히 모시고 내려
오소서 하며
14 자기 아우 베냐민의 목을 안고 우
니 베냐민도 요셉의 목을 안고 우
니라
15 요셉이 또 형들과 입맞추며 안고
우니 형들이 그제서야 요셉과 말하
니라
16 요셉의 형들이 왔다는 소문이 바로
의 궁에 들리매 바로와 그의 신하
들이 기뻐하고
17 바로는 요셉에게 이르되 네 형들에
게 명령하기를 너희는 이렇게 하여
너희 양식을 싣고 가서 가나안 땅
에 이르거든
18 너희 아버지와 너희 가족을 이끌고
내게로 오라 내가 너희에게 애굽의
좋은 땅을 주리니 너희가 나라의
기름진 것을 먹으리라
19 이제 명령을 받았으니 이렇게 하라
너희는 애굽 땅에서 수레를 가져다
가 너희 자녀와 아내를 태우고 너
희 아버지를 모셔 오라
20 또 너희의 기구를 아끼지 말라 온
애굽 땅의 좋은 것이 너희 것임이
니라
21 이스라엘의 아들들이 그대로 할새
요셉이 바로의 명령대로 그들에게
수레를 주고 길 양식을 주며
22 또 그들에게 다 각기 옷 한 벌씩을
주되 베냐민에게는 은 삼백과 옷
다섯 벌을 주고
23 그가 또 이와 같이 그 아버지에게
보내되 수나귀 열 필에 애굽의 아
름다운 물품을 실리고 암나귀 열
필에는 아버지에게 길에서 드릴 곡
식과 떡과 양식을 실리고
24 이에 형들을 돌려보내며 그들에게
이르되 당신들은 길에서 다투지 말
라 하였더라
25 그들이 애굽에서 올라와 가나안 땅
으로 들어가서 아버지 야곱에게 이
르러
26 알리어 이르되 요셉이 지금까지 살
아 있어 애굽 땅 총리가 되었더이
다 야곱이 그들의 말을 믿지 못하
여 어리둥절 하더니
27 그들이 또 요셉이 자기들에게 부
탁한 모든 말로 그에게 말하매 그
들의 아버지 야곱은 요셉이 자기를
태우려고 보낸 수레를 보고서야 기
운이 소생한지라
28 이스라엘이 이르되 족하도다 내 아
들 요셉이 지금까지 살아 있으니
내가 죽기 전에 가서 그를 보리라

기록일 : . . .

하니라

46 이스라엘이 모든 소유를 이끌고
떠나 브엘세바에 이르러 그의 아버
지 이삭의 하나님께 희생제사를 드
리니
2 그 밤에 하나님이 이상 중에 이스
라엘에게 나타나 이르시되 야곱아
야곱아 하시는지라 야곱이 이르되
내가 여기 있나이다 하매
3 하나님이 이르시되 나는 하나님이
라 네 아버지의 하나님이니 애굽으
로 내려가기를 두려워하지 말라 내
가 거기서 너로 큰 민족을 이루게
하리라
4 내가 너와 함께 애굽으로 내려가겠
고 반드시 너를 인도하여 다시 올
라올 것이며 요셉이 그의 손으로
네 눈을 감기리라 하셨더라
5 야곱이 브엘세바에서 떠날새 이스
라엘의 아들들이 바로가 그를 태우
려고 보낸 수레에 자기들의 아버지
야곱과 자기들의 처자들을 태우고
6 그들의 가축과 가나안 땅에서 얻은
재물을 이끌었으며 야곱과 그의 자
손들이 다함께 애굽으로 갔더라
7 이와 같이 야곱이 그 아들들과 손
자들과 딸들과 손녀들 곧 그의 모
든 자손을 데리고 애굽으로 갔더라
8 애굽으로 내려간 이스라엘 가족의
이름은 이러하니라 야곱과 그의 아
들들 곧 야곱의 맏아들 르우벤과
9 르우벤의 아들 하녹과 발루와 헤스
론과 갈미요
10 시므온의 아들은 여무엘과 야민과
오핫과 야긴과 스할과 가나안 여인
의 아들 사울이요
11 레위의 아들은 게르손과 그핫과 므
라리요
12 유다의 아들 곧 엘과 오난과 셀라
와 베레스와 세라니 엘과 오난은
가나안 땅에서 죽었고 베레스의 아
들은 헤스론과 하물이요
13 잇사갈의 아들은 돌라와 부와와 욥
과 시므론이요
14 스불론의 아들은 세렛과 엘론과 얄
르엘이니
15 이들은 레아가 밧단아람에서 야곱에
게 난 자손들이라 그 딸 디나를 합
하여 남자와 여자가 삼십삼 명이며
16 갓의 아들은 시뵨과 학기와 수니와
에스본과 에리와 아로디와 아렐리요
17 아셀의 아들은 임나와 이스와와 이
스위와 브리아와 그들의 누이 세라
며 또 브리아의 아들은 헤벨과 말
기엘이니
18 이들은 라반이 그의 딸 레아에게
준 실바가 야곱에게 낳은 자손들이
니 모두 십육 명이라
19 야곱의 아내 라헬의 아들 곧 요셉
과 베냐민이요

기록일 : . . .

20 애굽 땅에서 온의 제사장 보디베라
의 딸 아스낫이 요셉에게 낳은 므
낫세와 에브라임이요
21 베냐민의 아들 곧 벨라와 베겔과
아스벨과 게라와 나아만과 에히와
로스와 뭅빔과 훕빔과 아릇이니
22 이들은 라헬이 야곱에게 낳은 자손
들이니 모두 십사 명이요
23 단의 아들 후심이요
24 납달리의 아들 곧 야스엘과 구니와
예셀과 실렘이라
25 이들은 라반이 그의 딸 라헬에게
준 빌하가 야곱에게 낳은 자손들이
니 모두 칠 명이라
26 야곱과 함께 애굽에 들어간 자는
야곱의 며느리들 외에 육십육 명이
니 이는 다 야곱의 몸에서 태어난
자이며
27 애굽에서 요셉이 낳은 아들은 두
명이니 야곱의 집 사람으로 애굽에
이른 자가 모두 칠십 명이었더라
28 야곱이 유다를 요셉에게 미리 보내
어 자기를 고센으로 인도하게 하고
다 고센 땅에 이르니
29 요셉이 그의 수레를 갖추고 고센으
로 올라가서 그의 아버지 이스라엘
을 맞으며 그에게 보이고 그의 목
을 어긋맞춰 안고 얼마 동안 울매
30 이스라엘이 요셉에게 이르되 네가
지금까지 살아 있고 내가 네 얼굴
을 보았으니 지금 죽어도 족하도다
31 요셉이 그의 형들과 아버지의 가족
에게 이르되 내가 올라가서 바로
에게 아뢰어 이르기를 가나안 땅에
있던 내 형들과 내 아버지의 가족이
내게로 왔는데
32 그들은 목자들이라 목축하는 사람
들이므로 그들의 양과 소와 모든
소유를 이끌고 왔나이다 하리니
33 바로가 당신들을 불러서 너희의 직
업이 무엇이냐 묻거든
34 당신들은 이르기를 주의 종들은 어
렸을 때부터 지금까지 목축하는 자
들이온데 우리와 우리 선조가 다
그러하니이다 하소서 애굽 사람은
다 목축을 가증히 여기나니 당신들
이 고센 땅에 살게 되리이다

47 요셉이 바로에게 가서 고하여 이
르되 내 아버지와 내 형들과 그들의
양과 소와 모든 소유가 가나안 땅
에서 와서 고센 땅에 있나이다 하고
2 그의 형들 중 다섯 명을 택하여 바
로에게 보이니
3 바로가 요셉의 형들에게 묻되 너희
생업이 무엇이냐 그들이 바로에게
대답하되 종들은 목자이온데 우리
와 선조가 다 그러하니이다 하고
4 그들이 또 바로에게 고하되 가나안
땅에 기근이 심하여 종들의 양 떼
를 칠 곳이 없기로 종들이 이 곳에

거류하고자 왔사오니 원하건대 종
들로 고센 땅에 살게 하소서
5 바로가 요셉에게 말하여 이르되 네
아버지와 형들이 네게 왔은즉
6 애굽 땅이 네 앞에 있으니 땅의 좋
은 곳에 네 아버지와 네 형들이 거
주하게 하되 그들이 고센 땅에 거주
하고 그들 중에 능력 있는 자가 있
거든 그들로 내 가축을 관리하게
하라
7 요셉이 자기 아버지 야곱을 인도하
여 바로 앞에 서게 하니 야곱이 바
로에게 축복하매
8 바로가 야곱에게 묻되 네 나이가
얼마냐
9 야곱이 바로에게 아뢰되 내 나그네
길의 세월이 백삼십 년이니이다 내
나이가 얼마 못 되니 우리 조상의
나그네 길의 연조에 미치지 못하나
험악한 세월을 보내었나이다 하고
10 야곱이 바로에게 축복하고 그 앞에
서 나오니라
11 요셉이 바로의 명령대로 그의 아버
지와 그의 형들에게 거주할 곳을
주되 애굽의 좋은 땅 라암셋을 그
들에게 주어 소유로 삼게 하고
12 또 그의 아버지와 그의 형들과 그
의 아버지의 온 집에 그 식구를 따
라 먹을 것을 주어 봉양하였더라
13 기근이 더욱 심하여 사방에 먹을 것
이 없고 애굽 땅과 가나안 땅이 기
근으로 황폐하니
14 요셉이 곡식을 팔아 애굽 땅과 가
나안 땅에 있는 돈을 모두 거두어
들이고 그 돈을 바로의 궁으로 가
져가니
15 애굽 땅과 가나안 땅에 돈이 떨어
진지라 애굽 백성이 다 요셉에게
와서 이르되 돈이 떨어졌사오니 우
리에게 먹을 거리를 주소서 어찌
주 앞에서 죽으리이까
16 요셉이 이르되 너희의 가축을 내라
돈이 떨어졌은즉 내가 너희의 가축
과 바꾸어 주리라
17 그들이 그들의 가축을 요셉에게 끌
어오는지라 요셉이 그 말과 양 떼
와 소 떼와 나귀를 받고 그들에게
먹을 것을 주되 곧 그 모든 가축과
바꾸어서 그 해 동안에 먹을 것을
그들에게 주니라
18 그 해가 다 가고 새 해가 되매 무
리가 요셉에게 와서 그에게 말하되
우리가 주께 숨기지 아니하나이다
우리의 돈이 다하였고 우리의 가축
떼가 주께로 돌아갔사오니 주께 낼
것이 아무것도 남지 아니하고 우리
의 몸과 토지뿐이라
19 우리가 어찌 우리의 토지와 함께
주의 목전에 죽으리이까 우리 몸과
우리 토지를 먹을 것을 주고 사소

기록일 : . . .

서 우리가 토지와 함께 바로의 종
이 되리니 우리에게 종자를 주시면
우리가 살고 죽지 아니하며 토지도
황폐하게 되지 아니하리이다
20 그러므로 요셉이 애굽의 모든 토
지를 다 사서 바로에게 바치니 애
굽의 모든 사람들이 기근에 시달려
각기 토지를 팔았음이라 땅이 바로
의 소유가 되니라
21 요셉이 애굽 땅 이 끝에서 저 끝까
지의 백성을 성읍들에 옮겼으나
22 제사장들의 토지는 사지 아니하였으
니 제사장들은 바로에게서 녹을 받
음이라 바로가 주는 녹을 먹으므로
그들이 토지를 팔지 않음이었더라
23 요셉이 백성에게 이르되 오늘 내가
바로를 위하여 너희 몸과 너희 토
지를 샀노라 여기 종자가 있으니 너
희는 그 땅에 뿌리라
24 추수의 오분의 일을 바로에게 상
납하고 오분의 사는 너희가 가져서
토지의 종자로도 삼고 너희의 양식
으로도 삼고 너희 가족과 어린 아
이의 양식으로도 삼으라
25 그들이 이르되 주께서 우리를 살리
셨사오니 우리가 주께 은혜를 입고
바로의 종이 되겠나이다
26 요셉이 애굽 토지법을 세우매 그
오분의 일이 바로에게 상납되나 제
사장의 토지는 바로의 소유가 되지
아니하여 오늘날까지 이르니라
27 이스라엘 족속이 애굽 고센 땅에
거주하며 거기서 생업을 얻어 생육
하고 번성하였더라
28 야곱이 애굽 땅에 십칠 년을 거주하
였으니 그의 나이가 백사십칠 세라
29 이스라엘이 죽을 날이 가까우매 그
의 아들 요셉을 불러 그에게 이르
되 이제 내가 네게 은혜를 입었거
든 청하노니 네 손을 내 허벅지 아
래에 넣고 인애와 성실함으로 내게
행하여 애굽에 나를 장사하지 아니
하도록 하라
30 내가 조상들과 함께 눕거든 너는
나를 애굽에서 메어다가 조상의 묘
지에 장사하라 요셉이 이르되 내가
아버지의 말씀대로 행하리이다
31 야곱이 또 이르되 내게 맹세하라
하매 그가 맹세하니 이스라엘이 침
상 머리에서 하나님께 경배하니라

48

이 일 후에 어떤 사람이 요셉에게
말하기를 네 아버지가 병들었다 하
므로 그가 곧 두 아들 므낫세와 에
브라임과 함께 이르니
2 어떤 사람이 야곱에게 말하되 네
아들 요셉이 네게 왔다 하매 이스
라엘이 힘을 내어 침상에 앉아
3 요셉에게 이르되 이전에 가나안 땅
루스에서 전능하신 하나님이 내게
나타나사 복을 주시며

기록일 : . . .

4 내게 이르시되 내가 너로 생육하고
번성하게 하여 네게서 많은 백성이
나게 하고 내가 이 땅을 네 후손에
게 주어 영원한 소유가 되게 하리
라 하셨느니라
5 내가 애굽으로 와서 네게 이르기 전
에 애굽에서 네가 낳은 두 아들 에
브라임과 므낫세는 내 것이라 르우
벤과 시므온처럼 내 것이 될 것이요
6 이들 후의 네 소생은 네 것이 될 것
이며 그들의 유산은 그들의 형의
이름으로 함께 받으리라
7 내게 대하여는 내가 이전에 밧단에
서 올 때에 라헬이 나를 따르는 도
중 가나안 땅에서 죽었는데 그 곳
은 에브랏까지 길이 아직도 먼 곳
이라 내가 거기서 그를 에브랏 길
에 장사하였느니라 (에브랏은 곧
베들레헴이라)
8 이스라엘이 요셉의 아들들을 보고
이르되 이들은 누구냐
9 요셉이 그의 아버지에게 아뢰되 이
는 하나님이 여기서 내게 주신 아들
들이니이다 아버지가 이르되 그들
을 데리고 내 앞으로 나아오라 내
가 그들에게 축복하리라
10 이스라엘의 눈이 나이로 말미암아
어두워서 보지 못하더라 요셉이 두
아들을 이끌어 아버지 앞으로 나아
가니 이스라엘이 그들에게 입맞추
고 그들을 안고
11 요셉에게 이르되 내가 네 얼굴을
보리라고는 생각하지 못하였더니
하나님이 내게 네 자손까지도 보게
하셨도다
12 요셉이 아버지의 무릎 사이에서 두
아들을 물러나게 하고 땅에 엎드려
절하고
13 오른손으로는 에브라임을 이스라
엘의 왼손을 향하게 하고 왼손으로
는 므낫세를 이스라엘의 오른손을
향하게 하여 이끌어 그에게 가까이
나아가매
14 이스라엘이 오른손을 펴서 차남 에
브라임의 머리에 얹고 왼손을 펴서
므낫세의 머리에 얹으니 므낫세는
장자라도 팔을 엇바꾸어 얹었더라
15 그가 요셉을 위하여 축복하여 이르
되 내 조부 아브라함과 아버지 이
삭이 섬기던 하나님, 나의 출생으로
부터 지금까지 나를 기르신 하나님,
16 나를 모든 환난에서 건지신 야훼의
사자께서 이 아이들에게 복을 주시
오며 이들로 내 이름과 내 조상 아
브라함과 이삭의 이름으로 칭하게
하시오며 이들이 세상에서 번식되
게 하시기를 원하나이다
17 요셉이 그 아버지가 오른손을 에브
라임의 머리에 얹은 것을 보고 기
뻐하지 아니하여 아버지의 손을 들

기록일 : . . .

여 에브라임의 머리에서 므낫세의
머리로 옮기고자 하여
18 그의 아버지에게 이르되 아버지여
그리 마옵소서 이는 장자이니 오
른손을 그의 머리에 얹으소서 하
였으나
19 그의 아버지가 허락하지 아니하며
이르되 나도 안다 내 아들아 나도
안다 그도 한 족속이 되며 그도 크
게 되려니와 그의 아우가 그보다
큰 자가 되고 그의 자손이 여러 민
족을 이루리라 하고
20 그 날에 그들에게 축복하여 이르되
이스라엘이 너로 말미암아 축복하
기를 하나님이 네게 에브라임 같고
므낫세 같게 하시리라 하며 에브라
임을 므낫세보다 앞세웠더라
21 이스라엘이 요셉에게 또 이르되 나
는 죽으나 하나님이 너희와 함께
계시사 너희를 인도하여 너희 조상
의 땅으로 돌아가게 하시려니와
22 내가 네게 네 형제보다 세겜 땅을
더 주었나니 이는 내가 내 칼과 활
로 아모리 족속의 손에서 빼앗은
것이니라

49 야곱이 그 아들들을 불러 이르되
너희는 모이라 너희가 후일에 당할
일을 내가 너희에게 이르리라
2 너희는 모여 들으라 야곱의 아들들
아 너희 아버지 이스라엘에게 들을
지어다
3 르우벤아 너는 내 장자요 내 능력
이요 내 기력의 시작이라 위풍이 월
등하고 권능이 탁월하다마는
4 물의 끓음 같았은즉 너는 탁월하지
못하리니 네가 아버지의 침상에 올
라 더럽혔음이로다 그가 내 침상에
올랐었도다
5 시므온과 레위는 형제요 그들의 칼
은 폭력의 도구로다
6 내 혼아 그들의 모의에 상관하지
말지어다 내 영광아 그들의 집회에
참여하지 말지어다 그들이 그들의
분노대로 사람을 죽이고 그들의 혈
기대로 소의 발목 힘줄을 끊었음이
로다
7 그 노여움이 혹독하니 저주를 받을
것이요 분기가 맹렬하니 저주를 받
을 것이라 내가 그들을 야곱 중에서
나누며 이스라엘 중에서 흩으리로다
8 유다야 너는 네 형제의 찬송이 될
지라 네 손이 네 원수의 목을 잡을
것이요 네 아버지의 아들들이 네
앞에 절하리로다
9 유다는 사자 새끼로다 내 아들아
너는 움킨 것을 찢고 올라갔도다
그가 엎드리고 웅크림이 수사자 같
고 암사자 같으니 누가 그를 범할
수 있으랴
10 규가 유다를 떠나지 아니하며 통치

자의 지팡이가 그 발 사이에서 떠
나지 아니하기를 실로가 오시기까
지 이르리니 그에게 모든 백성이 복
종하리로다
11 그의 나귀를 포도나무에 매며 그
의 암나귀 새끼를 아름다운 포도나
무에 맬 것이며 또 그 옷을 포도주
에 빨며 그의 복장을 포도즙에 빨
리로다
12 그의 눈은 포도주로 인하여 붉겠
고 그의 이는 우유로 말미암아 희
리로다
13 스불론은 해변에 거주하리니 그 곳
은 배 매는 해변이라 그의 경계가
시돈까지리로다
14 잇사갈은 양의 우리 사이에 꿇어앉
은 건장한 나귀로다
15 그는 쉴 곳을 보고 좋게 여기며 토
지를 보고 아름답게 여기고 어깨를
내려 짐을 메고 압제 아래에서 섬
기리로다
16 단은 이스라엘의 한 지파 같이 그
의 백성을 심판하리로다
17 단은 길섶의 뱀이요 샛길의 독사로
다 말굽을 물어서 그 탄 자를 뒤로
떨어지게 하리로다
18 야훼여 나는 주의 구원을 기다리나
이다
19 갓은 군대의 추격을 받으나 도리어
그 뒤를 추격하리로다
20 아셀에게서 나는 먹을 것은 기름진
것이라 그가 왕의 수라상을 차리리
로다
21 납달리는 놓인 암사슴이라 아름다
운 소리를 발하는도다
22 요셉은 무성한 가지 곧 샘 곁의 무
성한 가지라 그 가지가 담을 넘었
도다
23 활쏘는 자가 그를 학대하며 적개심
을 가지고 그를 쏘았으나
24 요셉의 활은 도리어 굳세며 그의
팔은 힘이 있으니 이는 야곱의 전능
자 이스라엘의 반석인 목자의 손을
힘입음이라
25 네 아버지의 하나님께로 말미암나
니 그가 너를 도우실 것이요 전능자
로 말미암나니 그가 네게 복을 주
실 것이라 위로 하늘의 복과 아래
로 깊은 샘의 복과 젖먹이는 복과
태의 복이리로다
26 네 아버지의 축복이 내 선조의 축
복보다 나아서 영원한 산이 한 없
음 같이 이 축복이 요셉의 머리로
돌아오며 그 형제 중 뛰어난 자의
정수리로 돌아오리로다
27 베냐민은 물어뜯는 이리라 아침에
는 빼앗은 것을 먹고 저녁에는 움
킨 것을 나누리로다
28 이들은 이스라엘의 열두 지파라 이
와 같이 그들의 아버지가 그들에게

기록일 : . . .

말하고 그들에게 축복하였으니 곧
그들 각 사람의 분량대로 축복하였
더라
29 그가 그들에게 명하여 이르되 내가
내 조상들에게로 돌아가리니 나를
헷 사람 에브론의 밭에 있는 굴에
우리 선조와 함께 장사하라
30 이 굴은 가나안 땅 마므레 앞 막벨
라 밭에 있는 것이라 아브라함이
헷 사람 에브론에게서 밭과 함께
사서 그의 매장지를 삼았으므로
31 아브라함과 그의 아내 사라가 거기
장사되었고 이삭과 그의 아내 리브
가도 거기 장사되었으며 나도 레아
를 그 곳에 장사하였노라
32 이 밭과 거기 있는 굴은 헷 사람에
게서 산 것이니라
33 야곱이 아들에게 명하기를 마치고
그 발을 침상에 모으고 숨을 거두
니 그의 백성에게로 돌아갔더라

50

요셉이 그의 아버지 얼굴에 구푸
려 울며 입맞추고
2 그 수종 드는 의원에게 명하여 아
버지의 몸을 향으로 처리하게 하매
의원이 이스라엘에게 그대로 하되
3 사십 일이 걸렸으니 향으로 처리하
는 데는 이 날수가 걸림이며 애굽
사람들은 칠십 일 동안 그를 위하
여 곡하였더라
4 곡하는 기한이 지나매 요셉이 바로
의 궁에 말하여 이르되 내가 너희
에게 은혜를 입었으면 원하건대 바
로의 귀에 아뢰기를
5 우리 아버지가 나로 맹세하게 하여
이르되 내가 죽거든 가나안 땅에
내가 파 놓은 묘실에 나를 장사하
라 하였나니 나로 올라가서 아버지
를 장사하게 하소서 내가 다시 오
리이다 하라 하였더니
6 바로가 이르되 그가 네게 시킨 맹
세대로 올라가서 네 아버지를 장사
하라
7 요셉이 자기 아버지를 장사하러 올
라가니 바로의 모든 신하와 바로
궁의 원로들과 애굽 땅의 모든 원
로와
8 요셉의 온 집과 그의 형제들과 그
의 아버지의 집이 그와 함께 올라
가고 그들의 어린 아이들과 양 떼
와 소 떼만 고센 땅에 남겼으며
9 병거와 기병이 요셉을 따라 올라가
니 그 떼가 심히 컸더라
10 그들이 요단 강 건너편 아닷 타작
마당에 이르러 거기서 크게 울고
애통하며 요셉이 아버지를 위하여
칠 일 동안 애곡하였더니
11 그 땅 거민 가나안 백성들이 아닷
마당의 애통을 보고 이르되 이는
애굽 사람의 큰 애통이라 하였으므
로 그 땅 이름을 아벨미스라임이라

기록일 : . . .

하였으니 곧 요단 강 건너편이더라
12 야곱의 아들들이 아버지가 그들에
게 명령한 대로 그를 위해 따라 행
하여
13 그를 가나안 땅으로 메어다가 마
므레 앞 막벨라 밭 굴에 장사하였
으니 이는 아브라함이 헷 족속 에
브론에게 밭과 함께 사서 매장지를
삼은 곳이더라
14 요셉이 아버지를 장사한 후에 자기
형제와 호상꾼과 함께 애굽으로 돌
아왔더라
15 요셉의 형제들이 그들의 아버지가
죽었음을 보고 말하되 요셉이 혹시
우리를 미워하여 우리가 그에게 행
한 모든 악을 다 갚지나 아니할까
하고
16 요셉에게 말을 전하여 이르되 당신
의 아버지가 돌아가시기 전에 명령
하여 이르시기를
17 너희는 이같이 요셉에게 이르라 네
형들이 네게 악을 행하였을지라도
이제 바라건대 그들의 허물과 죄를
용서하라 하셨나니 당신 아버지의
하나님의 종들인 우리 죄를 이제 용
서하소서 하매 요셉이 그들이 그에
게 하는 말을 들을 때에 울었더라
18 그의 형들이 또 친히 와서 요셉의
앞에 엎드려 이르되 우리는 당신의
종들이니이다
19 요셉이 그들에게 이르되 두려워하
지 마소서 내가 하나님을 대신하리
이까
20 당신들은 나를 해하려 하였으나 하
나님은 그것을 선으로 바꾸사 오늘
과 같이 많은 백성의 생명을 구원
하게 하시려 하셨나니
21 당신들은 두려워하지 마소서 내가
당신들과 당신들의 자녀를 기르리
이다 하고 그들을 간곡한 말로 위
로하였더라
22 요셉이 그의 아버지의 가족과 함께
애굽에 거주하여 백십 세를 살며
23 에브라임의 자손 삼대를 보았으며
므낫세의 아들 마길의 아들들도 요
셉의 슬하에서 양육되었더라
24 요셉이 그의 형제들에게 이르되 나
는 죽을 것이나 하나님이 당신들을
돌보시고 당신들을 이 땅에서 인도
하여 내사 아브라함과 이삭과 야곱
에게 맹세하신 땅에 이르게 하시리
라 하고
25 요셉이 또 이스라엘 자손에게 맹세
시켜 이르기를 하나님이 반드시 당
신들을 돌보시리니 당신들은 여기
서 내 해골을 메고 올라가겠다 하
라 하였더라
26 요셉이 백십 세에 죽으매 그들이
그의 몸에 향 재료를 넣고 애굽에
서 입관하였더라

기록일 : . . .

EXODUS

출애굽기

저　자	모세
주　제	하나님의 구원
기록목적	• 선민 이스라엘을 그들의 조상과 맺은 언약대로 애굽에서 구원하신 하나님의 구속 행위를 기록함으로써 구원의 하나님을 보여 준다. • 예수 그리스도를 통한 인류 구원의 구속 사건의 모형을 보여 준다. • 구원받은 백성이 지켜야 할 삶의 원리를 가르쳐 준다.
기록배경	출애굽 후 480년이 지나서 성전 건축이 시작되었다는 열왕기상 6장 1절의 기록을 근거로 솔로몬 성전 건축은 주전 966년에 시작되었음, 출애굽 연도는 주전 1446년경으로 본다. 야곱의 후손들이스라엘 백성은 요셉을 알지 못하는 왕이 통치하게 되자 노예로 전락하여 노역에 시달리게 되었다. 이러한 상황 가운데서 그들은 하나님의 구원을 간구하게 되었고, 그들의 신음을 들으신 하나님께서는 아브라함에게 예고하셨던 기한이 참에 따라창 15:13-16 모세를 통한 이스라엘의 구원 사역을 착수하셨다. 모세는 40세까지 바로의 왕궁에서 왕자로서 살다가 미디안 광야에서 40년 동안 하나님께 훈련받고 80세에 소명을 받았다. 하나님께서는 모세를 세워 애굽을 10가지 재앙으로 치고 홍해를 육지처럼 건너게 하는 등, 장엄한 구원의 드라마를 펼침으로 열방에 하나님의 영광과 능력을 나타내셨다.
특　징	• 이스라엘의 구속사와 이스라엘이 하나님의 능력으로 출애굽 하는 과정을 통해 선민으로서의 정체성을 확립해 가는 과정을 보여 준다. • 하나님의 계시가 전편에 흐르고 있다. • 초자연적인 사건들이 많이 등장한다. • 율법을 받고 성막을 제작하며 신앙 훈련을 받는 가운데 약속의 땅을 향해 전진하는 희망찬 내용이 부각되어 있다.

나의 기도

출애굽기

1 야곱과 함께 각각 자기 가족을
데리고 애굽에 이른 이스라엘 아들
들의 이름은 이러하니
2 르우벤과 시므온과 레위와 유다와
3 잇사갈과 스불론과 베냐민과
4 단과 납달리와 갓과 아셀이요
5 야곱의 허리에서 나온 사람이 모두
칠십이요 요셉은 애굽에 있었더라
6 요셉과 그의 모든 형제와 그 시대
의 사람은 다 죽었고
7 이스라엘 자손은 생육하고 불어나
번성하고 매우 강하여 온 땅에 가
득하게 되었더라
8 요셉을 알지 못하는 새 왕이 일어
나 애굽을 다스리더니
9 그가 그 백성에게 이르되 이 백성
이스라엘 자손이 우리보다 많고 강
하도다
10 자, 우리가 그들에게 대하여 지혜
롭게 하자 두렵건대 그들이 더 많
게 되면 전쟁이 일어날 때에 우리
대적과 합하여 우리와 싸우고 이
땅에서 나갈까 하노라 하고
11 감독들을 그들 위에 세우고 그들에
게 무거운 짐을 지워 괴롭게 하여
그들에게 바로를 위하여 국고성 비
돔과 라암셋을 건축하게 하니라
12 그러나 학대를 받을수록 더욱 번성
하여 퍼져나가니 애굽 사람이 이스
라엘 자손으로 말미암아 근심하여
13 이스라엘 자손에게 일을 엄하게
시켜
14 어려운 노동으로 그들의 생활을 괴
롭게 하니 곧 흙 이기기와 벽돌 굽
기와 농사의 여러 가지 일이라 그
시키는 일이 모두 엄하였더라
15 애굽 왕이 히브리 산파 십브라라
하는 사람과 부아라 하는 사람에게
말하여
16 이르되 너희는 히브리 여인을 위하
여 해산을 도울 때에 그 자리를 살
펴서 아들이거든 그를 죽이고 딸이
거든 살려두라
17 그러나 산파들이 하나님을 두려워
하여 애굽 왕의 명령을 어기고 남
자 아기들을 살린지라
18 애굽 왕이 산파를 불러 그들에게
이르되 너희가 어찌하여 이같이 남
자 아기들을 살렸느냐
19 산파가 바로에게 대답하되 히브리
여인은 애굽 여인과 같지 아니하고
건장하여 산파가 그들에게 이르기
전에 해산하였더이다 하매
20 하나님이 그 산파들에게 은혜를 베
푸시니 그 백성은 번성하고 매우
강해지니라

기록일 : . . .

21 그 산파들은 하나님을 경외하였으
므로 하나님이 그들의 집안을 흥왕
하게 하신지라
22 그러므로 바로가 그의 모든 백성에
게 명령하여 이르되 아들이 태어나
거든 너희는 그를 나일 강에 던지
고 딸이거든 살려두라 하였더라

2

레위 가족 중 한 사람이 가서 레
위 여자에게 장가 들어
2 그 여자가 임신하여 아들을 낳으니
그가 잘 생긴 것을 보고 석 달 동안
그를 숨겼으나
3 더 숨길 수 없게 되매 그를 위하여
갈대 상자를 가져다가 역청과 나무
진을 칠하고 아기를 거기 담아 나일
강 가 갈대 사이에 두고
4 그의 누이가 어떻게 되는지를 알려
고 멀리 섰더니
5 바로의 딸이 목욕하러 나일 강으로
내려오고 시녀들은 나일 강 가를
거닐 때에 그가 갈대 사이의 상자
를 보고 시녀를 보내어 가져다가
6 열고 그 아기를 보니 아기가 우는
지라 그가 그를 불쌍히 여겨 이르
되 이는 히브리 사람의 아기로다
7 그의 누이가 바로의 딸에게 이르되
내가 가서 당신을 위하여 히브리 여
인 중에서 유모를 불러다가 이 아
기에게 젖을 먹이게 하리이까
8 바로의 딸이 그에게 이르되 가라
하매 그 소녀가 가서 그 아기의 어
머니를 불러오니
9 바로의 딸이 그에게 이르되 이 아
기를 데려다가 나를 위하여 젖을
먹이라 내가 그 삯을 주리라 여인이
아기를 데려다가 젖을 먹이더니
10 그 아기가 자라매 바로의 딸에게로
데려가니 그가 그의 아들이 되니라
그가 그의 이름을 모세라 하여 이
르되 이는 내가 그를 물에서 건져
내었음이라 하였더라
11 모세가 장성한 후에 한번은 자기
형제들에게 나가서 그들이 고되게
노동하는 것을 보더니 어떤 애굽
사람이 한 히브리 사람 곧 자기 형
제를 치는 것을 본지라
12 좌우를 살펴 사람이 없음을 보고
그 애굽 사람을 쳐죽여 모래 속에
감추니라
13 이튿날 다시 나가니 두 히브리 사
람이 서로 싸우는지라 그 잘못한
사람에게 이르되 네가 어찌하여 동
포를 치느냐 하매
14 그가 이르되 누가 너를 우리를 다
스리는 자와 재판관으로 삼았느냐
네가 애굽 사람을 죽인 것처럼 나
도 죽이려느냐 모세가 두려워하여
이르되 일이 탄로되었도다
15 바로가 이 일을 듣고 모세를 죽이
고자 하여 찾는지라 모세가 바로의

낮을 피하여 미디안 땅에 머물며
하루는 우물 곁에 앉았더라
16 미디안 제사장에게 일곱 딸이 있었
더니 그들이 와서 물을 길어 구유에
채우고 그들의 아버지의 양 떼에게
먹이려 하는데
17 목자들이 와서 그들을 쫓는지라 모
세가 일어나 그들을 도와 그 양 떼
에게 먹이니라
18 그들이 그들의 아버지 르우엘에게
이를 때에 아버지가 이르되 너희가
오늘은 어찌하여 이같이 속히 돌아
오느냐
19 그들이 이르되 한 애굽 사람이 우
리를 목자들의 손에서 건져내고 우
리를 위하여 물을 길어 양 떼에게
먹였나이다
20 아버지가 딸들에게 이르되 그 사람
이 어디에 있느냐 너희가 어찌하여
그 사람을 버려두고 왔느냐 그를
청하여 음식을 대접하라 하였더라
21 모세가 그와 동거하기를 기뻐하매
그가 그의 딸 십보라를 모세에게
주었더니
22 그가 아들을 낳으매 모세가 그의
이름을 게르솜이라 하여 이르되 내
가 타국에서 나그네가 되었음이라
하였더라
23 여러 해 후에 애굽 왕은 죽었고 이
스라엘 자손은 고된 노동으로 말미
암아 탄식하며 부르짖으니 그 고된
노동으로 말미암아 부르짖는 소리
가 하나님께 상달된지라
24 하나님이 그들의 고통 소리를 들으
시고 하나님이 아브라함과 이삭과
야곱에게 세운 그의 언약을 기억
하사
25 하나님이 이스라엘 자손을 돌보셨
고 하나님이 그들을 기억하셨더라

3

모세가 그의 장인 미디안 제사장
이드로의 양 떼를 치더니 그 떼를
광야 서쪽으로 인도하여 하나님의
산 호렙에 이르매
2 야훼의 사자가 떨기나무 가운데로
부터 나오는 불꽃 안에서 그에게
나타나시니라 그가 보니 떨기나무
에 불이 붙었으나 그 떨기나무가
사라지지 아니하는지라
3 이에 모세가 이르되 내가 돌이켜
가서 이 큰 광경을 보리라 떨기나
무가 어찌하여 타지 아니하는고 하
니 그 때에
4 야훼께서 그가 보려고 돌이켜 오는
것을 보신지라 하나님이 떨기나무
가운데서 그를 불러 이르시되 모세
야 모세야 하시매 그가 이르되 내
가 여기 있나이다
5 하나님이 이르시되 이리로 가까이
오지 말라 네가 선 곳은 거룩한 땅
이니 네 발에서 신을 벗으라

기록일 : . . .

6 또 이르시되 나는 네 조상의 하나
님이니 아브라함의 하나님, 이삭의
하나님, 야곱의 하나님이니라 모세
가 하나님 뵈옵기를 두려워하여 얼
굴을 가리매
7 야훼께서 이르시되 내가 애굽에 있
는 내 백성의 고통을 분명히 보고
그들이 그들의 감독자로 말미암아
부르짖음을 듣고 그 근심을 알고
8 내가 내려가서 그들을 애굽인의 손
에서 건져내고 그들을 그 땅에서
인도하여 아름답고 광대한 땅, 젖
과 꿀이 흐르는 땅 곧 가나안 족속,
헷 족속, 아모리 족속, 브리스 족
속, 히위 족속, 여부스 족속의 지방
에 데려가려 하노라
9 이제 가라 이스라엘 자손의 부르짖
음이 내게 달하고 애굽 사람이 그들
을 괴롭히는 학대도 내가 보았으니
10 이제 내가 너를 바로에게 보내어
너에게 내 백성 이스라엘 자손을
애굽에서 인도하여 내게 하리라
11 모세가 하나님께 아뢰되 내가 누구
이기에 바로에게 가며 이스라엘 자
손을 애굽에서 인도하여 내리이까
12 하나님이 이르시되 내가 반드시 너
와 함께 있으리라 네가 그 백성을
애굽에서 인도하여 낸 후에 너희가
이 산에서 하나님을 섬기리니 이것
이 내가 너를 보낸 증거니라
13 모세가 하나님께 아뢰되 내가 이스
라엘 자손에게 가서 이르기를 너희
의 조상의 하나님이 나를 너희에게
보내셨다 하면 그들이 내게 묻기를
그의 이름이 무엇이냐 하리니 내가
무엇이라고 그들에게 말하리이까
14 하나님이 모세에게 이르시되 나는
스스로 있는 자이니라 또 이르시되
너는 이스라엘 자손에게 이같이 이
르기를 스스로 있는 자가 나를 너
희에게 보내셨다 하라
15 하나님이 또 모세에게 이르시되 너
는 이스라엘 자손에게 이같이 이르
기를 너희 조상의 하나님 야훼 곧
아브라함의 하나님, 이삭의 하나님,
야곱의 하나님께서 나를 너희에게
보내셨다 하라 이는 나의 영원한
이름이요 대대로 기억할 나의 칭호
니라
16 너는 가서 이스라엘의 장로들을 모
으고 그들에게 이르기를 야훼 너희
조상의 하나님 곧 아브라함과 이삭
과 야곱의 하나님이 내게 나타나
이르시되 내가 너희를 돌보아 너희
가 애굽에서 당한 일을 확실히 보
았노라
17 내가 말하였거니와 내가 너희를 애
굽의 고난 중에서 인도하여 내어
젖과 꿀이 흐르는 땅 곧 가나안 족
속, 헷 족속, 아모리 족속, 브리스

족속, 히위 족속, 여부스 족속의 땅
으로 올라가게 하리라 하셨다 하면
18 그들이 네 말을 들으리니 너는 그
들의 장로들과 함께 애굽 왕에게
이르기를 히브리 사람의 하나님 야
훼께서 우리에게 임하셨은즉 우리
가 우리 하나님 야훼께 제사를 드
리려 하오니 사흘길쯤 광야로 가도
록 허락하소서 하라
19 내가 아노니 강한 손으로 치기 전
에는 애굽 왕이 너희가 가도록 허
락하지 아니하다가
20 내가 내 손을 들어 애굽 중에 여러
가지 이적으로 그 나라를 친 후에
야 그가 너희를 보내리라
21 내가 애굽 사람으로 이 백성에게
은혜를 입히게 할지라 너희가 나갈
때에 빈손으로 가지 아니하리니
22 여인들은 모두 그 이웃 사람과 및
자기 집에 거류하는 여인에게 은
패물과 금 패물과 의복을 구하여
너희의 자녀를 꾸미라 너희는 애굽
사람들의 물품을 취하리라

4 모세가 대답하여 이르되 그러나
그들이 나를 믿지 아니하며 내 말을
듣지 아니하고 이르기를 야훼께서
네게 나타나지 아니하셨다 하리이다
2 야훼께서 그에게 이르시되 네 손에
있는 것이 무엇이냐 그가 이르되 지
팡이니이다
3 야훼께서 이르시되 그것을 땅에 던
지라 하시매 곧 땅에 던지니 그것이
뱀이 된지라 모세가 뱀 앞에서 피
하매
4 야훼께서 모세에게 이르시되 네 손
을 내밀어 그 꼬리를 잡으라 그가
손을 내밀어 그것을 잡으니 그의
손에서 지팡이가 된지라
5 이는 그들에게 그들의 조상의 하나
님 곧 아브라함의 하나님, 이삭의
하나님, 야곱의 하나님 야훼가 네
게 나타난 줄을 믿게 하려 함이라
하시고
6 야훼께서 또 그에게 이르시되 네
손을 품에 넣으라 하시매 그가 손
을 품에 넣었다가 내어보니 그의
손에 나병이 생겨 눈 같이 된지라
7 이르시되 네 손을 다시 품에 넣으
라 하시매 그가 다시 손을 품에 넣
었다가 내어보니 그의 손이 본래의
살로 되돌아왔더라
8 야훼께서 이르시되 만일 그들이 너
를 믿지 아니하며 그 처음 표적의
표징을 받지 아니하여도 나중 표적
의 표징은 믿으리라
9 그들이 이 두 이적을 믿지 아니하며
네 말을 듣지 아니하거든 너는 나
일 강 물을 조금 떠다가 땅에 부으
라 네가 떠온 나일 강 물이 땅에서
피가 되리라

기록일 : . . .

10 모세가 야훼께 아뢰되 오 주여 나
는 본래 말을 잘 하지 못하는 자니
이다 주께서 주의 종에게 명령하
신 후에도 역시 그러하니 나는 입이
뻣뻣하고 혀가 둔한 자니이다
11 야훼께서 그에게 이르시되 누가 사
람의 입을 지었느냐 누가 말 못 하
는 자나 못 듣는 자나 눈 밝은 자나
맹인이 되게 하였느냐 나 야훼가
아니냐
12 이제 가라 내가 네 입과 함께 있어
서 할 말을 가르치리라
13 모세가 이르되 오 주여 보낼 만한
자를 보내소서
14 야훼께서 모세를 향하여 노하여 이
르시되 레위 사람 네 형 아론이 있
지 아니하냐 그가 말 잘 하는 것을
내가 아노라 그가 너를 만나러 나
오나니 그가 너를 볼 때에 그의 마
음에 기쁨이 있을 것이라
15 너는 그에게 말하고 그의 입에 할
말을 주라 내가 네 입과 그의 입에
함께 있어서 너희들이 행할 일을
가르치리라
16 그가 너를 대신하여 백성에게 말할
것이니 그는 네 입을 대신할 것이요
너는 그에게 하나님 같이 되리라
17 너는 이 지팡이를 손에 잡고 이것으
로 이적을 행할지니라
18 모세가 그의 장인 이드로에게로 돌
아가서 그에게 이르되 내가 애굽
에 있는 내 형제들에게로 돌아가서
그들이 아직 살아 있는지 알아보려
하오니 나로 가게 하소서 이드로가
모세에게 평안히 가라 하니라
19 야훼께서 미디안에서 모세에게 이
르시되 애굽으로 돌아가라 네 목숨
을 노리던 자가 다 죽었느니라
20 모세가 그의 아내와 아들들을 나귀
에 태우고 애굽으로 돌아가는데 모
세가 하나님의 지팡이를 손에 잡았
더라
21 야훼께서 모세에게 이르시되 내가
애굽으로 돌아가거든 내가 네 손에
준 이적을 바로 앞에서 다 행하라
그러나 내가 그의 마음을 완악하게
한즉 그가 백성을 보내 주지 아니
하리니
22 너는 바로에게 이르기를 야훼의 말
씀에 이스라엘은 내 아들 내 장자라
23 내가 네게 이르기를 내 아들을 보
내 주어 나를 섬기게 하라 하여도
네가 보내 주기를 거절하니 내가
네 아들 내 장자를 죽이리라 하셨
다 하라 하시니라
24 모세가 길을 가다가 숙소에 있을
때에 야훼께서 그를 만나사 그를
죽이려 하신지라
25 십보라가 돌칼을 가져다가 그의 아
들의 포피를 베어 그의 발에 갖다

기록일 : . . .

대며 이르되 당신은 참으로 내게
피 남편이로다 하니
26 야훼께서 그를 놓아 주시니라 그
때에 십보라가 피 남편이라 함은
할례 때문이었더라
27 야훼께서 아론에게 이르시되 광야
에 가서 모세를 맞으라 하시매 그
가 가서 하나님의 산에서 모세를
만나 그에게 입맞추니
28 모세가 야훼께서 자기에게 분부하
여 보내신 모든 말씀과 야훼께서
자기에게 명령하신 모든 이적을 아
론에게 알리니라
29 모세와 아론이 가서 이스라엘 자손
의 모든 장로를 모으고
30 아론이 야훼께서 모세에게 이르신
모든 말씀을 전하고 그 백성 앞에
서 이적을 행하니
31 백성이 믿으며 야훼께서 이스라엘
자손을 찾으시고 그들의 고난을 살
피셨다 함을 듣고 머리 숙여 경배하
였더라

5 그 후에 모세와 아론이 바로에게
가서 이르되 이스라엘의 하나님 야
훼께서 이렇게 말씀하시기를 내 백
성을 보내라 그러면 그들이 광야에
서 내 앞에 절기를 지킬 것이니라
하셨나이다
2 바로가 이르되 야훼가 누구이기에
내가 그의 목소리를 듣고 이스라엘
을 보내겠느냐 나는 야훼를 알지
못하니 이스라엘을 보내지 아니하
리라
3 그들이 이르되 히브리인의 하나님
이 우리에게 나타나셨은즉 우리가
광야로 사흘길쯤 가서 우리 하나님
야훼께 제사를 드리려 하오니 가도
록 허락하소서 야훼께서 전염병이
나 칼로 우리를 치실까 두려워하나
이다
4 애굽 왕이 그들에게 이르되 모세
와 아론아 너희가 어찌하여 백성의
노역을 쉬게 하려느냐 가서 너희의
노역이나 하라
5 바로가 또 이르되 이제 이 땅의 백
성이 많아졌거늘 너희가 그들로 노
역을 쉬게 하는도다 하고
6 바로가 그 날에 백성의 감독들과
기록원들에게 명령하여 이르되
7 너희는 백성에게 다시는 벽돌에 쓸
짚을 전과 같이 주지 말고 그들이
가서 스스로 짚을 줍게 하라
8 또 그들이 전에 만든 벽돌 수효대
로 그들에게 만들게 하고 감하지
말라 그들이 게으르므로 소리 질러
이르기를 우리가 가서 우리 하나님
께 제사를 드리자 하나니
9 그 사람들의 노동을 무겁게 함으로
수고롭게 하여 그들로 거짓말을 듣
지 않게 하라

기록일 : . . .

10 백성의 감독들과 기록원들이 나가
서 백성에게 말하여 이르되 바로가
이렇게 말하기를 내가 너희에게 짚
을 주지 아니하리니
11 너희는 짚을 찾을 곳으로 가서 주
우라 그러나 너희 일은 조금도 감
하지 아니하리라 하셨느니라
12 백성이 애굽 온 땅에 흩어져 곡초
그루터기를 거두어다가 짚을 대신
하니
13 감독들이 그들을 독촉하여 이르되
너희는 짚이 있을 때와 같이 그 날
의 일을 그 날에 마치라 하며
14 바로의 감독들이 자기들이 세운 바
이스라엘 자손의 기록원들을 때리
며 이르되 너희가 어찌하여 어제와
오늘에 만드는 벽돌의 수효를 전과
같이 채우지 아니하였느냐 하니라
15 이스라엘 자손의 기록원들이 가서
바로에게 호소하여 이르되 왕은 어
찌하여 당신의 종들에게 이같이 하
시나이까
16 당신의 종들에게 짚을 주지 아니하
고 그들이 우리에게 벽돌을 만들라
하나이다 당신의 종들이 매를 맞사
오니 이는 당신의 백성의 죄니이다
17 바로가 이르되 너희가 게으르다 게
으르다 그러므로 너희가 이르기를
우리가 가서 야훼께 제사를 드리자
하는도다
18 이제 가서 일하라 짚은 너희에게
주지 않을지라도 벽돌은 너희가 수
량대로 바칠지니라
19 기록하는 일을 맡은 이스라엘 자
손들이 너희가 매일 만드는 벽돌을
조금도 감하지 못하리라 함을 듣고
화가 몸에 미친 줄 알고
20 그들이 바로를 떠나 나올 때에 모세
와 아론이 길에 서 있는 것을 보고
21 그들에게 이르되 너희가 우리를 바
로의 눈과 그의 신하의 눈에 미운
것이 되게 하고 그들의 손에 칼을
주어 우리를 죽이게 하는도다 야훼
는 너희를 살피시고 판단하시기를
원하노라
22 모세가 야훼께 돌아와서 아뢰되 주
여 어찌하여 이 백성이 학대를 당
하게 하셨나이까 어찌하여 나를 보
내셨나이까
23 내가 바로에게 들어가서 주의 이름
으로 말한 후로부터 그가 이 백성
을 더 학대하며 주께서도 주의 백
성을 구원하지 아니하시나이다

6 야훼께서 모세에게 이르시되 이
제 내가 바로에게 하는 일을 네가
보리라 강한 손으로 말미암아 바로
가 그들을 보내리라 강한 손으로
말미암아 바로가 그들을 그의 땅에
서 쫓아내리라
2 하나님이 모세에게 말씀하여 이르

기록일 : . . .

시되 나는 야훼이니라
3 내가 아브라함과 이삭과 야곱에게
전능의 하나님으로 나타났으나 나
의 이름을 야훼로는 그들에게 알리
지 아니하였고
4 가나안 땅 곧 그들이 거류하는 땅
을 그들에게 주기로 그들과 언약하
였더니
5 이제 애굽 사람이 종으로 삼은 이
스라엘 자손의 신음 소리를 내가
듣고 나의 언약을 기억하노라
6 그러므로 이스라엘 자손에게 말하
기를 나는 야훼라 내가 애굽 사람
의 무거운 짐 밑에서 너희를 빼내
며 그들의 노역에서 너희를 건지며
편 팔과 여러 큰 심판들로써 너희
를 속량하여
7 너희를 내 백성으로 삼고 나는 너
희의 하나님이 되리니 나는 애굽
사람의 무거운 짐 밑에서 너희를
빼낸 너희의 하나님 야훼인 줄 너
희가 알지라
8 내가 아브라함과 이삭과 야곱에게
주기로 맹세한 땅으로 너희를 인도
하고 그 땅을 너희에게 주어 기업
을 삼게 하리라 나는 야훼라 하셨
다 하라
9 모세가 이와 같이 이스라엘 자손에
게 전하나 그들이 마음의 상함과
가혹한 노역으로 말미암아 모세의
말을 듣지 아니하였더라
10 야훼께서 모세에게 말씀하여 이르
시되
11 들어가서 애굽 왕 바로에게 말하여
이스라엘 자손을 그 땅에서 내보내
게 하라
12 모세가 야훼 앞에 아뢰어 이르되
이스라엘 자손도 내 말을 듣지 아
니하였거든 바로가 어찌 들으리이
까 나는 입이 둔한 자니이다
13 야훼께서 모세와 아론에게 말씀하
사 그들로 이스라엘 자손과 애굽
왕 바로에게 명령을 전하고 이스라
엘 자손을 애굽 땅에서 인도하여
내게 하시니라
14 그들의 조상을 따라 집의 어른은 이
러하니라 이스라엘의 장자 르우벤
의 아들은 하녹과 발루와 헤스론과
갈미니 이들은 르우벤의 족장이요
15 시므온의 아들들은 여무엘과 야민
과 오핫과 야긴과 소할과 가나안
여인의 아들 사울이니 이들은 시므
온의 가족이요
16 레위의 아들들의 이름은 그들의 족
보대로 이러하니 게르손과 고핫과
므라리요 레위의 나이는 백삼십칠
세였으며
17 게르손의 아들들은 그들의 가족대
로 립니와 시므이요
18 고핫의 아들들은 아므람과 이스할

기록일 : . . .

과 헤브론과 웃시엘이요 고핫의 나
이는 백삼십삼 세였으며
19 므라리의 아들들은 마흘리와 무시
니 이들은 그들의 족보대로 레위의
족장이요
20 아므람은 그들의 아버지의 누이 요
게벳을 아내로 맞이하였고 그는 아
론과 모세를 낳았으며 아므람의 나
이는 백삼십칠 세였으며
21 이스할의 아들들은 고라와 네벡과
시그리요
22 웃시엘의 아들들은 미사엘과 엘사
반과 시드리요
23 아론은 암미나답의 딸 나손의 누이
엘리세바를 아내로 맞이하였고 그
는 나답과 아비후와 엘르아살과 이
다말을 낳았으며
24 고라의 아들들은 앗실과 엘가나와
아비아삽이니 이들은 고라 사람의
족장이요
25 아론의 아들 엘르아살은 부디엘의
딸 중에서 아내를 맞이하였고 그는
비느하스를 낳았으니 이들은 레위
사람의 조상을 따라 가족의 어른들
이라
26 이스라엘 자손을 그들의 군대대로
애굽 땅에서 인도하라 하신 야훼의
명령을 받은 자는 이 아론과 모세요
27 애굽 왕 바로에게 이스라엘 자손을
애굽에서 내보내라 말한 사람도 이
모세와 아론이었더라
28 야훼께서 애굽 땅에서 모세에게 말
씀하시던 날에
29 야훼께서 모세에게 말씀하여 이르
시되 나는 야훼라 내가 네게 이르
는 바를 너는 애굽 왕 바로에게 다
말하라
30 모세가 야훼 앞에서 아뢰되 나는
입이 둔한 자이오니 바로가 어찌
나의 말을 들으리이까

7

야훼께서 모세에게 이르시되 볼
지어다 내가 너를 바로에게 신 같
이 되게 하였은즉 네 형 아론은 네
대언자가 되리니
2 내가 네게 명령한 바를 너는 네 형
아론에게 말하고 그는 바로에게 말
하여 그에게 이스라엘 자손을 그
땅에서 내보내게 할지니라
3 내가 바로의 마음을 완악하게 하고
내 표징과 내 이적을 애굽 땅에서
많이 행할 것이나
4 바로가 너희의 말을 듣지 아니할
터인즉 내가 내 손을 애굽에 뻗쳐
여러 큰 심판을 내리고 내 군대, 내
백성 이스라엘 자손을 그 땅에서
인도하여 낼지라
5 내가 내 손을 애굽 위에 펴서 이스
라엘 자손을 그 땅에서 인도하여
낼 때에야 애굽 사람이 나를 야훼
인 줄 알리라 하시매

6 모세와 아론이 야훼께서 자기들에
게 명령하신 대로 행하였더라
7 그들이 바로에게 말할 때에 모세
는 팔십 세였고 아론은 팔십삼 세
였더라
8 야훼께서 모세와 아론에게 말씀하
여 이르시되
9 바로가 너희에게 이르기를 너희는
이적을 보이라 하거든 너는 아론에
게 말하기를 너의 지팡이를 들어서
바로 앞에 던지라 하라 그것이 뱀
이 되리라
10 모세와 아론이 바로에게 가서 야훼
께서 명령하신 대로 행하여 아론이
바로와 그의 신하 앞에 지팡이를
던지니 뱀이 된지라
11 바로도 현인들과 마술사들을 부르
매 그 애굽 요술사들도 그들의 요
술로 그와 같이 행하되
12 각 사람이 지팡이를 던지매 뱀이 되
었으나 아론의 지팡이가 그들의 지
팡이를 삼키니라
13 그러나 바로의 마음이 완악하여 그
들의 말을 듣지 아니하니 야훼의
말씀과 같더라
14 야훼께서 모세에게 이르시되 바로
의 마음이 완강하여 백성 보내기를
거절하는도다
15 아침에 너는 바로에게로 가라 보라
그가 물 있는 곳으로 나오리니 너
는 나일 강 가에 서서 그를 맞으며
그 뱀 되었던 지팡이를 손에 잡고
16 그에게 이르기를 히브리 사람의 하
나님 야훼께서 나를 왕에게 보내어
이르시되 내 백성을 보내라 그러
면 그들이 광야에서 나를 섬길 것이
니라 하였으나 이제까지 네가 듣지
아니하도다
17 야훼가 이같이 이르노니 네가 이로
말미암아 나를 야훼인 줄 알리라
볼지어다 내가 내 손의 지팡이로
나일 강을 치면 그것이 피로 변하고
18 나일 강의 고기가 죽고 그 물에서는
악취가 나리니 애굽 사람들이 그 강
물 마시기를 싫어하리라 하라
19 야훼께서 또 모세에게 이르시되 아
론에게 명령하기를 네 지팡이를 잡
고 네 팔을 애굽의 물들과 강들과
운하와 못과 모든 호수 위에 내밀
라 하라 그것들이 피가 되리니 애
굽 온 땅과 나무 그릇과 돌 그릇
안에 모두 피가 있으리라
20 모세와 아론이 야훼께서 명령하신
대로 행하여 바로와 그의 신하의
목전에서 지팡이를 들어 나일 강을
치니 그 물이 다 피로 변하고
21 나일 강의 고기가 죽고 그 물에서
는 악취가 나니 애굽 사람들이 나
일 강 물을 마시지 못하며 애굽 온
땅에는 피가 있으나

기록일 : . . .

22 애굽 요술사들도 자기들의 요술로
그와 같이 행하므로 바로의 마음이
완악하여 그들의 말을 듣지 아니하
니 야훼의 말씀과 같더라
23 바로가 돌이켜 궁으로 들어가고 그
일에 관심을 가지지도 아니하였고
24 애굽 사람들은 나일 강 물을 마실
수 없으므로 나일 강 가를 두루 파
서 마실 물을 구하였더라
25 야훼께서 나일 강을 치신 후 이레
가 지나니라

8

야훼께서 모세에게 이르시되 너
는 바로에게 가서 그에게 이르기를
야훼의 말씀에 내 백성을 보내라
그들이 나를 섬길 것이니라
2 네가 만일 보내기를 거절하면 내가
개구리로 너의 온 땅을 치리라
3 개구리가 나일 강에서 무수히 생기
고 올라와서 네 궁과 네 침실과 네
침상 위와 네 신하의 집과 네 백성
과 네 화덕과 네 떡 반죽 그릇에
들어갈 것이며
4 개구리가 너와 네 백성과 네 모든
신하에게 기어오르리라 하셨다 하라
5 야훼께서 모세에게 이르시되 아론
에게 명령하기를 네 지팡이를 잡고
네 팔을 강들과 운하들과 못 위에
펴서 개구리들이 애굽 땅에 올라오
게 하라 할지니라
6 아론이 애굽 물들 위에 그의 손을
내밀매 개구리가 올라와서 애굽 땅
에 덮이니
7 요술사들도 자기 요술대로 그와 같
이 행하여 개구리가 애굽 땅에 올
라오게 하였더라
8 바로가 모세와 아론을 불러 이르되
야훼께 구하여 나와 내 백성에게서
개구리를 떠나게 하라 내가 이 백
성을 보내리니 그들이 야훼께 제사
를 드릴 것이니라
9 모세가 바로에게 이르되 내가 왕과
왕의 신하와 왕의 백성을 위하여
이 개구리를 왕과 왕궁에서 끊어
나일 강에만 있도록 언제 간구하는
것이 좋을는지 내게 분부하소서
10 그가 이르되 내일이니라 모세가 이
르되 왕의 말씀대로 하여 왕에게
우리 하나님 야훼와 같은 이가 없
는 줄을 알게 하리니
11 개구리가 왕과 왕궁과 왕의 신하와
왕의 백성을 떠나서 나일 강에만
있으리이다 하고
12 모세와 아론이 바로를 떠나 나가서
바로에게 내리신 개구리에 대하여
모세가 야훼께 간구하매
13 야훼께서 모세의 말대로 하시니 개
구리가 집과 마당과 밭에서부터 나
와서 죽은지라
14 사람들이 모아 무더기로 쌓으니 땅
에서 악취가 나더라

기록일 : . . .

15 그러나 바로가 숨을 쉴 수 있게 됨
을 보았을 때에 그의 마음을 완강
하게 하여 그들의 말을 듣지 아니
하였으니 야훼께서 말씀하신 것과
같더라
16 야훼께서 모세에게 이르시되 아론
에게 명령하기를 네 지팡이를 들어
땅의 티끌을 치라 하라 그것이 애
굽 온 땅에서 이가 되리라
17 그들이 그대로 행할새 아론이 지팡
이를 잡고 손을 들어 땅의 티끌을
치매 애굽 온 땅의 티끌이 다 이가
되어 사람과 가축에게 오르니
18 요술사들도 자기 요술로 그같이 행
하여 이를 생기게 하려 하였으나
못하였고 이가 사람과 가축에게 생
긴지라
19 요술사가 바로에게 말하되 이는 하
나님의 권능이니이다 하였으나 바
로의 마음이 완악하게 되어 그들의
말을 듣지 아니하였으니 야훼의 말
씀과 같더라
20 야훼께서 모세에게 이르시되 아침
에 일찍이 일어나 바로 앞에 서라
그가 물 있는 곳으로 나오리니 그
에게 이르기를 야훼께서 이와 같이
말씀하시기를 내 백성을 보내라 그
러면 그들이 나를 섬길 것이니라
21 네가 만일 내 백성을 보내지 아니
하면 내가 너와 네 신하와 네 백성
과 네 집들에 파리 떼를 보내리니
애굽 사람의 집집에 파리 떼가 가
득할 것이며 그들이 사는 땅에도
그러하리라
22 그 날에 나는 내 백성이 거주하는
고센 땅을 구별하여 그 곳에는 파
리가 없게 하리니 이로 말미암아 이
땅에서 내가 야훼인 줄을 네가 알
게 될 것이라
23 내가 내 백성과 네 백성 사이를 구
별하리니 내일 이 표징이 있으리라
하셨다 하라 하시고
24 야훼께서 그와 같이 하시니 무수한
파리가 바로의 궁과 그의 신하의
집과 애굽 온 땅에 이르니 파리로
말미암아 그 땅이 황폐하였더라
25 바로가 모세와 아론을 불러 이르되
너희는 가서 이 땅에서 너희 하나
님께 제사를 드리라
26 모세가 이르되 그리함은 부당하니
이다 우리가 우리 하나님 야훼께
제사를 드리는 것은 애굽 사람이
싫어하는 바인즉 우리가 만일 애굽
사람의 목전에서 제사를 드리면 그
들이 그것을 미워하여 우리를 돌로
치지 아니하리이까
27 우리가 사흘길쯤 광야로 들어가서
우리 하나님 야훼께 제사를 드리되
우리에게 명령하시는 대로 하려 하
나이다

28 바로가 이르되 내가 너희를 보내
리니 너희가 너희의 하나님 야훼께
광야에서 제사를 드릴 것이나 너무
멀리 가지는 말라 그런즉 너희는
나를 위하여 간구하라
29 모세가 이르되 내가 왕을 떠나가서
야훼께 간구하리니 내일이면 파리
떼가 바로와 바로의 신하와 바로의
백성을 떠나려니와 바로는 이 백성
을 보내어 야훼께 제사를 드리는 일
에 다시 거짓을 행하지 마소서 하고
30 모세가 바로를 떠나 나와서 야훼께
간구하니
31 야훼께서 모세의 말대로 하시니 그
파리 떼가 바로와 그의 신하와 그
의 백성에게서 떠나니 하나도 남지
아니하였더라
32 그러나 바로가 이 때에도 그의 마
음을 완강하게 하여 그 백성을 보
내지 아니하였더라

9 야훼께서 모세에게 이르시되 바
로에게 들어가서 그에게 이르라 히
브리 사람의 하나님 야훼께서 말씀
하시기를 내 백성을 보내라 그들이
나를 섬길 것이니라
2 네가 만일 보내기를 거절하고 억지
로 잡아두면
3 야훼의 손이 들에 있는 네 가축 곧
말과 나귀와 낙타와 소와 양에게 더
하리니 심한 돌림병이 있을 것이며
4 야훼가 이스라엘의 가축과 애굽의
가축을 구별하리니 이스라엘 자손
에게 속한 것은 하나도 죽지 아니
하리라 하셨다 하라 하시고
5 야훼께서 기한을 정하여 이르시되
야훼가 내일 이 땅에서 이 일을 행
하리라 하시더니
6 이튿날에 야훼께서 이 일을 행하시
니 애굽의 모든 가축은 죽었으나
이스라엘 자손의 가축은 하나도 죽
지 아니한지라
7 바로가 사람을 보내어 본즉 이스라
엘의 가축은 하나도 죽지 아니하였
더라 그러나 바로의 마음이 완강하
여 백성을 보내지 아니하니라
8 야훼께서 모세와 아론에게 이르시
되 너희는 화덕의 재 두 움큼을 가
지고 모세가 바로의 목전에서 하늘
을 향하여 날리라
9 그 재가 애굽 온 땅의 티끌이 되어
애굽 온 땅의 사람과 짐승에게 붙
어서 악성 종기가 생기리라
10 그들이 화덕의 재를 가지고 바로
앞에 서서 모세가 하늘을 향하여
날리니 사람과 짐승에게 붙어 악성
종기가 생기고
11 요술사들도 악성 종기로 말미암아 모세
앞에 서지 못하니 악성 종기가 요술사들
로부터 애굽 모든 사람에게 생겼음이라
12 그러나 야훼께서 바로의 마음을 완

기록일 : . . .

악하게 하셨으므로 그들의 말을 듣
지 아니하였으니 야훼께서 모세에
게 말씀하심과 같더라
13 야훼께서 모세에게 이르시되 아침
에 일찍이 일어나 바로 앞에 서서
그에게 이르기를 히브리 사람의 하
나님 야훼의 말씀에 내 백성을 보
내라 그들이 나를 섬길 것이니라
14 내가 이번에는 모든 재앙을 너와
네 신하와 네 백성에게 내려 온 천
하에 나와 같은 자가 없음을 네가
알게 하리라
15 내가 손을 펴서 돌림병으로 너와
네 백성을 쳤더라면 네가 세상에서
끊어졌을 것이나
16 내가 너를 세웠음은 나의 능력을
네게 보이고 내 이름이 온 천하에
전파되게 하려 하였음이니라
17 네가 여전히 내 백성 앞에 교만하
여 그들을 보내지 아니하느냐
18 내일 이맘때면 내가 무거운 우박을
내리리니 애굽 나라가 세워진 그
날로부터 지금까지 그와 같은 일이
없었더라
19 이제 사람을 보내어 네 가축과 네
들에 있는 것을 다 모으라 사람이
나 짐승이나 무릇 들에 있어서 집에
돌아오지 않는 것들에게는 우박이
그 위에 내리리니 그것들이 죽으리
라 하셨다 하라 하시니라
20 바로의 신하 중에 야훼의 말씀을
두려워하는 자들은 그 종들과 가축
을 집으로 피하여 들였으나
21 야훼의 말씀을 마음에 두지 아니하
는 사람은 그의 종들과 가축을 들
에 그대로 두었더라
22 야훼께서 모세에게 이르시되 너는
하늘을 향하여 손을 들어 애굽 전국
에 우박이 애굽 땅의 사람과 짐승
과 밭의 모든 채소에 내리게 하라
23 모세가 하늘을 향하여 지팡이를 들
매 야훼께서 우렛소리와 우박을 보
내시고 불을 내려 땅에 달리게 하
시니라 야훼께서 우박을 애굽 땅에
내리시매
24 우박이 내림과 불덩이가 우박에 섞
여 내림이 심히 맹렬하니 나라가 생
긴 그 때로부터 애굽 온 땅에는 그
와 같은 일이 없었더라
25 우박이 애굽 온 땅에서 사람과 짐
승을 막론하고 밭에 있는 모든 것
을 쳤으며 우박이 또 밭의 모든 채
소를 치고 들의 모든 나무를 꺾었
으되
26 이스라엘 자손들이 있는 그 곳 고
센 땅에는 우박이 없었더라
27 바로가 사람을 보내어 모세와 아
론을 불러 그들에게 이르되 이번은
내가 범죄하였노라 야훼는 의로우
시고 나와 나의 백성은 악하도다

기록일 : . . .

28 야훼께 구하여 이 우렛소리와 우박
을 그만 그치게 하라 내가 너희를
보내리니 너희가 다시는 머물지 아
니하리라
29 모세가 그에게 이르되 내가 성에서
나가서 곧 내 손을 야훼를 향하여
펴리니 그리하면 우렛소리가 그치
고 우박이 다시 있지 아니할지라 세
상이 야훼께 속한 줄을 왕이 알리
이다
30 그러나 왕과 왕의 신하들이 야훼
하나님을 아직도 두려워하지 아니
할 줄을 내가 아나이다
31 그 때에 보리는 이삭이 나왔고 삼
은 꽃이 피었으므로 삼과 보리가
상하였으나
32 그러나 밀과 쌀보리는 자라지 아니
한 고로 상하지 아니하였더라
33 모세가 바로를 떠나 성에서 나가
야훼를 향하여 손을 펴매 우렛소리
와 우박이 그치고 비가 땅에 내리
지 아니하니라
34 바로가 비와 우박과 우렛소리가 그
친 것을 보고 다시 범죄하여 마음
을 완악하게 하니 그와 그의 신하
가 꼭 같더라
35 바로의 마음이 완악하여 이스라엘
자손을 내보내지 아니하였으니 야
훼께서 모세에게 말씀하심과 같더
라

10 야훼께서 모세에게 이르시되 바
로에게로 들어가라 내가 그의 마음
과 그의 신하들의 마음을 완강하게
함은 나의 표징을 그들 중에 보이
기 위함이며
2 네게 내가 애굽에서 행한 일들 곧
내가 그들 가운데에서 행한 표징을
네 아들과 네 자손의 귀에 전하기
위함이라 너희는 내가 야훼인 줄을
알리라
3 모세와 아론이 바로에게 들어가서
그에게 이르되 히브리 사람의 하나
님 야훼께서 말씀하시기를 네가 어
느 때까지 내 앞에 겸비하지 아니
하겠느냐 내 백성을 보내라 그들이
나를 섬길 것이라
4 네가 만일 내 백성 보내기를 거절
하면 내일 내가 메뚜기를 네 경내
에 들어가게 하리니
5 메뚜기가 지면을 덮어서 사람이 땅
을 볼 수 없을 것이라 메뚜기가 네
게 남은 그것 곧 우박을 면하고 남
은 것을 먹으며 너희를 위하여 들
에서 자라나는 모든 나무를 먹을
것이며
6 또 네 집들과 네 모든 신하의 집들
과 모든 애굽 사람의 집들에 가득
하리니 이는 네 아버지와 네 조상이
이 땅에 있었던 그 날로부터 오늘
까지 보지 못하였던 것이리라 하셨

기록일 : . . .

다 하고 돌이켜 바로에게서 나오니
7 바로의 신하들이 그에게 말하되 어
느 때까지 이 사람이 우리의 함정
이 되리이까 그 사람들을 보내어
그들의 하나님 야훼를 섬기게 하소
서 왕은 아직도 애굽이 망한 줄을
알지 못하시나이까 하고
8 모세와 아론을 바로에게로 다시 데
려오니 바로가 그들에게 이르되 가
서 너희의 하나님 야훼를 섬기라
갈 자는 누구 누구냐
9 모세가 이르되 우리가 야훼 앞에
절기를 지킬 것인즉 우리가 남녀 노
소와 양과 소를 데리고 가겠나이다
10 바로가 그들에게 이르되 내가 너
희와 너희의 어린 아이들을 보내면
야훼가 너희와 함께 함과 같으니라
보라 그것이 너희에게는 나쁜 것이
니라
11 그렇게 하지 말고 너희 장정만 가
서 야훼를 섬기라 이것이 너희가 구
하는 바니라 이에 그들이 바로 앞
에서 쫓겨나니라
12 야훼께서 모세에게 이르시되 애굽
땅 위에 네 손을 내밀어 메뚜기를
애굽 땅에 올라오게 하여 우박에
상하지 아니한 밭의 모든 채소를
먹게 하라
13 모세가 애굽 땅 위에 그 지팡이를
들매 야훼께서 동풍을 일으켜 온 낮
과 온 밤에 불게 하시니 아침이 되
매 동풍이 메뚜기를 불어 들인지라
14 메뚜기가 애굽 온 땅에 이르러 그
사방에 내리매 그 피해가 심하니
이런 메뚜기는 전에도 없었고 후에
도 없을 것이라
15 메뚜기가 온 땅을 덮어 땅이 어둡
게 되었으며 메뚜기가 우박에 상하
지 아니한 밭의 채소와 나무 열매
를 다 먹었으므로 애굽 온 땅에서
나무나 밭의 채소나 푸른 것은 남
지 아니하였더라
16 바로가 모세와 아론을 급히 불러
이르되 내가 너희의 하나님 야훼와
너희에게 죄를 지었으니
17 바라건대 이번만 나의 죄를 용서하
고 너희의 하나님 야훼께 구하여
이 죽음만은 내게서 떠나게 하라
18 그가 바로에게서 나가서 야훼께 구
하매
19 야훼께서 돌이켜 강렬한 서풍을 불
게 하사 메뚜기를 홍해에 몰아넣으
시니 애굽 온 땅에 메뚜기가 하나
도 남지 아니하니라
20 그러나 야훼께서 바로의 마음을 완
악하게 하셨으므로 이스라엘 자손
을 보내지 아니하였더라
21 야훼께서 모세에게 이르시되 하늘
을 향하여 네 손을 내밀어 애굽 땅
위에 흑암이 있게 하라 곧 더듬을

기록일 : . . .

만한 흑암이리라
22 모세가 하늘을 향하여 손을 내밀매
캄캄한 흑암이 삼 일 동안 애굽 온
땅에 있어서
23 그 동안은 사람들이 서로 볼 수 없
으며 자기 처소에서 일어나는 자가
없으되 온 이스라엘 자손들이 거주
하는 곳에는 빛이 있었더라
24 바로가 모세를 불러서 이르되 너희
는 가서 야훼를 섬기되 너희의 양
과 소는 머물러 두고 너희 어린 것
들은 너희와 함께 갈지니라
25 모세가 이르되 왕이라도 우리 하나
님 야훼께 드릴 제사와 번제물을
우리에게 주어야 하겠고
26 우리의 가축도 우리와 함께 가고
한 마리도 남길 수 없으니 이는 우
리가 그 중에서 가져다가 우리 하
나님 야훼를 섬길 것임이며 또 우리
가 거기에 이르기까지는 어떤 것으
로 야훼를 섬길는지 알지 못함이니
이다 하나
27 야훼께서 바로의 마음을 완악하게
하셨으므로 그들 보내기를 기뻐하
지 아니하고
28 바로가 모세에게 이르되 너는 나를
떠나가고 스스로 삼가 다시 내 얼
굴을 보지 말라 네가 내 얼굴을 보
는 날에는 죽으리라
29 모세가 이르되 당신이 말씀하신 대
로 내가 다시는 당신의 얼굴을 보
지 아니하리이다

11

야훼께서 모세에게 이르시기를
내가 이제 한 가지 재앙을 바로와
애굽에 내린 후에야 그가 너희를
여기서 내보내리라 그가 너희를 내
보낼 때에는 여기서 반드시 다 쫓
아내리니
2 백성에게 말하여 사람들에게 각기
이웃들에게 은금 패물을 구하게 하
라 하시더니
3 야훼께서 그 백성으로 애굽 사람의
은혜를 받게 하셨고 또 그 사람 모
세는 애굽 땅에 있는 바로의 신하
와 백성의 눈에 아주 위대하게 보
였더라
4 모세가 바로에게 이르되 야훼께서
이와 같이 말씀하시기를 밤중에 내
가 애굽 가운데로 들어가리니
5 애굽 땅에 있는 모든 처음 난 것은
왕위에 앉아 있는 바로의 장자로부
터 맷돌 뒤에 있는 몸종의 장자와
모든 가축의 처음 난 것까지 죽으
리니
6 애굽 온 땅에 전무후무한 큰 부르
짖음이 있으리라
7 그러나 이스라엘 자손에게는 사람
에게나 짐승에게나 개 한 마리도
그 혀를 움직이지 아니하리니 야훼
께서 애굽 사람과 이스라엘 사이를

구별하는 줄을 너희가 알리라 하셨
나니
8 왕의 이 모든 신하가 내게 내려와
내게 절하며 이르기를 너와 너를
따르는 온 백성은 나가라 한 후에
야 내가 나가리라 하고 심히 노하
여 바로에게서 나오니라
9 야훼께서 모세에게 이르시기를 바
로가 너희의 말을 듣지 아니하리라
그러므로 내가 애굽 땅에서 나의
기적을 더하리라 하셨고
10 모세와 아론이 이 모든 기적을 바
로 앞에서 행하였으나 야훼께서 바
로의 마음을 완악하게 하셨으므로
그가 이스라엘 자손을 그 나라에서
보내지 아니하였더라

12 야훼께서 애굽 땅에서 모세와 아
론에게 일러 말씀하시되
2 이 달을 너희에게 달의 시작 곧 해
의 첫 달이 되게 하고
3 너희는 이스라엘 온 회중에게 말하
여 이르라 이 달 열흘에 너희 각자
가 어린 양을 잡을지니 각 가족대
로 그 식구를 위하여 어린 양을 취
하되
4 그 어린 양에 대하여 식구가 너무
적으면 그 집의 이웃과 함께 사람
수를 따라서 하나를 잡고 각 사람
이 먹을 수 있는 분량에 따라서 너
희 어린 양을 계산할 것이며
5 너희 어린 양은 흠 없고 일 년 된
수컷으로 하되 양이나 염소 중에서
취하고
6 이 달 열나흗날까지 간직하였다가
해 질 때에 이스라엘 회중이 그 양
을 잡고
7 그 피를 양을 먹을 집 좌우 문설주
와 인방에 바르고
8 그 밤에 그 고기를 불에 구워 무교
병과 쓴 나물과 아울러 먹되
9 날것으로나 물에 삶아서 먹지 말고
머리와 다리와 내장을 다 불에 구
워 먹고
10 아침까지 남겨두지 말며 아침까지
남은 것은 곧 불사르라
11 너희는 그것을 이렇게 먹을지니 허
리에 띠를 띠고 발에 신을 신고 손
에 지팡이를 잡고 급히 먹으라 이것
이 야훼의 유월절이니라
12 내가 그 밤에 애굽 땅에 두루 다니
며 사람이나 짐승을 막론하고 애굽
땅에 있는 모든 처음 난 것을 다 치
고 애굽의 모든 신을 내가 심판하
리라 나는 야훼라
13 내가 애굽 땅을 칠 때에 그 피가 너
희가 사는 집에 있어서 너희를 위
하여 표적이 될지라 내가 피를 볼
때에 너희를 넘어가리니 재앙이 너
희에게 내려 멸하지 아니하리라
14 너희는 이 날을 기념하여 야훼의 절

기록일 : . . .

기를 삼아 영원한 규례로 대대로
지킬지니라
15 너희는 이레 동안 무교병을 먹을지
니 그 첫날에 누룩을 너희 집에서
제하라 무릇 첫날부터 일곱째 날까
지 유교병을 먹는 자는 이스라엘에
서 끊어지리라
16 너희에게 첫날에도 성회요 일곱째
날에도 성회가 되리니 너희는 이
두 날에는 아무 일도 하지 말고 각
자의 먹을 것만 갖출 것이니라
17 너희는 무교절을 지키라 이 날에
내가 너희 군대를 애굽 땅에서 인
도하여 내었음이니라 그러므로 너
희가 영원한 규례로 삼아 대대로
이 날을 지킬지니라
18 첫째 달 그 달 열나흗날 저녁부터
이십일일 저녁까지 너희는 무교병
을 먹을 것이요
19 이레 동안은 누룩이 너희 집에서
발견되지 아니하도록 하라 무릇 유
교물을 먹는 자는 타국인이든지 본
국에서 난 자든지를 막론하고 이스
라엘 회중에서 끊어지리니
20 너희는 아무 유교물이든지 먹지 말
고 너희 모든 유하는 곳에서 무교
병을 먹을지니라
21 모세가 이스라엘 모든 장로를 불러
서 그들에게 이르되 너희는 나가서
너희의 가족대로 어린 양을 택하여
유월절 양으로 잡고
22 우슬초 묶음을 가져다가 그릇에 담
은 피에 적셔서 그 피를 문 인방과
좌우 설주에 뿌리고 아침까지 한 사
람도 자기 집 문 밖에 나가지 말라
23 야훼께서 애굽 사람들에게 재앙을
내리려고 지나가실 때에 문 인방과
좌우 문설주의 피를 보시면 야훼께
서 그 문을 넘으시고 멸하는 자에
게 너희 집에 들어가서 너희를 치지
못하게 하실 것임이니라
24 너희는 이 일을 규례로 삼아 너희
와 너희 자손이 영원히 지킬 것이니
25 너희는 야훼께서 허락하신 대로 너
희에게 주시는 땅에 이를 때에 이
예식을 지킬 것이라
26 이 후에 너희의 자녀가 묻기를 이
예식이 무슨 뜻이냐 하거든
27 너희는 이르기를 이는 야훼의 유월
절 제사라 야훼께서 애굽 사람에게
재앙을 내리실 때에 애굽에 있는
이스라엘 자손의 집을 넘으사 우리
의 집을 구원하셨느니라 하라 하매
백성이 머리 숙여 경배하니라
28 이스라엘 자손이 물러가서 그대로
행하되 야훼께서 모세와 아론에게
명령하신 대로 행하니라
29 밤중에 야훼께서 애굽 땅에서 모든
처음 난 것 곧 왕위에 앉은 바로의
장자로부터 옥에 갇힌 사람의 장자

까지와 가축의 처음 난 것을 다 치
시매
30 그 밤에 바로와 그 모든 신하와 모
든 애굽 사람이 일어나고 애굽에
큰 부르짖음이 있었으니 이는 그 나
라에 죽임을 당하지 아니한 집이
하나도 없었음이었더라
31 밤에 바로가 모세와 아론을 불러서
이르되 너희와 이스라엘 자손은 일
어나 내 백성 가운데에서 떠나 너
희의 말대로 가서 야훼를 섬기며
32 너희가 말한 대로 너희 양과 너희
소도 몰아가고 나를 위하여 축복하
라 하며
33 애굽 사람들은 말하기를 우리가 다
죽은 자가 되도다 하고 그 백성을
재촉하여 그 땅에서 속히 내보내려
하므로
34 그 백성이 발교되지 못한 반죽 담은
그릇을 옷에 싸서 어깨에 메니라
35 이스라엘 자손이 모세의 말대로 하
여 애굽 사람에게 은금 패물과 의
복을 구하매
36 야훼께서 애굽 사람들에게 이스라
엘 백성에게 은혜를 입히게 하사
그들이 구하는 대로 주게 하시므로
그들이 애굽 사람의 물품을 취하였
더라
37 이스라엘 자손이 라암셋을 떠나서
숙곳에 이르니 유아 외에 보행하는
장정이 육십만 가량이요
38 수많은 잡족과 양과 소와 심히 많
은 가축이 그들과 함께 하였으며
39 그들이 애굽으로부터 가지고 나온
발교되지 못한 반죽으로 무교병을
구웠으니 이는 그들이 애굽에서 쫓
겨나므로 지체할 수 없었음이며 아
무 양식도 준비하지 못하였음이었
더라
40 이스라엘 자손이 애굽에 거주한 지
사백삼십 년이라
41 사백삼십 년이 끝나는 그 날에 야
훼의 군대가 다 애굽 땅에서 나왔
은즉
42 이 밤은 그들을 애굽 땅에서 인도
하여 내심으로 말미암아 야훼 앞에
지킬 것이니 이는 야훼의 밤이라 이
스라엘 자손이 다 대대로 지킬 것
이니라
43 야훼께서 모세와 아론에게 이르시
되 유월절 규례는 이러하니라 이방
사람은 먹지 못할 것이나
44 각 사람이 돈으로 산 종은 할례를
받은 후에 먹을 것이며
45 거류인과 타국 품꾼은 먹지 못하
리라
46 한 집에서 먹되 그 고기를 조금도
집 밖으로 내지 말고 뼈도 꺾지 말
지며
47 이스라엘 회중이 다 이것을 지킬지

기록일 : . . .

니라
48 너희와 함께 거류하는 타국인이 야
훼의 유월절을 지키고자 하거든 그
모든 남자는 할례를 받은 후에야
가까이 하여 지킬지니 곧 그는 본
토인과 같이 될 것이나 할례 받지
못한 자는 먹지 못할 것이니라
49 본토인에게나 너희 중에 거류하는
이방인에게 이 법이 동일하니라 하
셨으므로
50 온 이스라엘 자손이 이와 같이 행
하되 야훼께서 모세와 아론에게 명
령하신 대로 행하였으며
51 바로 그 날에 야훼께서 이스라엘
자손을 그 무리대로 애굽 땅에서
인도하여 내셨더라

13

야훼께서 모세에게 일러 이르시되
2 이스라엘 자손 중에서 사람이나
짐승을 막론하고 태에서 처음 난 모
든 것은 다 거룩히 구별하여 내게
돌리라 이는 내 것이니라 하시니라
3 모세가 백성에게 이르되 너희는 애
굽 곧 종 되었던 집에서 나온 그 날
을 기념하여 유교병을 먹지 말라 야
훼께서 그 손의 권능으로 너희를
그 곳에서 인도해 내셨음이니라
4 아빕월 이 날에 너희가 나왔으니
5 야훼께서 너를 인도하여 가나안 사
람과 헷 사람과 아모리 사람과 히
위 사람과 여부스 사람의 땅 곧 네
게 주시려고 네 조상들에게 맹세하
신 바 젖과 꿀이 흐르는 땅에 이르
게 하시거든 너는 이 날에 이 예식
을 지켜
6 이레 동안 무교병을 먹고 일곱째
날에는 야훼께 절기를 지키라
7 이레 동안에는 무교병을 먹고 유
교병을 네게 보이지 아니하게 하며
네 땅에서 누룩을 네게 보이지 아
니하게 하라
8 너는 그 날에 네 아들에게 보여 이
르기를 이 예식은 내가 애굽에서
나올 때에 야훼께서 나를 위하여
행하신 일로 말미암음이라 하고
9 이것으로 네 손의 기호와 네 미간
의 표를 삼고 야훼의 율법이 네 입
에 있게 하라 이는 야훼께서 강하
신 손으로 너를 애굽에서 인도하여
내셨음이니
10 해마다 절기가 되면 이 규례를 지킬
지니라
11 야훼께서 너와 네 조상에게 맹세하
신 대로 너를 가나안 사람의 땅에
인도하시고 그 땅을 네게 주시거든
12 너는 태에서 처음 난 모든 것과 네
게 있는 가축의 태에서 처음 난 것
을 다 구별하여 야훼께 돌리라 수
것은 야훼의 것이니라
13 나귀의 첫 새끼는 다 어린 양으로
대속할 것이요 그렇게 하지 아니하

기록일 : . . .

려면 그 목을 꺾을 것이며 네 아들
중 처음 난 모든 자는 대속할지니라
14 후일에 네 아들이 네게 묻기를 이
것이 어찌 됨이냐 하거든 너는 그
에게 이르기를 야훼께서 그 손의
권능으로 우리를 애굽에서 곧 종이
되었던 집에서 인도하여 내실새
15 그 때에 바로가 완악하여 우리를
보내지 아니하매 야훼께서 애굽 나
라 가운데 처음 난 모든 것은 사람
의 장자로부터 가축의 처음 난 것
까지 다 죽이셨으므로 태에서 처음
난 모든 수컷들은 내가 야훼께 제
사를 드려서 내 아들 중에 모든 처
음 난 자를 다 대속하리니
16 이것이 네 손의 기호와 네 미간의
표가 되리라 이는 야훼께서 그 손
의 권능으로 우리를 애굽에서 인도
하여 내셨음이니라 할지니라
17 바로가 백성을 보낸 후에 블레셋
사람의 땅의 길은 가까울지라도 하
나님이 그들을 그 길로 인도하지
아니하셨으니 이는 하나님이 말씀
하시기를 이 백성이 전쟁을 하게 되
면 마음을 돌이켜 애굽으로 돌아갈
까 하셨음이라
18 그러므로 하나님이 홍해의 광야 길
로 돌려 백성을 인도하시매 이스라
엘 자손이 애굽 땅에서 대열을 지
어 나올 때에
19 모세가 요셉의 유골을 가졌으니 이
는 요셉이 이스라엘 자손으로 단단
히 맹세하게 하여 이르기를 하나님
이 반드시 너희를 찾아오시리니 너
희는 내 유골을 여기서 가지고 나
가라 하였음이더라
20 그들이 숙곳을 떠나서 광야 끝 에
담에 장막을 치니
21 야훼께서 그들 앞에서 가시며 낮에
는 구름 기둥으로 그들의 길을 인
도하시고 밤에는 불 기둥을 그들에
게 비추사 낮이나 밤이나 진행하게
하시니
22 낮에는 구름 기둥, 밤에는 불 기둥
이 백성 앞에서 떠나지 아니하니라

14 야훼께서 모세에게 말씀하여 이
르시되
2 이스라엘 자손에게 명령하여 돌이
켜 바다와 믹돌 사이의 비하히롯
앞 곧 바알스본 맞은편 바닷가에
장막을 치게 하라
3 바로가 이스라엘 자손에 대하여 말
하기를 그들이 그 땅에서 멀리 떠
나 광야에 갇힌 바 되었다 하리라
4 내가 바로의 마음을 완악하게 한즉
바로가 그들의 뒤를 따르리니 내가
그와 그의 온 군대로 말미암아 영
광을 얻어 애굽 사람들이 나를 야
훼인 줄 알게 하리라 하시매 무리
가 그대로 행하니라

기록일 : . . .

5 그 백성이 도망한 사실이 애굽 왕
에게 알려지매 바로와 그의 신하들
이 그 백성에 대하여 마음이 변하여
이르되 우리가 어찌 이같이 하여 이
스라엘을 우리를 섬김에서 놓아 보
내었는가 하고
6 바로가 곧 그의 병거를 갖추고 그
의 백성을 데리고 갈새
7 선발된 병거 육백 대와 애굽의 모
든 병거를 동원하니 지휘관들이 다
거느렸더라
8 야훼께서 애굽 왕 바로의 마음을
완악하게 하셨으므로 그가 이스라
엘 자손의 뒤를 따르니 이스라엘
자손이 담대히 나갔음이라
9 애굽 사람들과 바로의 말들, 병거
들과 그 마병과 그 군대가 그들의
뒤를 따라 바알스본 맞은편 비하히
롯 곁 해변 그들이 장막 친 데에 미
치니라
10 바로가 가까이 올 때에 이스라엘
자손이 눈을 들어 본즉 애굽 사람
들이 자기들 뒤에 이른지라 이스라
엘 자손이 심히 두려워하여 야훼께
부르짖고
11 그들이 또 모세에게 이르되 애굽에
매장지가 없어서 당신이 우리를 이
끌어 내어 이 광야에서 죽게 하느
냐 어찌하여 당신이 우리를 애굽에
서 이끌어 내어 우리에게 이같이 하
느냐
12 우리가 애굽에서 당신에게 이른 말
이 이것이 아니냐 이르기를 우리를
내버려 두라 우리가 애굽 사람을
섬길 것이라 하지 아니하더냐 애굽
사람을 섬기는 것이 광야에서 죽는
것보다 낫겠노라
13 모세가 백성에게 이르되 너희는 두
려워하지 말고 가만히 서서 야훼께
서 오늘 너희를 위하여 행하시는 구
원을 보라 너희가 오늘 본 애굽 사
람을 영원히 다시 보지 아니하리라
14 야훼께서 너희를 위하여 싸우시리
니 너희는 가만히 있을지니라
15 야훼께서 모세에게 이르시되 너는
어찌하여 내게 부르짖느냐 이스라
엘 자손에게 명령하여 앞으로 나아
가게 하고
16 지팡이를 들고 손을 바다 위로 내
밀어 그것이 갈라지게 하라 이스라
엘 자손이 바다 가운데서 마른 땅
으로 행하리라
17 내가 애굽 사람들의 마음을 완악하
게 할 것인즉 그들이 그 뒤를 따라
들어갈 것이라 내가 바로와 그의
모든 군대와 그의 병거와 마병으로
말미암아 영광을 얻으리니
18 내가 바로와 그의 병거와 마병으로
말미암아 영광을 얻을 때에야 애굽
사람들이 나를 야훼인 줄 알리라

기록일 : . . .

하시더니
19 이스라엘 진 앞에 가던 하나님의
사자가 그들의 뒤로 옮겨 가매 구
름 기둥도 앞에서 그 뒤로 옮겨
20 애굽 진과 이스라엘 진 사이에 이
르러 서니 저쪽에는 구름과 흑암이
있고 이쪽에는 밤이 밝으므로 밤새
도록 저쪽이 이쪽에 가까이 못하였
더라
21 모세가 바다 위로 손을 내밀매 야
훼께서 큰 동풍이 밤새도록 바닷
물을 물러가게 하시니 물이 갈라져
바다가 마른 땅이 된지라
22 이스라엘 자손이 바다 가운데를 육
지로 걸어가고 물은 그들의 좌우에
벽이 되니
23 애굽 사람들과 바로의 말들, 병거
들과 그 마병들이 다 그들의 뒤를
추격하여 바다 가운데로 들어오는
지라
24 새벽에 야훼께서 불과 구름 기둥
가운데서 애굽 군대를 보시고 애굽
군대를 어지럽게 하시며
25 그들의 병거 바퀴를 벗겨서 달리기
가 어렵게 하시니 애굽 사람들이 이
르되 이스라엘 앞에서 우리가 도망
하자 야훼가 그들을 위하여 싸워
애굽 사람들을 치는도다
26 야훼께서 모세에게 이르시되 네 손
을 바다 위로 내밀어 물이 애굽 사
람들과 그들의 병거들과 마병들 위
에 다시 흐르게 하라 하시니
27 모세가 곧 손을 바다 위로 내밀매
새벽이 되어 바다의 힘이 회복된지
라 애굽 사람들이 물을 거슬러 도
망하나 야훼께서 애굽 사람들을 바
다 가운데 엎으시니
28 물이 다시 흘러 병거들과 기병들을
덮되 그들의 뒤를 따라 바다에 들
어간 바로의 군대를 다 덮으니 하
나도 남지 아니하였더라
29 그러나 이스라엘 자손은 바다 가운
데를 육지로 행하였고 물이 좌우에
벽이 되었더라
30 그 날에 야훼께서 이같이 이스라엘
을 애굽 사람의 손에서 구원하시매
이스라엘이 바닷가에서 애굽 사람
들이 죽어 있는 것을 보았더라
31 이스라엘이 야훼께서 애굽 사람들
에게 행하신 그 큰 능력을 보았으
므로 백성이 야훼를 경외하며 야훼
와 그의 종 모세를 믿었더라

15 이 때에 모세와 이스라엘 자손이
이 노래로 야훼께 노래하니 일렀으
되 내가 야훼를 찬송하리니 그는
높고 영화로우심이요 말과 그 탄
자를 바다에 던지셨음이로다
2 야훼는 나의 힘이요 노래시며 나의
구원이시로다 그는 나의 하나님이
시니 내가 그를 찬송할 것이요 내

기록일 : . . .

아버지의 하나님이시니 내가 그를
높이리로다
3 야훼는 용사시니 야훼는 그의 이름
이시로다
4 그가 바로의 병거와 그의 군대를
바다에 던지시니 최고의 지휘관들
이 홍해에 잠겼고
5 깊은 물이 그들을 덮으니 그들이
돌처럼 깊음 속에 가라앉았도다
6 야훼여 주의 오른손이 권능으로 영
광을 나타내시니이다 야훼여 주의
오른손이 원수를 부수시니이다
7 주께서 주의 큰 위엄으로 주를 거
스르는 자를 엎으시니이다 주께서
진노를 발하시니 그 진노가 그들을
지푸라기 같이 사르니이다
8 주의 콧김에 물이 쌓이되 파도가
언덕 같이 일어서고 큰 물이 바다
가운데 엉기니이다
9 원수가 말하기를 내가 뒤쫓아 따라
잡아 탈취물을 나누리라, 내가 그
들로 말미암아 내 욕망을 채우리
라, 내가 내 칼을 빼리니 내 손이
그들을 멸하리라 하였으나
10 주께서 바람을 일으키시매 바다가
그들을 덮으니 그들이 거센 물에
납 같이 잠겼나이다
11 야훼여 신 중에 주와 같은 자가 누
구니이까 주와 같이 거룩함으로 영
광스러우며 찬송할 만한 위엄이 있
으며 기이한 일을 행하는 자가 누
구니이까
12 주께서 오른손을 드신즉 땅이 그들
을 삼켰나이다
13 주의 인자하심으로 주께서 구속하
신 백성을 인도하시되 주의 힘으로
그들을 주의 거룩한 처소에 들어가
게 하시나이다
14 여러 나라가 듣고 떨며 블레셋 주
민이 두려움에 잡히며
15 에돔 두령들이 놀라고 모압 영웅이
떨림에 잡히며 가나안 주민이 다
낙담하나이다
16 놀람과 두려움이 그들에게 임하
매 주의 팔이 크므로 그들이 돌 같
이 침묵하였사오니 야훼여 주의 백
성이 통과하기까지 곧 주께서 사신
백성이 통과하기까지였나이다
17 주께서 백성을 인도하사 그들을 주
의 기업의 산에 심으시리이다 야훼
여 이는 주의 처소를 삼으시려고
예비하신 것이라 주여 이것이 주의
손으로 세우신 성소로소이다
18 야훼께서 영원무궁 하도록 다스리
시도다 하였더라
19 바로의 말과 병거와 마병이 함께
바다에 들어가매 야훼께서 바닷물
을 그들 위에 되돌려 흐르게 하셨
으나 이스라엘 자손은 바다 가운데
서 마른 땅으로 지나간지라

기록일 : . . .

20 아론의 누이 선지자 미리암이 손에
소고를 잡으매 모든 여인도 그를
따라 나오며 소고를 잡고 춤추니
21 미리암이 그들에게 화답하여 이르
되 너희는 야훼를 찬송하라 그는
높고 영화로우심이요 말과 그 탄
자를 바다에 던지셨음이로다 하였
더라
22 모세가 홍해에서 이스라엘을 인도
하매 그들이 나와서 수르 광야로
들어가서 거기서 사흘길을 걸었으
나 물을 얻지 못하고
23 마라에 이르렀더니 그 곳 물이 써
서 마시지 못하겠으므로 그 이름을
마라라 하였더라
24 백성이 모세에게 원망하여 이르되
우리가 무엇을 마실까 하매
25 모세가 야훼께 부르짖었더니 야훼
께서 그에게 한 나무를 가리키시니
그가 물에 던지니 물이 달게 되었더
라 거기서 야훼께서 그들을 위하여
법도와 율례를 정하시고 그들을 시
험하실새
26 이르시되 너희가 너희 하나님 나
야훼의 말을 들어 순종하고 내가
보기에 의를 행하며 내 계명에 귀
를 기울이며 내 모든 규례를 지키면
내가 애굽 사람에게 내린 모든 질
병 중 하나도 너희에게 내리지 아
니하리니 나는 너희를 치료하는 야
훼임이라
27 그들이 엘림에 이르니 거기에 물 샘
열둘과 종려나무 일흔 그루가 있는
지라 거기서 그들이 그 물 곁에 장
막을 치니라

16

이스라엘 자손의 온 회중이 엘림
에서 떠나 엘림과 시내 산 사이에
있는 신 광야에 이르니 애굽에서
나온 후 둘째 달 십오일이라
2 이스라엘 자손 온 회중이 그 광야
에서 모세와 아론을 원망하여
3 이스라엘 자손이 그들에게 이르되
우리가 애굽 땅에서 고기 가마 곁
에 앉아 있던 때와 떡을 배불리 먹
던 때에 야훼의 손에 죽었더라면
좋았을 것을 너희가 이 광야로 우
리를 인도해 내어 이 온 회중이 주
려 죽게 하는도다
4 그 때에 야훼께서 모세에게 이르시
되 보라 내가 너희를 위하여 하늘
에서 양식을 비 같이 내리리니 백성
이 나가서 일용할 것을 날마다 거
둘 것이라 이같이 하여 그들이 내
율법을 준행하나 아니하나 내가 시
험하리라
5 여섯째 날에는 그들이 그 거둔 것
을 준비할지니 날마다 거두던 것의
갑절이 되리라
6 모세와 아론이 온 이스라엘 자손에
게 이르되 저녁이 되면 너희가 야훼

기록일 : . . .

께서 너희를 애굽 땅에서 인도하여
내셨음을 알 것이요
7 아침에는 너희가 야훼의 영광을 보
리니 이는 야훼께서 너희가 자기를
향하여 원망함을 들으셨음이라 우
리가 누구이기에 너희가 우리에게
대하여 원망하느냐
8 모세가 또 이르되 야훼께서 저녁에
는 너희에게 고기를 주어 먹이시고
아침에는 떡으로 배불리시리니 이
는 야훼께서 자기를 향하여 너희가
원망하는 그 말을 들으셨음이라 우
리가 누구냐 너희의 원망은 우리를
향하여 함이 아니요 야훼를 향하여
함이로다
9 모세가 또 아론에게 이르되 이스라
엘 자손의 온 회중에게 말하기를 야
훼께 가까이 나아오라 야훼께서 너
희의 원망함을 들으셨느니라 하라
10 아론이 이스라엘 자손의 온 회중
에게 말하매 그들이 광야를 바라
보니 야훼의 영광이 구름 속에 나
타나더라
11 야훼께서 모세에게 말씀하여 이르
시되
12 내가 이스라엘 자손의 원망함을 들
었노라 그들에게 말하여 이르기를
너희가 해 질 때에는 고기를 먹고
아침에는 떡으로 배부르리니 내가
야훼 너희의 하나님인 줄 알리라
하라 하시니라
13 저녁에는 메추라기가 와서 진에 덮
이고 아침에는 이슬이 진 주위에 있
더니
14 그 이슬이 마른 후에 광야 지면에
작고 둥글며 서리 같이 가는 것이
있는지라
15 이스라엘 자손이 보고 그것이 무엇
인지 알지 못하여 서로 이르되 이것
이 무엇이냐 하니 모세가 그들에게
이르되 이는 야훼께서 너희에게 주
어 먹게 하신 양식이라
16 야훼께서 이같이 명령하시기를 너
희 각 사람은 먹을 만큼만 이것을
거둘지니 곧 너희 사람 수효대로
한 사람에 한 오멜씩 거두되 각 사
람이 그의 장막에 있는 자들을 위
하여 거둘지니라 하셨느니라
17 이스라엘 자손이 그같이 하였더니
그 거둔 것이 많기도 하고 적기도
하니
18 오멜로 되어 본즉 많이 거둔 자도
남음이 없고 적게 거둔 자도 부족
함이 없이 각 사람은 먹을 만큼만
거두었더라
19 모세가 그들에게 이르기를 아무든
지 아침까지 그것을 남겨두지 말라
하였으나
20 그들이 모세에게 순종하지 아니하고
더러는 아침까지 두었더니 벌레가 생기

고 냄새가 난지라 모세가 그들에게 노
하니라
21 무리가 아침마다 각 사람은 먹을
만큼만 거두었고 햇볕이 뜨겁게 쬐
면 그것이 스러졌더라
22 여섯째 날에는 각 사람이 갑절의
식물 곧 하나에 두 오멜씩 거둔지
라 회중의 모든 지도자가 와서 모
세에게 알리매
23 모세가 그들에게 이르되 야훼께서
이같이 말씀하셨느니라 내일은 휴
일이니 야훼께 거룩한 안식일이라
너희가 구울 것은 굽고 삶을 것은
삶고 그 나머지는 다 너희를 위하
여 아침까지 간수하라
24 그들이 모세의 명령대로 아침까지
간수하였으나 냄새도 나지 아니하
고 벌레도 생기지 아니한지라
25 모세가 이르되 오늘은 그것을 먹으
라 오늘은 야훼의 안식일인즉 오늘
은 너희가 들에서 그것을 얻지 못
하리라
26 엿새 동안은 너희가 그것을 거두되
일곱째 날은 안식일인즉 그 날에는
없으리라 하였으나
27 일곱째 날에 백성 중 어떤 사람들
이 거두러 나갔다가 얻지 못하니라
28 야훼께서 모세에게 이르시되 어느
때까지 너희가 내 계명과 내 율법
을 지키지 아니하려느냐
29 볼지어다 야훼가 너희에게 안식일
을 줌으로 여섯째 날에는 이틀 양
식을 너희에게 주는 것이니 너희는
각기 처소에 있고 일곱째 날에는
아무도 그의 처소에서 나오지 말지
니라
30 그러므로 백성이 일곱째 날에 안식
하니라
31 이스라엘 족속이 그 이름을 만나라
하였으며 깟씨 같이 희고 맛은 꿀
섞은 과자 같았더라
32 모세가 이르되 야훼께서 이같이 명
령하시기를 이것을 오멜에 채워서
너희의 대대 후손을 위하여 간수하
라 이는 내가 너희를 애굽 땅에서
인도하여 낼 때에 광야에서 너희
에게 먹인 양식을 그들에게 보이기
위함이니라 하셨다 하고
33 또 모세가 아론에게 이르되 항아리
를 가져다가 그 속에 만나 한 오멜
을 담아 야훼 앞에 두어 너희 대대
로 간수하라
34 아론이 야훼께서 모세에게 명령하
신 대로 그것을 증거판 앞에 두어
간수하게 하였고
35 사람이 사는 땅에 이르기까지 이스
라엘 자손이 사십 년 동안 만나를
먹었으니 곧 가나안 땅 접경에 이
르기까지 그들이 만나를 먹었더라
36 오멜은 십분의 일 에바이더라

기록일 : . . .

17

이스라엘 자손의 온 회중이 야훼
의 명령대로 신 광야에서 떠나 그
노정대로 행하여 르비딤에 장막을
쳤으나 백성이 마실 물이 없는지라
2 백성이 모세와 다투어 이르되 우리
에게 물을 주어 마시게 하라 모세
가 그들에게 이르되 너희가 어찌하
여 나와 다투느냐 너희가 어찌하여
야훼를 시험하느냐
3 거기서 백성이 목이 말라 물을 찾으
매 그들이 모세에게 대하여 원망하
여 이르되 당신이 어찌하여 우리를
애굽에서 인도해 내어서 우리와 우
리 자녀와 우리 가축이 목말라 죽
게 하느냐
4 모세가 야훼께 부르짖어 이르되 내
가 이 백성에게 어떻게 하리이까
그들이 조금 있으면 내게 돌을 던
지겠나이다
5 야훼께서 모세에게 이르시되 백성
앞을 지나서 이스라엘 장로들을 데
리고 나일 강을 치던 네 지팡이를
손에 잡고 가라
6 내가 호렙 산에 있는 그 반석 위 거
기서 네 앞에 서리니 너는 그 반석
을 치라 그것에서 물이 나오리니 백
성이 마시리라 모세가 이스라엘 장
로들의 목전에서 그대로 행하니라
7 그가 그 곳 이름을 맛사 또는 므리
바라 불렀으니 이는 이스라엘 자손
이 다투었음이요 또는 그들이 야훼
를 시험하여 이르기를 야훼께서 우
리 중에 계신가 안 계신가 하였음
이더라
8 그 때에 아말렉이 와서 이스라엘과
르비딤에서 싸우니라
9 모세가 여호수아에게 이르되 우리
를 위하여 사람들을 택하여 나가서
아말렉과 싸우라 내일 내가 하나님
의 지팡이를 손에 잡고 산 꼭대기
에 서리라
10 여호수아가 모세의 말대로 행하여
아말렉과 싸우고 모세와 아론과 훌
은 산 꼭대기에 올라가서
11 모세가 손을 들면 이스라엘이 이기
고 손을 내리면 아말렉이 이기더니
12 모세의 팔이 피곤하매 그들이 돌을
가져다가 모세의 아래에 놓아 그가
그 위에 앉게 하고 아론과 훌이 한
사람은 이쪽에서, 한 사람은 저쪽
에서 모세의 손을 붙들어 올렸더니
그 손이 해가 지도록 내려오지 아
니한지라
13 여호수아가 칼날로 아말렉과 그 백
성을 쳐서 무찌르니라
14 야훼께서 모세에게 이르시되 이것
을 책에 기록하여 기념하게 하고
여호수아의 귀에 외워 들리라 내가
아말렉을 없이하여 천하에서 기억
도 못 하게 하리라

기록일 : . . .

15 모세가 제단을 쌓고 그 이름을 야
훼 닛시라 하고
16 이르되 야훼께서 맹세하시기를 야
훼가 아말렉과 더불어 대대로 싸우
리라 하셨다 하였더라

18

모세의 장인이며 미디안 제사장인
이드로가 하나님이 모세에게와 자
기 백성 이스라엘에게 하신 일 곧
야훼께서 이스라엘을 애굽에서 인
도하여 내신 모든 일을 들으니라
2 모세의 장인 이드로가 모세가 돌려
보냈던 그의 아내 십보라와
3 그의 두 아들을 데리고 왔으니 그
하나의 이름은 게르솜이라 이는 모
세가 이르기를 내가 이방에서 나그
네가 되었다 함이요
4 하나의 이름은 엘리에셀이라 이는
내 아버지의 하나님이 나를 도우사
바로의 칼에서 구원하셨다 함이더라
5 모세의 장인 이드로가 모세의 아들
들과 그의 아내와 더불어 광야에
들어와 모세에게 이르니 곧 모세가
하나님의 산에 진 친 곳이라
6 그가 모세에게 말을 전하되 네 장
인 나 이드로가 네 아내와 그와 함
께 한 그의 두 아들과 더불어 네게
왔노라
7 모세가 나가서 그의 장인을 맞아 절
하고 그에게 입 맞추고 그들이 서로
문안하고 함께 장막에 들어가서
8 모세가 야훼께서 이스라엘을 위하
여 바로와 애굽 사람에게 행하신
모든 일과 길에서 그들이 당한 모
든 고난과 야훼께서 그들을 구원하
신 일을 다 그 장인에게 말하매
9 이드로가 야훼께서 이스라엘에게
큰 은혜를 베푸사 애굽 사람의 손
에서 구원하심을 기뻐하여
10 이드로가 이르되 야훼를 찬송하리로
다 너희를 애굽 사람의 손에서와 바
로의 손에서 건져내시고 백성을 애
굽 사람의 손 아래에서 건지셨도다
11 이제 내가 알았도다 야훼는 모든
신보다 크시므로 이스라엘에게 교
만하게 행하는 그들을 이기셨도다
하고
12 모세의 장인 이드로가 번제물과 희
생제물들을 하나님께 가져오매 아
론과 이스라엘 모든 장로가 와서
모세의 장인과 함께 하나님 앞에서
떡을 먹으니라
13 이튿날 모세가 백성을 재판하느라
고 앉아 있고 백성은 아침부터 저녁
까지 모세 곁에 서 있는지라
14 모세의 장인이 모세가 백성에게 행
하는 모든 일을 보고 이르되 네가
이 백성에게 행하는 이 일이 어찌
됨이냐 어찌하여 네가 홀로 앉아
있고 백성은 아침부터 저녁까지 네
곁에 서 있느냐

기록일 : . . .

15 모세가 그의 장인에게 대답하되 백
성이 하나님께 물으려고 내게로 옴
이라
16 그들이 일이 있으면 내게로 오나니
내가 그 양쪽을 재판하여 하나님의
율례와 법도를 알게 하나이다
17 모세의 장인이 그에게 이르되 네가
하는 것이 옳지 못하도다
18 너와 또 너와 함께 한 이 백성이 필
경 기력이 쇠하리니 이 일이 네게 너
무 중함이라 네가 혼자 할 수 없으
리라
19 이제 내 말을 들으라 내가 네게 방
침을 가르치리니 하나님이 너와 함
께 계실지로다 너는 하나님 앞에서
그 백성을 위하여 그 사건들을 하
나님께 가져오며
20 그들에게 율례와 법도를 가르쳐서
마땅히 갈 길과 할 일을 그들에게
보이고
21 너는 또 온 백성 가운데서 능력 있
는 사람들 곧 하나님을 두려워하며
진실하며 불의한 이익을 미워하는
자를 살펴서 백성 위에 세워 천부
장과 백부장과 오십부장과 십부장
을 삼아
22 그들이 때를 따라 백성을 재판하게
하라 큰 일은 모두 네게 가져갈 것
이요 작은 일은 모두 그들이 스스
로 재판할 것이니 그리하면 그들이
너와 함께 담당할 것인즉 일이 네
게 쉬우리라
23 네가 만일 이 일을 하고 하나님께
서도 네게 허락하시면 네가 이 일을
감당하고 이 모든 백성도 자기 곳
으로 평안히 가리라
24 이에 모세가 자기 장인의 말을 듣
고 그 모든 말대로 하여
25 모세가 이스라엘 무리 중에서 능력
있는 사람들을 택하여 그들을 백성
의 우두머리 곧 천부장과 백부장과
오십부장과 십부장을 삼으매
26 그들이 때를 따라 백성을 재판하되
어려운 일은 모세에게 가져오고 모
든 작은 일은 스스로 재판하더라
27 모세가 그의 장인을 보내니 그가
자기 땅으로 가니라

19 이스라엘 자손이 애굽 땅을 떠난
지 삼 개월이 되던 날 그들이 시내
광야에 이르니라
2 그들이 르비딤을 떠나 시내 광야에
이르러 그 광야에 장막을 치되 이
스라엘이 거기 산 앞에 장막을 치
니라
3 모세가 하나님 앞에 올라가니 야훼
께서 산에서 그를 불러 말씀하시되
너는 이같이 야곱의 집에 말하고
이스라엘 자손들에게 말하라
4 내가 애굽 사람에게 어떻게 행하
였음과 내가 어떻게 독수리 날개로

너희를 업어 내게로 인도하였음을
너희가 보았느니라
5 세계가 다 내게 속하였나니 너희가
내 말을 잘 듣고 내 언약을 지키면
너희는 모든 민족 중에서 내 소유
가 되겠고
6 너희가 내게 대하여 제사장 나라가
되며 거룩한 백성이 되리라 너는
이 말을 이스라엘 자손에게 전할지
니라
7 모세가 내려와서 백성의 장로들을
불러 야훼께서 자기에게 명령하신
그 모든 말씀을 그들 앞에 진술하니
8 백성이 일제히 응답하여 이르되 야
훼께서 명령하신 대로 우리가 다
행하리이다 모세가 백성의 말을 야
훼께 전하매
9 야훼께서 모세에게 이르시되 내가
빽빽한 구름 가운데서 네게 임함은
내가 너와 말하는 것을 백성들이
듣게 하며 또한 너를 영영히 믿게
하려 함이니라 모세가 백성의 말을
야훼께 아뢰었으므로
10 야훼께서 모세에게 이르시되 너는
백성에게로 가서 오늘과 내일 그
들을 성결하게 하며 그들에게 옷을
빨게 하고
11 준비하게 하여 셋째 날을 기다리게
하라 이는 셋째 날에 나 야훼가 온
백성의 목전에서 시내 산에 강림할
것임이니
12 너는 백성을 위하여 주위에 경계를
정하고 이르기를 너희는 삼가 산에
오르거나 그 경계를 침범하지 말지
니 산을 침범하는 자는 반드시 죽
임을 당할 것이라
13 그런 자에게는 손을 대지 말고 돌
로 쳐죽이거나 화살로 쏘아 죽여야
하리니 짐승이나 사람을 막론하고
살아남지 못하리라 하고 나팔을 길
게 불거든 산 앞에 이를 것이니라
하라
14 모세가 산에서 내려와 백성에게 이
르러 백성을 성결하게 하니 그들이
자기 옷을 빨더라
15 모세가 백성에게 이르되 준비하여
셋째 날을 기다리고 여인을 가까이
하지 말라 하니라
16 셋째 날 아침에 우레와 번개와 빽
빽한 구름이 산 위에 있고 나팔 소
리가 매우 크게 들리니 진중에 있
는 모든 백성이 다 떨더라
17 모세가 하나님을 맞으려고 백성을
거느리고 진에서 나오매 그들이 산
기슭에 서 있는데
18 시내 산에 연기가 자욱하니 야훼께
서 불 가운데서 거기 강림하심이라
그 연기가 옹기 가마 연기 같이 떠
오르고 온 산이 크게 진동하며
19 나팔 소리가 점점 커질 때에 모세

기록일 : . . .

가 말한즉 하나님이 음성으로 대답
하시더라
20 야훼께서 시내 산 곧 그 산 꼭대기
에 강림하시고 모세를 그리로 부르
시니 모세가 올라가매
21 야훼께서 모세에게 이르시되 내려
가서 백성을 경고하라 백성이 밀고
들어와 나 야훼에게로 와서 보려고
하다가 많이 죽을까 하노라
22 또 야훼에게 가까이 하는 제사장들
에게 그 몸을 성결히 하게 하라 나
야훼가 그들을 칠까 하노라
23 모세가 야훼께 아뢰되 주께서 우리
에게 명령하여 이르시기를 산 주위
에 경계를 세워 산을 거룩하게 하
라 하셨사온즉 백성이 시내 산에
오르지 못하리이다
24 야훼께서 그에게 이르시되 가라 너
는 내려가서 아론과 함께 올라오고
제사장들과 백성에게는 경계를 넘
어 나 야훼에게로 올라오지 못하게
하라 내가 그들을 칠까 하노라
25 모세가 백성에게 내려가서 그들에
게 알리니라

20

하나님이 이 모든 말씀으로 말씀
하여 이르시되
2 나는 너를 애굽 땅, 종 되었던 집에
서 인도하여 낸 네 하나님 야훼니라
3 너는 나 외에는 다른 신들을 네게
두지 말라
4 너를 위하여 새긴 우상을 만들지
말고 또 위로 하늘에 있는 것이나
아래로 땅에 있는 것이나 땅 아래
물 속에 있는 것의 어떤 형상도 만
들지 말며
5 그것들에게 절하지 말며 그것들
을 섬기지 말라 나 네 하나님 야훼
는 질투하는 하나님인즉 나를 미워
하는 자의 죄를 갚되 아버지로부터
아들에게로 삼사 대까지 이르게 하
거니와
6 나를 사랑하고 내 계명을 지키는
자에게는 천 대까지 은혜를 베푸느
니라
7 너는 네 하나님 야훼의 이름을 망
령되게 부르지 말라 야훼는 그의
이름을 망령되게 부르는 자를 죄
없다 하지 아니하리라
8 안식일을 기억하여 거룩하게 지키라
9 엿새 동안은 힘써 네 모든 일을 행
할 것이나
10 일곱째 날은 네 하나님 야훼의 안
식일인즉 너나 네 아들이나 네 딸
이나 네 남종이나 네 여종이나 네
가축이나 네 문안에 머무는 객이라
도 아무 일도 하지 말라
11 이는 엿새 동안에 나 야훼가 하늘
과 땅과 바다와 그 가운데 모든 것
을 만들고 일곱째 날에 쉬었음이라
그러므로 나 야훼가 안식일을 복되

기록일 : . . .

게 하여 그 날을 거룩하게 하였느
니라
12 네 부모를 공경하라 그리하면 네
하나님 야훼가 네게 준 땅에서 네
생명이 길리라
13 살인하지 말라
14 간음하지 말라
15 도둑질하지 말라
16 네 이웃에 대하여 거짓 증거하지
말라
17 네 이웃의 집을 탐내지 말라 네 이
웃의 아내나 그의 남종이나 그의 여
종이나 그의 소나 그의 나귀나 무릇
네 이웃의 소유를 탐내지 말라
18 뭇 백성이 우레와 번개와 나팔 소
리와 산의 연기를 본지라 그들이
볼 때에 떨며 멀리 서서
19 모세에게 이르되 당신이 우리에게
말씀하소서 우리가 들으리이다 하
나님이 우리에게 말씀하시지 말게
하소서 우리가 죽을까 하나이다
20 모세가 백성에게 이르되 두려워하
지 말라 하나님이 임하심은 너희를
시험하고 너희로 경외하여 범죄하
지 않게 하려 하심이니라
21 백성은 멀리 서 있고 모세는 하나님
이 계신 흑암으로 가까이 가니라
22 야훼께서 모세에게 이르시되 너는
이스라엘 자손에게 이같이 이르라
내가 하늘로부터 너희에게 말하는
것을 너희 스스로 보았으니
23 너희는 나를 비겨서 은으로나 금으
로나 너희를 위하여 신상을 만들지
말고
24 내게 토단을 쌓고 그 위에 네 양과
소로 네 번제와 화목제를 드리라 내
가 내 이름을 기념하게 하는 모든
곳에서 네게 임하여 복을 주리라
25 네가 내게 돌로 제단을 쌓거든 다
듬은 돌로 쌓지 말라 네가 정으로
그것을 쪼면 부정하게 함이니라
26 너는 층계로 내 제단에 오르지 말
라 네 하체가 그 위에서 드러날까
함이니라

21 네가 백성 앞에 세울 법규는 이러
하니라
2 네가 히브리 종을 사면 그는 여섯
해 동안 섬길 것이요 일곱째 해에
는 몸값을 물지 않고 나가 자유인
이 될 것이며
3 만일 그가 단신으로 왔으면 단신으
로 나갈 것이요 장가 들었으면 그
의 아내도 그와 함께 나가려니와
4 만일 상전이 그에게 아내를 주어
그의 아내가 아들이나 딸을 낳았으
면 그의 아내와 그의 자식들은 상
전에게 속할 것이요 그는 단신으로
나갈 것이로되
5 만일 종이 분명히 말하기를 내가
상전과 내 처자를 사랑하니 나가서

기록일 : . . .

자유인이 되지 않겠노라 하면
6 상전이 그를 데리고 재판장에게로
갈 것이요 또 그를 문이나 문설주
앞으로 데리고 가서 그것에다가 송
곳으로 그의 귀를 뚫을 것이라 그
는 종신토록 그 상전을 섬기리라
7 사람이 자기의 딸을 여종으로 팔았
으면 그는 남종 같이 나오지 못할
지며
8 만일 상전이 그를 기뻐하지 아니하
여 상관하지 아니하면 그를 속량하
게 할 것이나 상전이 그 여자를 속
인 것이 되었으니 외국인에게는 팔
지 못할 것이요
9 만일 그를 자기 아들에게 주기로
하였으면 그를 딸 같이 대우할 것
이요
10 만일 상전이 다른 여자에게 장가
들지라도 그 여자의 음식과 의복과
동침하는 것은 끊지 말 것이요
11 그가 이 세 가지를 시행하지 아니
하면, 여자는 속전을 내지 않고 거
저 나가게 할 것이니라
12 사람을 쳐죽인 자는 반드시 죽일
것이나
13 만일 사람이 고의적으로 한 것이
아니라 나 하나님이 사람을 그의
손에 넘긴 것이면 내가 그를 위하여
한 곳을 정하리니 그 사람이 그리
로 도망할 것이며
14 사람이 그의 이웃을 고의로 죽였으
면 너는 그를 내 제단에서라도 잡
아내려 죽일지니라
15 자기 아버지나 어머니를 치는 자는
반드시 죽일지니라
16 사람을 납치한 자가 그 사람을 팔
았든지 자기 수하에 두었든지 그를
반드시 죽일지니라
17 자기의 아버지나 어머니를 저주하
는 자는 반드시 죽일지니라
18 사람이 서로 싸우다가 하나가 돌이
나 주먹으로 그의 상대방을 쳤으나
그가 죽지 않고 자리에 누웠다가
19 지팡이를 짚고 일어나 걸으면 그를
친 자가 형벌은 면하되 그간의 손
해를 배상하고 그가 완치되게 할
것이니라
20 사람이 매로 그 남종이나 여종을
쳐서 당장에 죽으면 반드시 형벌을
받으려니와
21 그가 하루나 이틀을 연명하면 형
벌을 면하리니 그는 상전의 재산
임이라
22 사람이 서로 싸우다가 임신한 여인
을 쳐서 낙태하게 하였으나 다른
해가 없으면 그 남편의 청구대로
반드시 벌금을 내되 재판장의 판결
을 따라 낼 것이니라
23 그러나 다른 해가 있으면 갚되 생
명은 생명으로,

기록일 : . . .

24 눈은 눈으로, 이는 이로, 손은 손으
로, 발은 발로,
25 덴 것은 덴 것으로, 상하게 한 것은
상함으로, 때린 것은 때림으로 갚
을지니라
26 사람이 그 남종의 한 눈이나 여종
의 한 눈을 쳐서 상하게 하면 그 눈
에 대한 보상으로 그를 놓아 줄 것
이며
27 그 남종의 이나 여종의 이를 쳐서
빠뜨리면 그 이에 대한 보상으로
그를 놓아 줄지니라
28 소가 남자나 여자를 받아서 죽이면
그 소는 반드시 돌로 쳐서 죽일 것
이요 그 고기는 먹지 말 것이며 임
자는 형벌을 면하려니와
29 소가 본래 받는 버릇이 있고 그 임
자는 그로 말미암아 경고를 받았으
되 단속하지 아니하여 남녀를 막론
하고 받아 죽이면 그 소는 돌로 쳐
죽일 것이고 임자도 죽일 것이며
30 만일 그에게 속죄금을 부과하면 무
릇 그 명령한 것을 생명의 대가로
낼 것이요
31 아들을 받든지 딸을 받든지 이 법
규대로 그 임자에게 행할 것이며
32 소가 만일 남종이나 여종을 받으면
소 임자가 은 삼십 세겔을 그의 상
전에게 줄 것이요 소는 돌로 쳐서
죽일지니라
33 사람이 구덩이를 열어두거나 구덩
이를 파고 덮지 아니하므로 소나
나귀가 거기에 빠지면
34 그 구덩이 주인이 잘 보상하여 짐승
의 임자에게 돈을 줄 것이요 죽은
것은 그가 차지할 것이니라
35 이 사람의 소가 저 사람의 소를 받
아 죽이면 살아 있는 소를 팔아 그
값을 반으로 나누고 또한 죽은 것
도 반으로 나누려니와
36 그 소가 본래 받는 버릇이 있는 줄
을 알고도 그 임자가 단속하지 아니
하였으면 그는 소로 소를 갚을 것이
요 죽은 것은 그가 차지할지니라

22

사람이 소나 양을 도둑질하여 잡
거나 팔면 그는 소 한 마리에 소 다
섯 마리로 갚고 양 한 마리에 양 네
마리로 갚을지니라
2 도둑이 뚫고 들어오는 것을 보고
그를 쳐죽이면 피 흘린 죄가 없으나
3 해 돋은 후에는 피 흘린 죄가 있으
리라 도둑은 반드시 배상할 것이나
배상할 것이 없으면 그 몸을 팔아
그 도둑질한 것을 배상할 것이요
4 도둑질한 것이 살아 그의 손에 있
으면 소나 나귀나 양을 막론하고
갑절을 배상할지니라
5 사람이 밭에서나 포도원에서 짐승
을 먹이다가 자기의 짐승을 놓아
남의 밭에서 먹게 하면 자기 밭의

기록일 : . . .

가장 좋은 것과 자기 포도원의 가
장 좋은 것으로 배상할지니라
6 불이 나서 가시나무에 댕겨 낟가리
나 거두지 못한 곡식이나 밭을 태
우면 불 놓은 자가 반드시 배상할
지니라
7 사람이 돈이나 물품을 이웃에게 맡
겨 지키게 하였다가 그 이웃 집에서
도둑을 맞았는데 그 도둑이 잡히면
갑절을 배상할 것이요
8 도둑이 잡히지 아니하면 그 집 주인
이 재판장 앞에 가서 자기가 그 이
웃의 물품에 손 댄 여부의 조사를
받을 것이며
9 어떤 잃은 물건 즉 소나 나귀나 양
이나 의복이나 또는 다른 잃은 물
건에 대하여 어떤 사람이 이르기
를 이것이 그것이라 하면 양편이 재
판장 앞에 나아갈 것이요 재판장이
죄 있다고 하는 자가 그 상대편에
게 갑절을 배상할지니라
10 사람이 나귀나 소나 양이나 다른
짐승을 이웃에게 맡겨 지키게 하였
다가 죽거나 상하거나 끌려가도 본
사람이 없으면
11 두 사람 사이에 맡은 자가 이웃의
것에 손을 대지 아니하였다고 야훼
께 맹세할 것이요 그 임자는 그대
로 믿을 것이며 그 사람은 배상하
지 아니하려니와
12 만일 자기에게서 도둑 맞았으면 그
임자에게 배상할 것이며
13 만일 찢겼으면 그것을 가져다가 증
언할 것이요 그 찢긴 것에 대하여
배상하지 아니할지니라
14 만일 이웃에게 빌려온 것이 그 임자
가 함께 있지 아니할 때에 상하거
나 죽으면 반드시 배상하려니와
15 그 임자가 그것과 함께 있었으면
배상하지 아니할지니라 만일 세 낸
것이면 세로 족하니라
16 사람이 약혼하지 아니한 처녀를 꾀
어 동침하였으면 납폐금을 주고 아
내로 삼을 것이요
17 만일 처녀의 아버지가 딸을 그에게
주기를 거절하면 그는 처녀에게 납
폐금으로 돈을 낼지니라
18 너는 무당을 살려두지 말라
19 짐승과 행음하는 자는 반드시 죽일
지니라
20 야훼 외에 다른 신에게 제사를 드
리는 자는 멸할지니라
21 너는 이방 나그네를 압제하지 말며
그들을 학대하지 말라 너희도 애굽
땅에서 나그네였음이라
22 너는 과부나 고아를 해롭게 하지
말라
23 네가 만일 그들을 해롭게 하므로
그들이 내게 부르짖으면 내가 반드
시 그 부르짖음을 들으리라

24 나의 노가 맹렬하므로 내가 칼로
너희를 죽이리니 너희의 아내는 과
부가 되고 너희 자녀는 고아가 되
리라
25 네가 만일 너와 함께 한 내 백성 중
에서 가난한 자에게 돈을 꾸어 주
면 너는 그에게 채권자 같이 하지
말며 이자를 받지 말 것이며
26 네가 만일 이웃의 옷을 전당 잡거
든 해가 지기 전에 그에게 돌려보
내라
27 그것이 유일한 옷이라 그것이 그의
알몸을 가릴 옷인즉 그가 무엇을
입고 자겠느냐 그가 내게 부르짖
으면 내가 들으리니 나는 자비로운
자임이니라
28 너는 재판장을 모독하지 말며 백성
의 지도자를 저주하지 말지니라
29 너는 네가 추수한 것과 네가 짜낸
즙을 바치기를 더디하지 말지며 네
처음 난 아들들을 내게 줄지며
30 네 소와 양도 그와 같이 하되 이레
동안 어미와 함께 있게 하다가 여
드레 만에 내게 줄지니라
31 너희는 내게 거룩한 사람이 될지니
들에서 짐승에게 찢긴 동물의 고기
를 먹지 말고 그것을 개에게 던질지
니라

23 너는 거짓된 풍설을 퍼뜨리지 말
며 악인과 연합하여 위증하는 증인
이 되지 말며
2 다수를 따라 악을 행하지 말며 송
사에 다수를 따라 부당한 증언을
하지 말며
3 가난한 자의 송사라고 해서 편벽되
이 두둔하지 말지니라
4 네가 만일 네 원수의 길 잃은 소나
나귀를 보거든 반드시 그 사람에게
로 돌릴지며
5 네가 만일 너를 미워하는 자의 나
귀가 짐을 싣고 엎드러짐을 보거든
그것을 버려두지 말고 그것을 도와
그 짐을 부릴지니라
6 너는 가난한 자의 송사라고 정의를
굽게 하지 말며
7 거짓 일을 멀리 하며 무죄한 자와
의로운 자를 죽이지 말라 나는 악
인을 의롭다 하지 아니하겠노라
8 너는 뇌물을 받지 말라 뇌물은 밝
은 자의 눈을 어둡게 하고 의로운
자의 말을 굽게 하느니라
9 너는 이방 나그네를 압제하지 말라
너희가 애굽 땅에서 나그네 되었었
은즉 나그네의 사정을 아느니라
10 너는 여섯 해 동안은 너의 땅에 파
종하여 그 소산을 거두고
11 일곱째 해에는 갈지 말고 묵혀두어
서 네 백성의 가난한 자들이 먹게
하라 그 남은 것은 들짐승이 먹으
리라 네 포도원과 감람원도 그리할

기록일 : . . .

지니라
12 너는 엿새 동안에 네 일을 하고 일
곱째 날에는 쉬라 네 소와 나귀가
쉴 것이며 네 여종의 자식과 나그
네가 숨을 돌리리라
13 내가 네게 이른 모든 일을 삼가 지
키고 다른 신들의 이름은 부르지도
말며 네 입에서 들리게도 하지 말지
니라
14 너는 매년 세 번 내게 절기를 지킬
지니라
15 너는 무교병의 절기를 지키라 내가
네게 명령한 대로 아빕월의 정한
때에 이레 동안 무교병을 먹을지니
이는 그 달에 네가 애굽에서 나왔
음이라 빈 손으로 내 앞에 나오지
말지니라
16 맥추절을 지키라 이는 네가 수고하
여 밭에 뿌린 것의 첫 열매를 거둠
이니라 수장절을 지키라 이는 네가
수고하여 이룬 것을 연말에 밭에서
부터 거두어 저장함이니라
17 네 모든 남자는 매년 세 번씩 주 야
훼께 보일지니라
18 너는 네 제물의 피를 유교병과 함
께 드리지 말며 내 절기 제물의 기
름을 아침까지 남겨두지 말지니라
19 네 토지에서 처음 거둔 열매의 가
장 좋은 것을 가져다가 너의 하나
님 야훼의 전에 드릴지니라 너는 염
소 새끼를 그 어미의 젖으로 삶지
말지니라
20 내가 사자를 네 앞서 보내어 길에
서 너를 보호하여 너를 내가 예비
한 곳에 이르게 하리니
21 너희는 삼가 그의 목소리를 청종하
고 그를 노엽게 하지 말라 그가 너
희의 허물을 용서하지 아니할 것은
내 이름이 그에게 있음이니라
22 네가 그의 목소리를 잘 청종하고
내 모든 말대로 행하면 내가 네 원
수에게 원수가 되고 네 대적에게
대적이 될지라
23 내 사자가 네 앞서 가서 너를 아모
리 사람과 헷 사람과 브리스 사람
과 가나안 사람과 히위 사람과 여
부스 사람에게로 인도하고 나는 그
들을 끊으리니
24 너는 그들의 신을 경배하지 말며 섬
기지 말며 그들의 행위를 본받지
말고 그것들을 다 깨뜨리며 그들의
주상을 부수고
25 네 하나님 야훼를 섬기라 그리하면
야훼가 너희의 양식과 물에 복을
내리고 너희 중에서 병을 제하리니
26 네 나라에 낙태하는 자가 없고 임
신하지 못하는 자가 없을 것이라
내가 너의 날 수를 채우리라
27 내가 내 위엄을 네 앞서 보내어 네
가 이를 곳의 모든 백성을 물리치

기록일 : . . .

고 네 모든 원수들이 네게 등을 돌
려 도망하게 할 것이며
28 내가 왕벌을 네 앞에 보내리니 그
벌이 히위 족속과 가나안 족속과
헷 족속을 네 앞에서 쫓아내리라
29 그러나 그 땅이 황폐하게 됨으로
들짐승이 번성하여 너희를 해할까
하여 일 년 안에는 그들을 네 앞에
서 쫓아내지 아니하고
30 네가 번성하여 그 땅을 기업으로
얻을 때까지 내가 그들을 네 앞에
서 조금씩 쫓아내리라
31 내가 네 경계를 홍해에서부터 블레
셋 바다까지, 광야에서부터 강까지
정하고 그 땅의 주민을 네 손에 넘
기리니 네가 그들을 네 앞에서 쫓
아낼지라
32 너는 그들과 그들의 신들과 언약하
지 말라
33 그들이 네 땅에 머무르지 못할 것
은 그들이 너를 내게 범죄하게 할
까 두려움이라 네가 그 신들을 섬
기면 그것이 너의 올무가 되리라

24 또 모세에게 이르시되 너는 아론
과 나답과 아비후와 이스라엘 장로
칠십 명과 함께 야훼께로 올라와
멀리서 경배하고
2 너 모세만 야훼께 가까이 나아오고
그들은 가까이 나아오지 말며 백성
은 너와 함께 올라오지 말지니라
3 모세가 와서 야훼의 모든 말씀과
그의 모든 율례를 백성에게 전하매
그들이 한 소리로 응답하여 이르되
야훼께서 말씀하신 모든 것을 우리
가 준행하리이다
4 모세가 야훼의 모든 말씀을 기록하
고 이른 아침에 일어나 산 아래에
제단을 쌓고 이스라엘 열두 지파대
로 열두 기둥을 세우고
5 이스라엘 자손의 청년들을 보내어
야훼께 소로 번제와 화목제를 드리
게 하고
6 모세가 피를 가지고 반은 여러 양
푼에 담고 반은 제단에 뿌리고
7 언약서를 가져다가 백성에게 낭독
하여 듣게 하니 그들이 이르되 야
훼의 모든 말씀을 우리가 준행하리
이다
8 모세가 그 피를 가지고 백성에게
뿌리며 이르되 이는 야훼께서 이
모든 말씀에 대하여 너희와 세우신
언약의 피니라
9 모세와 아론과 나답과 아비후와 이
스라엘 장로 칠십 인이 올라가서
10 이스라엘의 하나님을 보니 그의 발
아래에는 청옥을 편 듯하고 하늘
같이 청명하더라
11 하나님이 이스라엘 자손들의 존귀
한 자들에게 손을 대지 아니하셨
고 그들은 하나님을 뵙고 먹고 마

기록일 : . . .

셨더라
12 야훼께서 모세에게 이르시되 너는
산에 올라 내게로 와서 거기 있으
라 네가 그들을 가르치도록 내가
율법과 계명을 친히 기록한 돌판을
네게 주리라
13 모세가 그의 부하 여호수아와 함께
일어나 모세가 하나님의 산으로 올
라가며
14 장로들에게 이르되 너희는 여기서
우리가 너희에게로 돌아오기까지
기다리라 아론과 훌이 너희와 함께
하리니 무릇 일이 있는 자는 그들
에게로 나아갈지니라 하고
15 모세가 산에 오르매 구름이 산을
가리며
16 야훼의 영광이 시내 산 위에 머무
르고 구름이 엿새 동안 산을 가리
더니 일곱째 날에 야훼께서 구름
가운데서 모세를 부르시니라
17 산 위의 야훼의 영광이 이스라엘 자
손의 눈에 맹렬한 불 같이 보였고
18 모세는 구름 속으로 들어가서 산
위에 올랐으며 모세가 사십 일 사
십 야를 산에 있으니라
25 야훼께서 모세에게 말씀하여 이
르시되
2 이스라엘 자손에게 명령하여 내게
예물을 가져오라 하고 기쁜 마음으
로 내는 자가 내게 바치는 모든 것
을 너희는 받을지니라
3 너희가 그들에게서 받을 예물은 이
러하니 금과 은과 놋과
4 청색 자색 홍색 실과 가는 베 실과
염소 털과
5 붉은 물 들인 숫양의 가죽과 해달
의 가죽과 조각목과
6 등유와 관유에 드는 향료와 분향할
향을 만들 향품과
7 호마노며 에봇과 흉패에 물릴 보석
이니라
8 내가 그들 중에 거할 성소를 그들
이 나를 위하여 짓되
9 무릇 내가 네게 보이는 모양대로
장막을 짓고 기구들도 그 모양을
따라 지을지니라
10 그들은 조각목으로 궤를 짜되 길이
는 두 규빗 반, 너비는 한 규빗 반,
높이는 한 규빗 반이 되게 하고
11 너는 순금으로 그것을 싸되 그 안
팎을 싸고 위쪽 가장자리로 돌아가
며 금 테를 두르고
12 금 고리 넷을 부어 만들어 그 네 발
에 달되 이쪽에 두 고리 저쪽에 두
고리를 달며
13 조각목으로 채를 만들어 금으로
싸고
14 그 채를 궤 양쪽 고리에 꿰어서 궤
를 메게 하며
15 채를 궤의 고리에 꿴 대로 두고 빼

기록일 : . . .

내지 말지며
16 내가 네게 줄 증거판을 궤 속에 둘
지며
17 순금으로 속죄소를 만들되 길이는
두 규빗 반, 너비는 한 규빗 반이
되게 하고
18 금으로 그룹 둘을 속죄소 두 끝에
쳐서 만들되
19 한 그룹은 이 끝에, 또 한 그룹은
저 끝에 곧 속죄소 두 끝에 속죄소
와 한 덩이로 연결할지며
20 그룹들은 그 날개를 높이 펴서 그
날개로 속죄소를 덮으며 그 얼굴을
서로 대하여 속죄소를 향하게 하고
21 속죄소를 궤 위에 얹고 내가 네게
줄 증거판을 궤 속에 넣으라
22 거기서 내가 너와 만나고 속죄소
위 곧 증거궤 위에 있는 두 그룹 사
이에서 내가 이스라엘 자손을 위하
여 네게 명령할 모든 일을 네게 이
르리라
23 너는 조각목으로 상을 만들되 길이
는 두 규빗, 너비는 한 규빗, 높이
는 한 규빗 반이 되게 하고
24 순금으로 싸고 주위에 금 테를 두
르고
25 그 주위에 손바닥 넓이만한 턱을
만들고 그 턱 주위에 금으로 테를
만들고
26 그것을 위하여 금 고리 넷을 만들
어 그 네 발 위 네 모퉁이에 달되
27 턱 곁에 붙이라 이는 상을 멜 채를
꿸 곳이며
28 또 조각목으로 그 채를 만들고 금
으로 싸라 상을 이것으로 멜 것이
니라
29 너는 대접과 숟가락과 병과 붓는
잔을 만들되 순금으로 만들며
30 상 위에 진설병을 두어 항상 내 앞
에 있게 할지니라
31 너는 순금으로 등잔대를 쳐 만들되
그 밑판과 줄기와 잔과 꽃받침과
꽃을 한 덩이로 연결하고
32 가지 여섯을 등잔대 곁에서 나오게
하되 다른 세 가지는 이쪽으로 나
오고 다른 세 가지는 저쪽으로 나
오게 하며
33 이쪽 가지에 살구꽃 형상의 잔 셋
과 꽃받침과 꽃이 있게 하고 저쪽
가지에도 살구꽃 형상의 잔 셋과
꽃받침과 꽃이 있게 하여 등잔대에
서 나온 가지 여섯을 같게 할지며
34 등잔대 줄기에는 살구꽃 형상의 잔
넷과 꽃받침과 꽃이 있게 하고
35 등잔대에서 나온 가지 여섯을 위하
여 꽃받침이 있게 하되 두 가지 아
래에 한 꽃받침이 있어 줄기와 연결
하며 또 두 가지 아래에 한 꽃받침
이 있어 줄기와 연결하며 또 두 가
지 아래에 한 꽃받침이 있어 줄기와

기록일 : . . .

연결하게 하고
36 그 꽃받침과 가지를 줄기와 연결하
여 전부를 순금으로 쳐 만들고
37 등잔 일곱을 만들어 그 위에 두어
앞을 비추게 하며
38 그 불 집게와 불 똥 그릇도 순금으
로 만들지니
39 등잔대와 이 모든 기구를 순금 한
달란트로 만들되
40 너는 삼가 이 산에서 네게 보인 양
식대로 할지니라

26 너는 성막을 만들되 가늘게 꼰 베
실과 청색 자색 홍색 실로 그룹을
정교하게 수 놓은 열 폭의 휘장을
만들지니
2 매 폭의 길이는 스물여덟 규빗, 너
비는 네 규빗으로 각 폭의 장단을
같게 하고
3 그 휘장 다섯 폭을 서로 연결하며
다른 다섯 폭도 서로 연결하고
4 그 휘장을 이을 끝폭 가에 청색 고
를 만들며 이어질 다른 끝폭 가에
도 그와 같이 하고
5 휘장 끝폭 가에 고 쉰 개를 달며 다
른 휘장 끝폭 가에도 고 쉰 개를 달
고 그 고들을 서로 마주 보게 하고
6 금 갈고리 쉰 개를 만들고 그 갈고
리로 휘장을 연결하게 한 성막을
이룰지며
7 그 성막을 덮는 막 곧 휘장을 염소
털로 만들되 열한 폭을 만들지며
8 각 폭의 길이는 서른 규빗, 너비는
네 규빗으로 열한 폭의 길이를 같
게 하고
9 그 휘장 다섯 폭을 서로 연결하며
또 여섯 폭을 서로 연결하고 그 여
섯째 폭 절반은 성막 전면에 접어
드리우고
10 휘장을 이을 끝폭 가에 고 쉰 개를
달며 다른 이을 끝폭 가에도 고 쉰
개를 달고
11 놋 갈고리 쉰 개를 만들고 그 갈고
리로 그 고를 꿰어 연결하여 한 막
이 되게 하고
12 그 막 곧 휘장의 그 나머지 반 폭은
성막 뒤에 늘어뜨리고
13 막 곧 휘장의 길이의 남은 것은 이
쪽에 한 규빗, 저쪽에 한 규빗씩 성
막 좌우 양쪽에 덮어 늘어뜨리고
14 붉은 물 들인 숫양의 가죽으로 막
의 덮개를 만들고 해달의 가죽으로
그 윗덮개를 만들지니라
15 너는 조각목으로 성막을 위하여 널
판을 만들어 세우되
16 각 판의 길이는 열 규빗, 너비는 한
규빗 반으로 하고
17 각 판에 두 촉씩 내어 서로 연결하
게 하되 너는 성막 널판을 다 그와
같이 하라
18 너는 성막을 위하여 널판을 만들되

남쪽을 위하여 널판 스무 개를 만
들고
19 스무 널판 아래에 은 받침 마흔 개
를 만들지니 이쪽 널판 아래에도
그 두 촉을 위하여 두 받침을 만들
고 저쪽 널판 아래에도 그 두 촉을
위하여 두 받침을 만들지며
20 성막 다른 쪽 곧 그 북쪽을 위하여
도 널판 스무 개로 하고
21 은 받침 마흔 개를 이쪽 널판 아래
에도 두 받침, 저쪽 널판 아래에도
두 받침으로 하며
22 성막 뒤 곧 그 서쪽을 위하여는 널
판 여섯 개를 만들고
23 성막 뒤 두 모퉁이 쪽을 위하여는
널판 두 개를 만들되
24 아래에서부터 위까지 각기 두 겹
두께로 하여 윗고리에 이르게 하고
두 모퉁이 쪽을 다 그리하며
25 그 여덟 널판에는 은 받침이 열여섯
이니 이쪽 판 아래에도 두 받침이요
저쪽 판 아래에도 두 받침이니라
26 너는 조각목으로 띠를 만들지니 성
막 이쪽 널판을 위하여 다섯 개요
27 성막 저쪽 널판을 위하여 다섯 개
요 성막 뒤 곧 서쪽 널판을 위하여
다섯 개이며
28 널판 가운데에 있는 중간 띠는 이
끝에서 저 끝에 미치게 하고
29 그 널판들을 금으로 싸고 그 널판
들의 띠를 꿸 금 고리를 만들고 그
띠를 금으로 싸라
30 너는 산에서 보인 양식대로 성막을
세울지니라
31 너는 청색 자색 홍색 실과 가늘게
꼰 베 실로 짜서 휘장을 만들고 그
위에 그룹들을 정교하게 수 놓아서
32 금 갈고리를 네 기둥 위에 늘어뜨
리되 그 네 기둥을 조각목으로 만
들고 금으로 싸서 네 은 받침 위에
둘지며
33 그 휘장을 갈고리 아래에 늘어뜨
린 후에 증거궤를 그 휘장 안에 들
여놓으라 그 휘장이 너희를 위하여
성소와 지성소를 구분하리라
34 너는 지성소에 있는 증거궤 위에
속죄소를 두고
35 그 휘장 바깥 북쪽에 상을 놓고 남
쪽에 등잔대를 놓아 상과 마주하게
할지며
36 청색 자색 홍색 실과 가늘게 꼰 베
실로 수 놓아 짜서 성막 문을 위하
여 휘장을 만들고
37 그 휘장 문을 위하여 기둥 다섯을
조각목으로 만들어 금으로 싸고 그
갈고리도 금으로 만들지며 또 그
기둥을 위하여 받침 다섯 개를 놋
으로 부어 만들지니라

27 너는 조각목으로 길이가 다섯 규
빗, 너비가 다섯 규빗의 제단을 만

기록일 : . . .

들되 내모 반듯하게 하며 높이는
삼 규빗으로 하고
2 그 네 모퉁이 위에 뿔을 만들되 그
뿔이 그것에 이어지게 하고 그 제
단을 놋으로 싸고
3 재를 담는 통과 부삽과 대야와 고
기 갈고리와 불 옮기는 그릇을 만
들되 제단의 그릇을 다 놋으로 만
들지며
4 제단을 위하여 놋으로 그물을 만들
고 그 위 네 모퉁이에 놋 고리 넷을
만들고
5 그물은 제단 주위 가장자리 아래
곧 제단 절반에 오르게 할지며
6 또 그 제단을 위하여 채를 만들되
조각목으로 만들고 놋으로 쌀지며
7 제단 양쪽 고리에 그 채를 꿰어 제
단을 메게 할지며
8 제단은 널판으로 속이 비게 만들되
산에서 네게 보인 대로 그들이 만
들게 하라
9 너는 성막의 뜰을 만들지니 남쪽을
향하여 뜰 남쪽에 너비가 백 규빗
의 세마포 휘장을 쳐서 그 한 쪽을
당하게 할지니
10 그 기둥이 스물이며 그 받침 스물
은 놋으로 하고 그 기둥의 갈고리
와 가름대는 은으로 할지며
11 그 북쪽에도 너비가 백 규빗의 포
장을 치되 그 기둥이 스물이며 그
기둥의 받침 스물은 놋으로 하고
그 기둥의 갈고리와 가름대는 은으
로 할지며
12 뜰의 옆 곧 서쪽에 너비 쉰 규빗의
포장을 치되 그 기둥이 열이요 받침
이 열이며
13 동쪽을 향하여 뜰 동쪽의 너비도
쉰 규빗이 될지며
14 문 이쪽을 위하여 포장이 열다섯
규빗이며 그 기둥이 셋이요 받침이
셋이요
15 문 저쪽을 위하여도 포장이 열다섯
규빗이며 그 기둥이 셋이요 받침이
셋이며
16 뜰 문을 위하여는 청색 자색 홍색
실과 가늘게 꼰 베 실로 수 놓아 짠
스무 규빗의 휘장이 있게 할지니
그 기둥이 넷이요 받침이 넷이며
17 뜰 주위 모든 기둥의 가름대와 갈
고리는 은이요 그 받침은 놋이며
18 뜰의 길이는 백 규빗이요 너비는 쉰
규빗이요 세마포 휘장의 높이는 다
섯 규빗이요 그 받침은 놋이며
19 성막에서 쓰는 모든 기구와 그 말
뚝과 뜰의 포장 말뚝을 다 놋으로
할지니라
20 너는 또 이스라엘 자손에게 명령하
여 감람으로 짠 순수한 기름을 등
불을 위하여 네게로 가져오게 하고
끊이지 않게 등불을 켜되

기록일 : . . .

21 아론과 그의 아들들로 회막 안 증
거궤 앞 휘장 밖에서 저녁부터 아침
까지 항상 야훼 앞에 그 등불을 보
살피게 하라 이는 이스라엘 자손이
대대로 지킬 규례이니라

28 너는 이스라엘 자손 중 네 형 아
론과 그의 아들들 곧 아론과 아론
의 아들들 나답과 아비후와 엘르아
살과 이다말을 그와 함께 네게로
나아오게 하여 나를 섬기는 제사장
직분을 행하게 하되
2 네 형 아론을 위하여 거룩한 옷을
지어 영화롭고 아름답게 할지니
3 너는 무릇 마음에 지혜 있는 모든
자 곧 내가 지혜로운 영으로 채운
자들에게 말하여 아론의 옷을 지어
그를 거룩하게 하여 내게 제사장
직분을 행하게 하라
4 그들이 지을 옷은 이러하니 곧 흉
패와 에봇과 겉옷과 반포 속옷과
관과 띠라 그들이 네 형 아론과 그
아들들을 위하여 거룩한 옷을 지어
아론이 내게 제사장 직분을 행하게
하라
5 그들이 쓸 것은 금 실과 청색 자색
홍색 실과 가늘게 꼰 베 실이니라
6 그들이 금 실과 청색 자색 홍색 실
과 가늘게 꼰 베 실로 정교하게 짜
서 에봇을 짓되
7 그것에 어깨받이 둘을 달아 그 두
끝을 이어지게 하고
8 에봇 위에 매는 띠는 에봇 짜는 법
으로 금 실과 청색 자색 홍색 실과
가늘게 꼰 베 실로 에봇에 정교하
게 붙여 짤지며
9 호마노 두 개를 가져다가 그 위에
이스라엘 아들들의 이름을 새기되
10 그들의 나이대로 여섯 이름을 한
보석에, 나머지 여섯 이름은 다른
보석에 새기라
11 보석을 새기는 자가 도장에 새김 같
이 너는 이스라엘 아들들의 이름을
그 두 보석에 새겨 금 테에 물리고
12 그 두 보석을 에봇의 두 어깨받이
에 붙여 이스라엘 아들들의 기념
보석을 삼되 아론이 야훼 앞에서
그들의 이름을 그 두 어깨에 메워
서 기념이 되게 할지며
13 너는 금으로 테를 만들고
14 순금으로 노끈처럼 두 사슬을 땋고
그 땋은 사슬을 그 테에 달지니라
15 너는 판결 흉패를 에봇 짜는 방법
으로 금 실과 청색 자색 홍색 실과
가늘게 꼰 베 실로 정교하게 짜서
만들되
16 길이와 너비가 한 뼘씩 두 겹으로
네모 반듯하게 하고
17 그것에 네 줄로 보석을 물리되 첫
줄은 홍보석 황옥 녹주옥이요
18 둘째 줄은 석류석 남보석 홍마노요

기록일 : . . .

19 셋째 줄은 호박 백마노 자수정이요
20 넷째 줄은 녹보석 호마노 벽옥으로
다 금 테에 물릴지니
21 이 보석들은 이스라엘 아들들의 이
름대로 열둘이라 보석마다 열두 지
파의 한 이름씩 도장을 새기는 법
으로 새기고
22 순금으로 노끈처럼 땋은 사슬을 흉
패 위에 붙이고
23 또 금 고리 둘을 만들어 흉패 위 곧
흉패 두 끝에 그 두 고리를 달고
24 땋은 두 금 사슬로 흉패 두 끝 두
고리에 꿰어 매고
25 두 땋은 사슬의 다른 두 끝을 에봇
앞 두 어깨받이의 금 테에 매고
26 또 금 고리 둘을 만들어 흉패 아래
양쪽 가 안쪽 곧 에봇에 닿은 곳에
달고
27 또 금 고리 둘을 만들어 에봇 앞 두
어깨받이 아래 매는 자리 가까운
쪽 곧 정교하게 짠 띠 위쪽에 달고
28 청색 끈으로 흉패 고리와 에봇 고리
에 꿰어 흉패로 정교하게 짠 에봇
띠 위에 붙여 떨어지지 않게 하라
29 아론이 성소에 들어갈 때에는 이
스라엘 아들들의 이름을 기록한 이
판결 흉패를 가슴에 붙여 야훼 앞
에 영원한 기념을 삼을 것이니라
30 너는 우림과 둠밈을 판결 흉패 안에
넣어 아론이 야훼 앞에 들어갈 때에
그의 가슴에 붙이게 하라 아론은 야
훼 앞에서 이스라엘 자손의 흉패를
항상 그의 가슴에 붙일지니라
31 너는 에봇 받침 겉옷을 전부 청색
으로 하되
32 두 어깨 사이에 머리 들어갈 구멍
을 내고 그 주위에 갑옷 깃 같이 깃
을 짜서 찢어지지 않게 하고
33 그 옷 가장자리로 돌아가며 청색
자색 홍색 실로 석류를 수 놓고 금
방울을 간격을 두어 달되
34 그 옷 가장자리로 돌아가며 한 금
방울, 한 석류, 한 금 방울, 한 석류
가 있게 하라
35 아론이 입고 야훼를 섬기러 성소에
들어갈 때와 성소에서 나올 때에
그 소리가 들릴 것이라 그리하면 그
가 죽지 아니하리라
36 너는 또 순금으로 패를 만들어 도
장을 새기는 법으로 그 위에 새기
되 '야훼께 성결'이라 하고
37 그 패를 청색 끈으로 관 위에 매되
곧 관 전면에 있게 하라
38 이 패를 아론의 이마에 두어 그가
이스라엘 자손이 거룩하게 드리는
성물과 관련된 죄책을 담당하게 하
라 그 패가 아론의 이마에 늘 있으
므로 그 성물을 야훼께서 받으시게
되리라
39 너는 가는 베 실로 반포 속옷을 짜

기록일 : . . .

고 가는 베 실로 관을 만들고 띠를
수 놓아 만들지니라
40 너는 아론의 아들들을 위하여 속옷
을 만들며 그들을 위하여 띠를 만
들며 그들을 위하여 관을 만들어
영화롭고 아름답게 하되
41 너는 그것들로 네 형 아론과 그와
함께 한 그의 아들들에게 입히고
그들에게 기름을 부어 위임하고 거
룩하게 하여 그들이 제사장 직분을
내게 행하게 할지며
42 또 그들을 위하여 베로 속바지를
만들어 허리에서부터 두 넓적다리
까지 이르게 하여 하체를 가리게
하라
43 아론과 그의 아들들이 회막에 들어
갈 때에나 제단에 가까이 하여 거
룩한 곳에서 섬길 때에 그것들을
입어야 죄를 짊어진 채 죽지 아니하
리니 그와 그의 후손이 영원히 지킬
규례니라

29 네가 그들에게 나를 섬길 제사장
직분을 위임하여 그들을 거룩하게
할 일은 이러하니 곧 어린 수소 하
나와 흠 없는 숫양 둘을 택하고
2 무교병과 기름 섞인 무교 과자와
기름 바른 무교 전병을 모두 고운
밀가루로 만들고
3 그것들을 한 광주리에 담고 그것을
광주리에 담은 채 그 송아지와 두
양과 함께 가져오라
4 너는 아론과 그의 아들들을 회막
문으로 데려다가 물로 씻기고
5 의복을 가져다가 아론에게 속옷과
에봇 받침 겉옷과 에봇을 입히고
흉패를 달고 에봇에 정교하게 짠
띠를 띠게 하고
6 그의 머리에 관을 씌우고 그 위에
거룩한 패를 더하고
7 관유를 가져다가 그의 머리에 부어
바르고
8 그의 아들들을 데려다가 그들에게
속옷을 입히고
9 아론과 그의 아들들에게 띠를 띠
우며 관을 씌워 그들에게 제사장의
직분을 맡겨 영원한 규례가 되게
하라 너는 이같이 아론과 그의 아
들들에게 위임하여 거룩하게 할지
니라
10 너는 수송아지를 회막 앞으로 끌어
오고 아론과 그의 아들들은 그 송
아지 머리에 안수할지며
11 너는 회막 문 야훼 앞에서 그 송아
지를 잡고
12 그 피를 네 손가락으로 제단 뿔들
에 바르고 그 피 전부를 제단 밑에
쏟을지며
13 내장에 덮인 모든 기름과 간 위에
있는 꺼풀과 두 콩팥과 그 위의 기
름을 가져다가 제단 위에 불사르고

기록일 : . . .

14 그 수소의 고기와 가죽과 똥을 진
밖에서 불사르라 이는 속죄제니라
15 너는 또 숫양 한 마리를 끌어오고
아론과 그의 아들들은 그 숫양의
머리 위에 안수할지며
16 너는 그 숫양을 잡고 그 피를 가져
다가 제단 위의 주위에 뿌리고
17 그 숫양의 각을 뜨고 그 장부와 다
리는 씻어 각을 뜬 고기와 그 머리
와 함께 두고
18 그 숫양 전부를 제단 위에 불사르
라 이는 야훼께 드리는 번제요 이
는 향기로운 냄새니 야훼께 드리는
화제니라
19 너는 다른 숫양을 택하고 아론과
그 아들들은 그 숫양의 머리 위에
안수할지며
20 너는 그 숫양을 잡고 그것의 피를
가져다가 아론의 오른쪽 귓부리와
그의 아들들의 오른쪽 귓부리에 바
르고 그 오른손 엄지와 오른발 엄
지에 바르고 그 피를 제단 주위에
뿌리고
21 제단 위의 피와 관유를 가져다가
아론과 그의 옷과 그의 아들들과
그의 아들들의 옷에 뿌리라 그와
그의 옷과 그의 아들들과 그의 아
들들의 옷이 거룩하리라
22 또 너는 그 숫양의 기름과 기름진
꼬리와 그것의 내장에 덮인 기름과
간 위의 꺼풀과 두 콩팥과 그것들
위의 기름과 오른쪽 넓적다리를 가
지라 이는 위임식의 숫양이라
23 또 야훼 앞에 있는 무교병 광주리
에서 떡 한 개와 기름 바른 과자 한
개와 전병 한 개를 가져다가
24 그 전부를 아론의 손과 그의 아들
들의 손에 주고 그것을 흔들어 야
훼 앞에 요제를 삼을지며
25 너는 그것을 그들의 손에서 가져다
가 제단 위에서 번제물을 더하여
불사르라 이는 야훼 앞에 향기로운
냄새니 곧 야훼께 드리는 화제니라
26 너는 아론의 위임식 숫양의 가슴을
가져다가 야훼 앞에 흔들어 요제를
삼으라 이것이 네 분깃이니라
27 너는 그 흔든 요제물 곧 아론과 그
의 아들들의 위임식 숫양의 가슴과
넓적다리를 거룩하게 하라
28 이는 이스라엘 자손이 아론과 그의
자손에게 돌릴 영원한 분깃이요 거
제물이니 곧 이스라엘 자손이 화목
제의 제물 중에서 취한 거제물로서
야훼께 드리는 거제물이니라
29 아론의 성의는 후에 아론의 아들들
에게 돌릴지니 그들이 그것을 입고
기름 부음으로 위임을 받을 것이며
30 그를 이어 제사장이 되는 아들이
회막에 들어가서 성소에서 섬길 때
에는 이레 동안 그것을 입을지니라

기록일 : . . .

31 너는 위임식 숫양을 가져다가 거룩
한 곳에서 그 고기를 삶고
32 아론과 그의 아들들은 회막 문에서
그 숫양의 고기와 광주리에 있는
떡을 먹을지라
33 그들은 속죄물 곧 그들을 위임하며
그들을 거룩하게 하는 데 쓰는 것
을 먹되 타인은 먹지 못할지니 그것
이 거룩하기 때문이라
34 위임식 고기나 떡이 아침까지 남아
있으면 그것을 불에 사를지니 이는
거룩한즉 먹지 못할지니라
35 너는 내가 네게 한 모든 명령대로
아론과 그의 아들들에게 그같이 하
여 이레 동안 위임식을 행하되
36 매일 수송아지 하나로 속죄하기 위
하여 속죄제를 드리며 또 제단을
위하여 속죄하여 깨끗하게 하고 그
것에 기름을 부어 거룩하게 하라
37 너는 이레 동안 제단을 위하여 속
죄하여 거룩하게 하라 그리하면 지
극히 거룩한 제단이 되리니 제단에
접촉하는 모든 것이 거룩하리라
38 네가 제단 위에 드릴 것은 이러하
니라 매일 일 년 된 어린 양 두 마
리니
39 한 어린 양은 아침에 드리고 한 어
린 양은 저녁 때에 드릴지며
40 한 어린 양에 고운 밀가루 십분의
일 에바와 찧은 기름 사분의 일 힌
을 더하고 또 전제로 포도주 사분
의 일 힌을 더할지며
41 한 어린 양은 저녁 때에 드리되 아
침에 한 것처럼 소제와 전제를 그것
과 함께 드려 향기로운 냄새가 되
게 하여 야훼께 화제로 삼을지니
42 이는 너희가 대대로 야훼 앞 회막
문에서 늘 드릴 번제라 내가 거기서
너희와 만나고 네게 말하리라
43 내가 거기서 이스라엘 자손을 만나
리니 내 영광으로 말미암아 회막이
거룩하게 될지라
44 내가 그 회막과 제단을 거룩하게
하며 아론과 그의 아들들도 거룩하
게 하여 내게 제사장 직분을 행하
게 하며
45 내가 이스라엘 자손 중에 거하여
그들의 하나님이 되리니
46 그들은 내가 그들의 하나님 야훼로
서 그들 중에 거하려고 그들을 애
굽 땅에서 인도하여 낸 줄을 알리
라 나는 그들의 하나님 야훼니라

30 너는 분향할 제단을 만들지니 곧
조각목으로 만들되
2 길이가 한 규빗, 너비가 한 규빗으
로 네모가 반듯하게 하고 높이는
두 규빗으로 하며 그 뿔을 그것과
이어지게 하고
3 제단 상면과 전후 좌우 면과 뿔을
순금으로 싸고 주위에 금 테를 두

기록일 : . . .

룰지며
4 금 테 아래 양쪽에 금 고리 둘을 만
들되 곧 그 양쪽에 만들지니 이는
제단을 메는 채를 꿸 곳이며
5 그 채를 조각목으로 만들고 금으로
싸고
6 그 제단을 증거궤 위 속죄소 맞은
편 곧 증거궤 앞에 있는 휘장 밖에
두라 그 속죄소는 내가 너와 만날
곳이며
7 아론이 아침마다 그 위에 향기로운
향을 사르되 등불을 손질할 때에
사를지며
8 또 저녁 때 등불을 켤 때에 사를지
니 이 향은 너희가 대대로 야훼 앞
에 끊지 못할지며
9 너희는 그 위에 다른 향을 사르지
말며 번제나 소제를 드리지 말며 전
제의 술을 붓지 말며
10 아론이 일 년에 한 번씩 이 향단 뿔
을 위하여 속죄하되 속죄제의 피로
일 년에 한 번씩 대대로 속죄할지
니라 이 제단은 야훼께 지극히 거
룩하니라
11 야훼께서 모세에게 말씀하여 이르
시되
12 네가 이스라엘 자손의 수효를 조사
할 때에 조사 받은 각 사람은 그들
을 계수할 때에 자기의 생명의 속
전을 야훼께 드릴지니 이는 그것을
계수할 때에 그들 중에 질병이 없
게 하려 함이라
13 무릇 계수 중에 드는 자마다 성소
의 세겔로 반 세겔을 낼지니 한 세
겔은 이십 게라라 그 반 세겔을 야
훼께 드릴지며
14 계수 중에 드는 모든 자 곧 스무 살
이상 된 자가 야훼께 드리되
15 너희의 생명을 대속하기 위하여 야
훼께 드릴 때에 부자라고 반 세겔
에서 더 내지 말고 가난한 자라고
덜 내지 말지며
16 너는 이스라엘 자손에게서 속전을
취하여 회막 봉사에 쓰라 이것이 야
훼 앞에서 이스라엘 자손의 기념이
되어서 너희의 생명을 대속하리라
17 야훼께서 모세에게 말씀하여 이르
시되
18 너는 물두멍을 놋으로 만들고 그
받침도 놋으로 만들어 씻게 하되
그것을 회막과 제단 사이에 두고
그 속에 물을 담으라
19 아론과 그의 아들들이 그 두멍에서
수족을 씻되
20 그들이 회막에 들어갈 때에 물로
씻어 죽기를 면할 것이요 제단에
가까이 가서 그 직분을 행하여 야
훼 앞에 화제를 사를 때에도 그리
할지니라
21 이와 같이 그들이 그 수족을 씻어

죽기를 면할지니 이는 그와 그의 자
손이 대대로 영원히 지킬 규례니라
22 야훼께서 모세에게 또 말씀하여 이
르시되
23 너는 상등 향품을 가지되 액체 몰
약 오백 세겔과 그 반수의 향기로
운 육계 이백오십 세겔과 향기로운
창포 이백오십 세겔과
24 계피 오백 세겔을 성소의 세겔로
하고 감람 기름 한 힌을 가지고
25 그것으로 거룩한 관유를 만들되 향
을 제조하는 법대로 향기름을 만들
지니 그것이 거룩한 관유가 될지라
26 너는 그것을 회막과 증거궤에 바
르고
27 상과 그 모든 기구이며 등잔대와
그 기구이며 분향단과
28 및 번제단과 그 모든 기구와 물두
멍과 그 받침에 발라
29 그것들을 지극히 거룩한 것으로 구
별하라 이것에 접촉하는 것은 모두
거룩하리라
30 너는 아론과 그의 아들들에게 기름
을 발라 그들을 거룩하게 하고 그
들이 내게 제사장 직분을 행하게
하고
31 이스라엘 자손에게 말하여 이르기
를 이것은 너희 대대로 내게 거룩
한 관유니
32 사람의 몸에 붓지 말며 이 방법대
로 이와 같은 것을 만들지 말라 이
는 거룩하니 너희는 거룩히 여기라
33 이와 같은 것을 만드는 모든 자와
이것을 타인에게 붓는 모든 자는
그 백성 중에서 끊어지리라 하라
34 야훼께서 모세에게 이르시되 너는
소합향과 나감향과 풍자향의 향품
을 가져다가 그 향품을 유향에 섞
되 각기 같은 분량으로 하고
35 그것으로 향을 만들되 향 만드는
법대로 만들고 그것에 소금을 쳐서
성결하게 하고
36 그 향 얼마를 곱게 찧어 내가 너와
만날 회막 안 증거궤 앞에 두라 이
향은 너희에게 지극히 거룩하니라
37 네가 야훼를 위하여 만들 향은 거
룩한 것이니 너희를 위하여는 그
방법대로 만들지 말라
38 냄새를 맡으려고 이같은 것을 만드
는 모든 자는 그 백성 중에서 끊어
지리라

31

야훼께서 모세에게 말씀하여 이
르시되
2 내가 유다 지파 훌의 손자요 우리의
아들인 브살렐을 지명하여 부르고
3 하나님의 영을 그에게 충만하게 하
여 지혜와 총명과 지식과 여러 가지
재주로
4 정교한 일을 연구하여 금과 은과
놋으로 만들게 하며

기록일 : . . .

5 보석을 깎아 물리며 여러 가지 기술
로 나무를 새겨 만들게 하리라
6 내가 또 단 지파 아히사막의 아
들 오홀리압을 세워 그와 함께 하
게 하며 지혜로운 마음이 있는 모
든 자에게 내가 지혜를 주어 그들
이 내가 네게 명령한 것을 다 만들
게 할지니
7 곧 회막과 증거궤와 그 위의 속죄
소와 회막의 모든 기구와
8 상과 그 기구와 순금 등잔대와 그
모든 기구와 분향단과
9 번제단과 그 모든 기구와 물두멍과
그 받침과
10 제사직을 행할 때에 입는 정교하게
짠 의복 곧 제사장 아론의 성의와
그의 아들들의 옷과
11 관유와 성소의 향기로운 향이라 무
릇 내가 네게 명령한 대로 그들이
만들지니라
12 야훼께서 모세에게 말씀하여 이르
시되
13 너는 이스라엘 자손에게 말하여 이
르기를 너희는 나의 안식일을 지키
라 이는 나와 너희 사이에 너희 대
대의 표징이니 나는 너희를 거룩하
게 하는 야훼인 줄 너희가 알게 함
이라
14 너희는 안식일을 지킬지니 이는 너
희에게 거룩한 날이 됨이니라 그
날을 더럽히는 자는 모두 죽일지며
그 날에 일하는 자는 모두 그 백성
중에서 그 생명이 끊어지리라
15 엿새 동안은 일할 것이나 일곱째
날은 큰 안식일이니 야훼께 거룩한
것이라 안식일에 일하는 자는 누구
든지 반드시 죽일지니라
16 이같이 이스라엘 자손이 안식일을
지켜서 그것으로 대대로 영원한 언
약을 삼을 것이니
17 이는 나와 이스라엘 자손 사이에
영원한 표징이며 나 야훼가 엿새
동안에 천지를 창조하고 일곱째 날
에 일을 마치고 쉬었음이니라 하라
18 야훼께서 시내 산 위에서 모세에게
이르시기를 마치신 때에 증거판 둘
을 모세에게 주시니 이는 돌판이요
하나님이 친히 쓰신 것이더라

32

백성이 모세가 산에서 내려옴이
더딤을 보고 모여 백성이 아론에게
이르러 말하되 일어나라 우리를 위
하여 우리를 인도할 신을 만들라
이 모세 곧 우리를 애굽 땅에서 인
도하여 낸 사람은 어찌 되었는지
알지 못함이니라
2 아론이 그들에게 이르되 너희의 아
내와 자녀의 귀에서 금 고리를 빼
어 내게로 가져오라
3 모든 백성이 그 귀에서 금 고리를
빼어 아론에게로 가져가매

기록일 : . . .

4 아론이 그들의 손에서 금 고리를
받아 부어서 조각칼로 새겨 송아지
형상을 만드니 그들이 말하되 이스
라엘아 이는 너희를 애굽 땅에서
인도하여 낸 너희의 신이로다 하는
지라
5 아론이 보고 그 앞에 제단을 쌓고
이에 아론이 공포하여 이르되 내일
은 야훼의 절일이니라 하니
6 이튿날에 그들이 일찍이 일어나 번
제를 드리며 화목제를 드리고 백성
이 앉아서 먹고 마시며 일어나서 뛰
놀더라
7 야훼께서 모세에게 이르시되 너는
내려가라 네가 애굽 땅에서 인도하
여 낸 네 백성이 부패하였도다
8 그들이 내가 그들에게 명령한 길을
속히 떠나 자기를 위하여 송아지를
부어 만들고 그것을 예배하며 그것
에게 제물을 드리며 말하기를 이스
라엘아 이는 너희를 애굽 땅에서
인도하여 낸 너희 신이라 하였도다
9 야훼께서 또 모세에게 이르시되 내
가 이 백성을 보니 목이 뻣뻣한 백
성이로다
10 그런즉 내가 하는 대로 두라 내가
그들에게 진노하여 그들을 진멸하
고 너를 큰 나라가 되게 하리라
11 모세가 그의 하나님 야훼께 구하여
이르되 야훼여 어찌하여 그 큰 권
능과 강한 손으로 애굽 땅에서 인
도하여 내신 주의 백성에게 진노하
시나이까
12 어찌하여 애굽 사람들이 이르기를
야훼가 자기의 백성을 산에서 죽이
고 지면에서 진멸하려는 악한 의도
로 인도해 내었다고 말하게 하시려
하나이까 주의 맹렬한 노를 그치
시고 뜻을 돌이키사 주의 백성에게
이 화를 내리지 마옵소서
13 주의 종 아브라함과 이삭과 이스라
엘을 기억하소서 주께서 그들을 위
하여 주를 가리켜 맹세하여 이르시
기를 내가 너희의 자손을 하늘의 별
처럼 많게 하고 내가 허락한 이 온
땅을 너희의 자손에게 주어 영원한
기업이 되게 하리라 하셨나이다
14 야훼께서 뜻을 돌이키사 말씀하신
화를 그 백성에게 내리지 아니하시
니라
15 모세가 돌이켜 산에서 내려오는데
두 증거판이 그의 손에 있고 그 판
의 양면 이쪽 저쪽에 글자가 있으니
16 그 판은 하나님이 만드신 것이요
글자는 하나님이 쓰셔서 판에 새기
신 것이더라
17 여호수아가 백성들의 요란한 소리
를 듣고 모세에게 말하되 진중에서
싸우는 소리가 나나이다
18 모세가 이르되 이는 승전가도 아니

기록일 : . . .

요 패하여 부르짖는 소리도 아니라
내가 듣기에는 노래하는 소리로다
하고
19 진에 가까이 이르러 그 송아지와
그 춤 추는 것들을 보고 크게 노하
여 손에서 그 판들을 산 아래로 던
져 깨뜨리니라
20 모세가 그들이 만든 송아지를 가져
다가 불살라 부수어 가루를 만들어
물에 뿌려 이스라엘 자손에게 마시
게 하니라
21 모세가 아론에게 이르되 이 백성이
당신에게 어떻게 하였기에 당신이
그들을 큰 죄에 빠지게 하였느냐
22 아론이 이르되 내 주여 노하지 마
소서 이 백성의 악함을 당신이 아
나이다
23 그들이 내게 말하기를 우리를 위하
여 우리를 인도할 신을 만들라 이
모세 곧 우리를 애굽 땅에서 인도
하여 낸 사람은 어찌 되었는지 알
수 없노라 하기에
24 내가 그들에게 이르기를 금이 있는
자는 빼내라 한즉 그들이 그것을
내게로 가져왔기로 내가 불에 던졌
더니 이 송아지가 나왔나이다
25 모세가 본즉 백성이 방자하니 이는
아론이 그들을 방자하게 하여 원수
에게 조롱거리가 되게 하였음이라
26 이에 모세가 진 문에 서서 이르되
누구든지 야훼의 편에 있는 자는
내게로 나아오라 하매 레위 자손이
다 모여 그에게로 가는지라
27 모세가 그들에게 이르되 이스라엘
의 하나님 야훼께서 이렇게 말씀
하시기를 너희는 각각 허리에 칼을
차고 진 이 문에서 저 문까지 왕래
하며 각 사람이 그 형제를, 각 사람
이 자기의 친구를, 각 사람이 자기
의 이웃을 죽이라 하셨느니라
28 레위 자손이 모세의 말대로 행하매
이 날에 백성 중에 삼천 명 가량이
죽임을 당하니라
29 모세가 이르되 각 사람이 자기의
아들과 자기의 형제를 쳤으니 오늘
야훼께 헌신하게 되었느니라 그가
오늘 너희에게 복을 내리시리라
30 이튿날 모세가 백성에게 이르되 너
희가 큰 죄를 범하였도다 내가 이
제 야훼께로 올라가노니 혹 너희를
위하여 속죄가 될까 하노라 하고
31 모세가 야훼께로 다시 나아가 여짜
오되 슬프도소이다 이 백성이 자기
들을 위하여 금 신을 만들었사오니
큰 죄를 범하였나이다
32 그러나 이제 그들의 죄를 사하시옵
소서 그렇지 아니하시오면 원하건
대 주께서 기록하신 책에서 내 이
름을 지워 버려 주옵소서
33 야훼께서 모세에게 이르시되 누구

든지 내게 범죄하면 내가 내 책에
서 그를 지워 버리리라
34 이제 가서 내가 네게 말한 곳으로
백성을 인도하라 내 사자가 네 앞
서 가리라 그러나 내가 보응할 날
에는 그들의 죄를 보응하리라
35 야훼께서 백성을 치시니 이는 그들
이 아론이 만든 바 그 송아지를 만
들었음이더라

33

야훼께서 모세에게 이르시되 너
는 네가 애굽 땅에서 인도하여 낸
백성과 함께 여기를 떠나서 내가
아브라함과 이삭과 야곱에게 맹세
하여 네 자손에게 주기로 한 그 땅
으로 올라가라
2 내가 사자를 너보다 앞서 보내어
가나안 사람과 아모리 사람과 헷
사람과 브리스 사람과 히위 사람과
여부스 사람을 쫓아내고
3 너희를 젖과 꿀이 흐르는 땅에 이
르게 하려니와 나는 너희와 함께
올라가지 아니하리니 너희는 목이
곧은 백성인즉 내가 길에서 너희를
진멸할까 염려함이니라 하시니
4 백성이 이 준엄한 말씀을 듣고 슬
퍼하여 한 사람도 자기의 몸을 단
장하지 아니하니
5 야훼께서 모세에게 이르시기를 이
스라엘 자손에게 이르라 너희는 목
이 곧은 백성인즉 내가 한 순간이
라도 너희 가운데에 이르면 너희를
진멸하리니 너희는 장신구를 떼어
내라 그리하면 내가 너희에게 어
떻게 할 것인지 정하겠노라 하셨음
이라
6 이스라엘 자손이 호렙 산에서부터
그들의 장신구를 떼어 내니라
7 모세가 항상 장막을 취하여 진 밖에
쳐서 진과 멀리 떠나게 하고 회막이
라 이름하니 야훼를 앙모하는 자는
다 진 바깥 회막으로 나아가며
8 모세가 회막으로 나아갈 때에는 백
성이 다 일어나 자기 장막 문에 서
서 모세가 회막에 들어가기까지 바
라보며
9 모세가 회막에 들어갈 때에 구름
기둥이 내려 회막 문에 서며 야훼
께서 모세와 말씀하시니
10 모든 백성이 회막 문에 구름 기둥
이 서 있는 것을 보고 다 일어나 각
기 장막 문에 서서 예배하며
11 사람이 자기의 친구와 이야기함 같
이 야훼께서는 모세와 대면하여 말
씀하시며 모세는 진으로 돌아오나
눈의 아들 젊은 수종자 여호수아는
회막을 떠나지 아니하니라
12 모세가 야훼께 아뢰되 보시옵소서
주께서 내게 이 백성을 인도하여
올라가라 하시면서 나와 함께 보낼
자를 내게 지시하지 아니하시나이

다 주께서 전에 말씀하시기를 나는
이름으로도 너를 알고 너도 내 앞
에 은총을 입었다 하셨사온즉
13 내가 참으로 주의 목전에 은총을
입었사오면 원하건대 주의 길을 내
게 보이사 내게 주를 알리시고 나
로 주의 목전에 은총을 입게 하시
며 이 족속을 주의 백성으로 여기
소서
14 야훼께서 이르시되 내가 친히 가리
라 내가 너를 쉬게 하리라
15 모세가 야훼께 아뢰되 주께서 친히
가지 아니하시려거든 우리를 이 곳
에서 올려 보내지 마옵소서
16 나와 주의 백성이 주의 목전에 은
총 입은 줄을 무엇으로 알리이까
주께서 우리와 함께 행하심으로 나
와 주의 백성을 천하 만민 중에 구
별하심이 아니니이까
17 야훼께서 모세에게 이르시되 네가
말하는 이 일도 내가 하리니 너는
내 목전에 은총을 입었고 내가 이
름으로도 너를 앎이니라
18 모세가 이르되 원하건대 주의 영광
을 내게 보이소서
19 야훼께서 이르시되 내가 내 모든
선한 것을 네 앞으로 지나가게 하
고 야훼의 이름을 네 앞에 선포하
리라 나는 은혜 베풀 자에게 은혜
를 베풀고 긍휼히 여길 자에게 긍
휼을 베푸느니라
20 또 이르시되 네가 내 얼굴을 보지
못하리니 나를 보고 살 자가 없음
이니라
21 야훼께서 또 이르시기를 보라 내
곁에 한 장소가 있으니 너는 그 반
석 위에 서라
22 내 영광이 지나갈 때에 내가 너를
반석 틈에 두고 내가 지나도록 내
손으로 너를 덮었다가
23 손을 거두리니 네가 내 등을 볼 것
이요 얼굴은 보지 못하리라
34 야훼께서 모세에게 이르시되 너
는 돌판 둘을 처음 것과 같이 다듬
어 만들라 네가 깨뜨린 처음 판에
있던 말을 내가 그 판에 쓰리니
2 아침까지 준비하고 아침에 시내 산
에 올라와 산 꼭대기에서 내게 보
이되
3 아무도 너와 함께 오르지 말며 온
산에 아무도 나타나지 못하게 하고
양과 소도 산 앞에서 먹지 못하게
하라
4 모세가 돌판 둘을 처음 것과 같이
깎아 만들고 아침에 일찍이 일어나
그 두 돌판을 손에 들고 야훼의 명
령대로 시내 산에 올라가니
5 야훼께서 구름 가운데에 강림하사
그와 함께 거기 서서 야훼의 이름
을 선포하실새

기록일 : . . .

6 야훼께서 그의 앞으로 지나시며 선
포하시되 야훼라 야훼라 자비롭고
은혜롭고 노하기를 더디하고 인자
와 진실이 많은 하나님이라
7 인자를 천대까지 베풀며 악과 과
실과 죄를 용서하리라 그러나 벌을
면제하지는 아니하고 아버지의 악
행을 자손 삼사 대까지 보응하리라
8 모세가 급히 땅에 엎드려 경배하며
9 이르되 주여 내가 주께 은총을 입
었거든 원하건대 주는 우리와 동행
하옵소서 이는 목이 뻣뻣한 백성이
니이다 우리의 악과 죄를 사하시고
우리를 주의 기업으로 삼으소서
10 야훼께서 이르시되 보라 내가 언약
을 세우나니 곧 내가 아직 온 땅 아
무 국민에게도 행하지 아니한 이적
을 너희 전체 백성 앞에 행할 것이
라 네가 머무는 나라 백성이 다 야
훼의 행하심을 보리니 내가 너를 위
하여 행할 일이 두려운 것임이니라
11 너는 내가 오늘 네게 명령하는 것
을 삼가 지키라 보라 내가 네 앞에
서 아모리 사람과 가나안 사람과
헷 사람과 브리스 사람과 히위 사
람과 여부스 사람을 쫓아내리니
12 너는 스스로 삼가 네가 들어가는 땅
의 주민과 언약을 세우지 말라 그것
이 너희에게 올무가 될까 하노라
13 너희는 도리어 그들의 제단들을 헐
고 그들의 주상을 깨뜨리고 그들의
아세라 상을 찍을지어다
14 너는 다른 신에게 절하지 말라 야
훼는 질투라 이름하는 질투의 하나
님임이니라
15 너는 삼가 그 땅의 주민과 언약을
세우지 말지니 이는 그들이 모든 신
을 음란하게 섬기며 그들의 신들에
게 제물을 드리고 너를 청하면 네
가 그 제물을 먹을까 함이며
16 또 네가 그들의 딸들을 네 아들들
의 아내로 삼음으로 그들의 딸들이
그들의 신들을 음란하게 섬기며 네
아들에게 그들의 신들을 음란하게
섬기게 할까 함이니라
17 너는 신상들을 부어 만들지 말지
니라
18 너는 무교절을 지키되 내가 네게
명령한 대로 아빕월 그 절기에 이레
동안 무교병을 먹으라 이는 네가
아빕월에 애굽에서 나왔음이니라
19 모든 첫 태생은 다 내 것이며 네 가
축의 모든 처음 난 수컷인 소와 양
도 다 그러하며
20 나귀의 첫 새끼는 어린 양으로 대
속할 것이요 그렇게 하지 아니하려
면 그 목을 꺾을 것이며 네 아들 중
장자는 다 대속할지며 빈 손으로
내 얼굴을 보지 말지니라
21 너는 엿새 동안 일하고 일곱째 날

기록일 : . . .

예는 쉴지니 밭 갈 때에나 거둘 때
에도 쉴지며
22 칠칠절 곧 맥추의 초실절을 지키고
세말에는 수장절을 지키라
23 너희의 모든 남자는 매년 세 번씩
주 야훼 이스라엘의 하나님 앞에
보일지라
24 내가 이방 나라들을 네 앞에서 쫓
아내고 네 지경을 넓히리니 네가 매
년 세 번씩 야훼 네 하나님을 뵈려
고 올 때에 아무도 네 땅을 탐내지
못하리라
25 너는 내 제물의 피를 유교병과 함
께 드리지 말며 유월절 제물을 아
침까지 두지 말지며
26 네 토지 소산의 처음 익은 것을 가
져다가 네 하나님 야훼의 전에 드
릴지며 너는 염소 새끼를 그 어미의
젖으로 삶지 말지니라
27 야훼께서 모세에게 이르시되 너는
이 말들을 기록하라 내가 이 말들
의 뜻대로 너와 이스라엘과 언약을
세웠음이니라 하시니라
28 모세가 야훼와 함께 사십 일 사십
야를 거기 있으면서 떡도 먹지 아니
하였고 물도 마시지 아니하였으며
야훼께서는 언약의 말씀 곧 십계명
을 그 판들에 기록하셨더라
29 모세가 그 증거의 두 판을 모세의
손에 들고 시내 산에서 내려오니
그 산에서 내려올 때에 모세는 자
기가 야훼와 말하였음으로 말미암
아 얼굴 피부에 광채가 나나 깨닫
지 못하였더라
30 아론과 온 이스라엘 자손이 모세를
볼 때에 모세의 얼굴 피부에 광채
가 남을 보고 그에게 가까이 하기
를 두려워하더니
31 모세가 그들을 부르매 아론과 회
중의 모든 어른이 모세에게로 오고
모세가 그들과 말하니
32 그 후에야 온 이스라엘 자손이 가
까이 오는지라 모세가 야훼께서 시
내 산에서 자기에게 이르신 말씀을
다 그들에게 명령하고
33 모세가 그들에게 말하기를 마치고
수건으로 자기 얼굴을 가렸더라
34 그러나 모세가 야훼 앞에 들어가서
함께 말할 때에는 나오기까지 수건
을 벗고 있다가 나와서는 그 명령하
신 일을 이스라엘 자손에게 전하며
35 이스라엘 자손이 모세의 얼굴의 광
채를 보므로 모세가 야훼께 말하러
들어가기까지 다시 수건으로 자기
얼굴을 가렸더라

35

모세가 이스라엘 자손의 온 회중
을 모으고 그들에게 이르되 야훼께
서 너희에게 명령하사 행하게 하신
말씀이 이러하니라
2 엿새 동안은 일하고 일곱째 날은

너희를 위한 거룩한 날이니 야훼께
엄숙한 안식일이라 누구든지 이 날
에 일하는 자는 죽일지니
3 안식일에는 너희의 모든 처소에서
불도 피우지 말지니라
4 모세가 이스라엘 자손의 온 회중에
게 말하여 이르되 야훼께서 명령하
신 일이 이러하니라 이르시기를
5 너희의 소유 중에서 너희는 야훼께
드릴 것을 택하되 마음에 원하는
자는 누구든지 그것을 가져다가 야
훼께 드릴지니 곧 금과 은과 놋과
6 청색 자색 홍색 실과 가는 베 실과
염소 털과
7 붉은 물 들인 숫양의 가죽과 해달
의 가죽과 조각목과
8 등유와 및 관유에 드는 향품과 분
향할 향을 만드는 향품과
9 호마노며 에봇과 흉패에 물릴 보석
이니라
10 무릇 너희 중 마음이 지혜로운 자
는 와서 야훼께서 명령하신 것을
다 만들지니
11 곧 성막과 천막과 그 덮개와 그 갈
고리와 그 널판과 그 띠와 그 기둥
과 그 받침과
12 증거궤와 그 채와 속죄소와 그 가
리는 휘장과
13 상과 그 채와 그 모든 기구와 진설
병과
14 불 켜는 등잔대와 그 기구와 그 등
잔과 등유와
15 분향단과 그 채와 관유와 분향할
향품과 성막 문의 휘장과
16 번제단과 그 놋 그물과 그 채와 그
모든 기구와 물두멍과 그 받침과
17 뜰의 포장과 그 기둥과 그 받침과
뜰 문의 휘장과
18 장막 말뚝과 뜰의 말뚝과 그 줄과
19 성소에서 섬기기 위하여 정교하게
만든 옷 곧 제사 직분을 행할 때에
입는 제사장 아론의 거룩한 옷과
그의 아들들의 옷이니라
20 이스라엘 자손의 온 회중이 모세
앞에서 물러갔더니
21 마음이 감동된 모든 자와 자원하는
모든 자가 와서 회막을 짓기 위하
여 그 속에서 쓸 모든 것을 위하여,
거룩한 옷을 위하여 예물을 가져다
가 야훼께 드렸으니
22 곧 마음에 원하는 남녀가 와서 팔
찌와 귀고리와 가락지와 목걸이와
여러 가지 금품을 가져다가 사람마
다 야훼께 금 예물을 드렸으며
23 무릇 청색 자색 홍색 실과 가는 베
실과 염소 털과 붉은 물 들인 숫양
의 가죽과 해달의 가죽이 있는 자
도 가져왔으며
24 은과 놋으로 예물을 삼는 모든 자
가 가져다가 야훼께 드렸으며 섬기

기록일 : . . .

는 일에 소용되는 조각목이 있는
모든 자는 가져왔으며
25 마음이 슬기로운 모든 여인은 손수
실을 빼고 그 뺀 청색 자색 홍색 실
과 가는 베 실을 가져왔으며
26 마음에 감동을 받아 슬기로운 모든
여인은 염소 털로 실을 뽑았으며
27 모든 족장은 호마노와 및 에봇과
흉패에 물릴 보석을 가져왔으며
28 등불과 관유와 분향할 향에 소용되
는 기름과 향품을 가져왔으니
29 마음에 자원하는 남녀는 누구나 야
훼께서 모세의 손을 빌어 명령하신
모든 것을 만들기 위하여 물품을
드렸으니 이것이 이스라엘 자손이
야훼께 자원하여 드린 예물이니라
30 모세가 이스라엘 자손에게 이르되
볼지어다 야훼께서 유다 지파 훌의
손자요 우리의 아들인 브살렐을 지
명하여 부르시고
31 하나님의 영을 그에게 충만하게 하
여 지혜와 총명과 지식으로 여러 가
지 일을 하게 하시되
32 금과 은과 놋으로 제작하는 기술을
고안하게 하시며
33 보석을 깎아 물리며 나무를 새기는
여러 가지 정교한 일을 하게 하셨고
34 또 그와 단 지파 아히사막의 아들
오홀리압을 감동시키사 가르치게
하시며
35 지혜로운 마음을 그들에게 충만하
게 하사 여러 가지 일을 하게 하시
되 조각하는 일과 세공하는 일과
청색 자색 홍색 실과 가는 베 실로
수 놓는 일과 짜는 일과 그 외에 여
러 가지 일을 하게 하시고 정교한
일을 고안하게 하셨느니라

36

브살렐과 오홀리압과 및 마음이
지혜로운 사람 곧 야훼께서 지혜와
총명을 부으사 성소에 쓸 모든 일
을 할 줄 알게 하신 자들은 모두 야
훼께서 명령하신 대로 할 것이니라
2 모세가 브살렐과 오홀리압과 및 마
음이 지혜로운 사람 곧 그 마음에
야훼께로부터 지혜를 얻고 와서 그
일을 하려고 마음에 원하는 모든
자를 부르매
3 그들이 이스라엘 자손의 성소의 모
든 것을 만들기 위하여 가져온 예
물을 모세에게서 받으니라 그러나
백성이 아침마다 자원하는 예물을
연하여 가져왔으므로
4 성소의 모든 일을 하는 지혜로운
자들이 각기 하는 일을 중지하고
와서
5 모세에게 말하여 이르되 백성이 너
무 많이 가져오므로 야훼께서 명령
하신 일에 쓰기에 남음이 있나이다
6 모세가 명령을 내리매 그들이 진중
에 공포하여 이르되 남녀를 막론

하고 성소에 드릴 예물을 다시 만
들지 말라 하매 백성이 가져오기를
그치니
7 있는 재료가 모든 일을 하기에 넉
넉하여 남음이 있었더라
8 일하는 사람 중에 마음이 지혜로운
모든 사람이 열 폭 휘장으로 성막
을 지었으니 곧 가늘게 꼰 베 실과
청색 자색 홍색 실로 그룹들을 무
늬 놓아 짜서 지은 것이라
9 매 폭의 길이는 스물여덟 규빗, 너
비는 네 규빗으로 각 폭의 장단을
같게 하여
10 그 다섯 폭을 서로 연결하며 또 그
다섯 폭을 서로 연결하고
11 연결할 끝폭 가에 청색 고를 만들
며 다른 연결할 끝폭 가에도 고를
만들되
12 그 연결할 한 폭에 고리 쉰 개를 달
고 다른 연결할 한 폭의 가에도 고
리 쉰 개를 달아 그 고들이 서로 대
하게 하고
13 금 갈고리 쉰 개를 만들어 그 갈고
리로 두 휘장을 연결하여 한 막을
이루었더라
14 그 성막을 덮는 막 곧 휘장을 염소
털로 만들되 열한 폭을 만들었으니
15 각 폭의 길이는 서른 규빗, 너비는
네 규빗으로 열한 폭의 장단을 같
게 하여
16 그 휘장 다섯 폭을 서로 연결하며
또 여섯 폭을 서로 연결하고
17 휘장을 연결할 끝폭 가에 고리 쉰
개를 달며 다른 연결할 끝폭 가에
도 고리 쉰 개를 달고
18 놋 갈고리 쉰 개를 만들어 그 휘장
을 연결하여 한 막이 되게 하고
19 붉은 물 들인 숫양의 가죽으로 막
의 덮개를 만들고 해달의 가죽으로
그 웃덮개를 만들었더라
20 그가 또 조각목으로 성막에 세울
널판들을 만들었으니
21 각 판의 길이는 열 규빗, 너비는 한
규빗 반이며
22 각 판에 두 촉이 있어 서로 연결하
게 하였으니 성막의 모든 판이 그
러하며
23 성막을 위하여 널판을 만들었으되
남으로는 남쪽에 널판이 스무 개라
24 그 스무 개 널판 밑에 은 받침 마흔
개를 만들었으되 곧 이 널판 밑에
도 두 받침이 그 두 촉을 받게 하였
고 저 널판 밑에도 두 받침이 그 두
촉을 받게 하였으며
25 성막 다른 쪽 곧 북쪽을 위하여도
널판 스무 개를 만들고
26 또 은 받침 마흔 개를 만들었으니
곧 이 판 밑에도 받침이 둘이요 저
판 밑에도 받침이 둘이며
27 장막 뒤 곧 서쪽을 위하여는 널판

기록일 : . . .

여섯 개를 만들었고
28 장막 뒤 두 모퉁이 편을 위하여는
널판 두 개를 만들되
29 아래에서부터 위까지 각기 두 겹
두께로 하여 윗고리에 이르게 하고
두 모퉁이 쪽을 다 그리하며
30 그 널판은 여덟 개요 그 받침은 은
받침 열여섯 개라 각 널판 밑에 두
개씩이었더라
31 그가 또 조각목으로 띠를 만들었으
니 곧 성막 이쪽 널판을 위하여 다
섯 개요
32 성막 저쪽 널판을 위하여 다섯 개
요 성막 뒤 곧 서쪽 널판을 위하여
다섯 개며
33 그 중간 띠를 만들되 널판 중간 이
끝에서 저 끝에 미치게 하였으며
34 그 널판들을 금으로 싸고 그 널판
에 띠를 꿸 금 고리를 만들고 그
띠도 금으로 쌌더라
35 그가 또 청색 자색 홍색 실과 가늘
게 꼰 베 실로 휘장을 짜고 그 위에
그룹들을 정교하게 수 놓고
36 조각목으로 네 기둥을 만들어 금으
로 쌌으며 그 갈고리는 금으로, 기
둥의 네 받침은 은으로 부어 만들
었으며
37 청색 자색 홍색 실과 가늘게 꼰 베
실로 수 놓아 장막 문을 위하여 휘
장을 만들고
38 휘장 문의 기둥 다섯과 그 갈고리
를 만들고 기둥 머리와 그 가름대
를 금으로 쌌으며 그 다섯 받침은
놋이었더라

37 브살렐이 조각목으로 궤를 만들
었으니 길이가 두 규빗 반, 너비가
한 규빗 반, 높이가 한 규빗 반이며
2 순금으로 안팎을 싸고 위쪽 가장자
리로 돌아가며 금 테를 만들었으며
3 금 고리 넷을 부어 만들어 네 발에
달았으니 곧 이쪽에 두 고리요 저
쪽에 두 고리이며
4 조각목으로 채를 만들어 금으로
싸고
5 그 채를 궤 양쪽 고리에 꿰어 궤를
메게 하였으며
6 순금으로 속죄소를 만들었으니 길
이가 두 규빗 반, 너비가 한 규빗
반이며
7 금으로 그룹 둘을 속죄소 양쪽에
쳐서 만들었으되
8 한 그룹은 이쪽 끝에, 한 그룹은 저
쪽 끝에 곧 속죄소와 한 덩이로 그
양쪽에 만들었으니
9 그룹들이 그 날개를 높이 펴서 그
날개로 속죄소를 덮었으며 그 얼
굴은 서로 대하여 속죄소를 향하
였더라
10 그가 또 조각목으로 상을 만들었
으니 길이가 두 규빗, 너비가 한 규

기록일 : . . .

빗, 높이가 한 규빗 반이며
11 순금으로 싸고 위쪽 가장자리로 돌
아가며 금 테를 둘렀으며
12 그 주위에 손바닥 넓이만한 턱을
만들고 그 턱 주위에 금으로 테를
만들었고
13 상을 위하여 금 고리 넷을 부어 만
들어 네 발 위, 네 모퉁이에 달았
으니
14 그 고리가 턱 곁에 있어서 상을 메
는 채를 꿰게 하였으며
15 또 조각목으로 상 멜 채를 만들어
금으로 쌌으며
16 상 위의 기구 곧 대접과 숟가락과
잔과 따르는 병을 순금으로 만들었
더라
17 그가 또 순금으로 등잔대를 만들되
그것을 쳐서 만들었으니 그 밑판과
줄기와 잔과 꽃받침과 꽃이 그것과
한 덩이로 되었고
18 가지 여섯이 그 곁에서 나왔으니 곧
등잔대의 세 가지는 저쪽으로 나왔
고 등잔대의 세 가지는 이쪽으로
나왔으며
19 이쪽 가지에 살구꽃 형상의 잔 셋
과 꽃받침과 꽃이 있고 저쪽 가지
에 살구꽃 형상의 잔 셋과 꽃받침
과 꽃이 있어 등잔대에서 나온 가
지 여섯이 그러하며
20 등잔대 줄기에는 살구꽃 형상의 잔
넷과 꽃받침과 꽃이 있고
21 등잔대에서 나온 가지 여섯을 위하
여는 꽃받침이 있게 하였으되 두 가
지 아래에 한 꽃받침이 있어 줄기와
연결하였고 또 두 가지 아래에 한
꽃받침이 있어 줄기와 연결하였고
또 다시 두 가지 아래에 한 꽃받침
이 있어 줄기와 연결되게 하였으니
22 이 꽃받침과 가지들을 줄기와 연결
하여 전부를 순금으로 쳐서 만들었
으며
23 등잔 일곱과 그 불 집게와 불 똥 그
릇을 순금으로 만들었으니
24 등잔대와 그 모든 기구는 순금 한
달란트로 만들었더라
25 그가 또 조각목으로 분향할 제단을
만들었으니 길이는 한 규빗이요 너
비도 한 규빗이라 네모가 반듯하고
높이는 두 규빗이며 그 뿔들이 제
단과 연결되었으며
26 제단 상면과 전후 좌우면과 그 뿔
을 순금으로 싸고 주위에 금 테를
둘렀고
27 그 테 아래 양쪽에 금 고리 둘을 만
들었으되 곧 그 양쪽에 만들어 제
단을 메는 채를 꿰게 하였으며
28 조각목으로 그 채를 만들어 금으로
쌌으며
29 거룩한 관유와 향품으로 정결한 향
을 만들었으되 향을 만드는 법대로

기록일 : . . .

하였더라
38 그가 또 조각목으로 번제단을 만
들었으니 길이는 다섯 규빗이요 너
비도 다섯 규빗이라 네모가 반듯하
고 높이는 세 규빗이며
2 그 네 모퉁이 위에 그 뿔을 만들되
그 뿔을 제단과 연결하게 하고 제
단을 놋으로 쌌으며
3 제단의 모든 기구 곧 통과 부삽과
대야와 고기 갈고리와 불 옮기는
그릇을 다 놋으로 만들고
4 제단을 위하여 놋 그물을 만들어
제단 주위 가장자리 아래에 두되
제단 절반에 오르게 하고
5 그 놋 그물 네 모퉁이에 채를 꿸 고
리 넷을 부어 만들었으며
6 채를 조각목으로 만들어 놋으로
싸고
7 제단 양쪽 고리에 그 채를 꿰어 메
게 하였으며 제단은 널판으로 속이
비게 만들었더라
8 그가 놋으로 물두멍을 만들고 그
받침도 놋으로 하였으니 곧 회막
문에서 수종드는 여인들의 거울로
만들었더라
9 그가 또 뜰을 만들었으니 남으로
뜰의 남쪽에는 세마포 포장이 백
규빗이라
10 그 기둥이 스물이며 그 받침이 스물
이니 놋이요 기둥의 갈고리와 가름
대는 은이며
11 그 북쪽에도 백 규빗이라 그 기둥
이 스물이며 그 받침이 스물이니 놋
이요 기둥의 갈고리와 가름대는 은
이며
12 서쪽에 포장은 쉰 규빗이라 그 기
둥이 열이요 받침이 열이며 기둥의
갈고리와 가름대는 은이며
13 동으로 동쪽에도 쉰 규빗이라
14 문 이쪽의 포장이 열다섯 규빗이요
그 기둥이 셋이요 받침이 셋이며
15 문 저쪽도 그와 같으니 뜰 문 이쪽,
저쪽의 포장이 열다섯 규빗씩이요
그 기둥이 셋씩, 받침이 셋씩이라
16 뜰 주위의 포장은 세마포요
17 기둥 받침은 놋이요 기둥의 갈고리
와 가름대는 은이요 기둥 머리 싸
개는 은이며 뜰의 모든 기둥에 은
가름대를 꿰었으며
18 뜰의 휘장 문을 청색 자색 홍색 실
과 가늘게 꼰 베 실로 수 놓아 짰
으니 길이는 스무 규빗이요 너비와
높이는 뜰의 포장과 같이 다섯 규
빗이며
19 그 기둥은 넷인데 그 받침 넷은 놋
이요 그 갈고리는 은이요 그 머리
싸개와 가름대도 은이며
20 성막 말뚝과 뜰 주위의 말뚝은 모
두 놋이더라
21 성막 곧 증거막을 위하여 레위 사람

이 쓴 재료의 물목은 제사장 아론의 아
들 이다말이 모세의 명령대로 계산하였
으며
22 유다 지파 훌의 손자요 우리의 아
들인 브살렐은 야훼께서 모세에게
명령하신 모든 것을 만들었고
23 단 지파 아히사막의 아들 오홀리압
이 그와 함께 하였으니 오홀리압은
재능이 있어서 조각하며 또 청색 자
색 홍색 실과 가는 베 실로 수 놓은
자더라
24 성소 건축 비용으로 들인 금은 성
소의 세겔로 스물아홉 달란트와 칠
백삼십 세겔이며
25 계수된 회중이 드린 은은 성소의
세겔로 백 달란트와 천칠백칠십오
세겔이니
26 계수된 자가 이십 세 이상으로 육
십만 삼천오백오십 명인즉 성소의
세겔로 각 사람에게 은 한 베가 곧
반 세겔씩이라
27 은 백 달란트로 성소의 받침과 휘
장 문의 기둥 받침을 모두 백 개를
부어 만들었으니 각 받침마다 한
달란트씩 모두 백 달란트요
28 천칠백칠십오 세겔로 기둥 갈고리
를 만들고 기둥 머리를 싸고 기둥
가름대를 만들었으며
29 드린 놋은 칠십 달란트와 이천사백
세겔이라
30 이것으로 회막 문 기둥 받침과 놋
제단과 놋 그물과 제단의 모든 기
구를 만들었으며
31 뜰 주위의 기둥 받침과 그 휘장 문
의 기둥 받침이며 성막의 모든 말
뚝과 뜰 주위의 모든 말뚝을 만들
었더라

39 그들은 야훼께서 모세에게 명령
하신 대로 청색 자색 홍색 실로 성
소에서 섬길 때 입을 정교한 옷을
만들고 또 아론을 위해 거룩한 옷
을 만들었더라
2 그는 또 금 실과 청색 자색 홍색 실
과 가늘게 꼰 베 실로 에봇을 만들
었으되
3 금을 얇게 쳐서 오려서 실을 만들어
청색 자색 홍색 실과 가는 베 실에
섞어 정교하게 짜고
4 에봇에는 어깨받이를 만들어 그 두
끝에 달아 서로 연결되게 하고
5 에봇 위에 에봇을 매는 띠를 에봇
과 같은 모양으로 금 실과 청색 자
색 홍색 실과 가늘게 꼰 베 실로 에
봇에 붙여 짰으니 야훼께서 모세에
게 명령하신 대로 하였더라
6 그들은 또 호마노를 깎아 금 테에
물려 도장을 새김 같이 이스라엘의
아들들의 이름을 그것에 새겨
7 에봇 어깨받이에 달아 이스라엘의
아들들을 기념하는 보석을 삼았으

기록일 : . . .

니 야훼께서 모세에게 명령하신 대
로 하였더라
8 그가 또 흉패를 정교하게 짜되 에
봇과 같은 모양으로 금 실과 청색
자색 홍색 실과 가늘게 꼰 베 실로
하였으니
9 그것의 길이가 한 뼘, 너비가 한 뼘
으로 네 모가 반듯하고 두 겹이며
10 그것에 네 줄 보석을 물렸으니 곧
홍보석 황옥 녹주옥이 첫 줄이요
11 둘째 줄은 석류석 남보석 홍마노요
12 셋째 줄은 호박 백마노 자수정이요
13 넷째 줄은 녹보석 호마노 벽옥이라
다 금 테에 물렸으니
14 이 보석들은 이스라엘의 아들들의
이름 곧 그들의 이름대로 열둘이라
도장을 새김 같이 그 열두 지파의
각 이름을 새겼으며
15 그들이 또 순금으로 노끈처럼 사슬
을 땋아 흉패에 붙이고
16 또 금 테 둘과 금 고리 둘을 만들어
그 두 고리를 흉패 두 끝에 달고
17 그 땋은 두 금 사슬을 흉패 끝 두
고리에 꿰매었으며
18 그 땋은 두 사슬의 다른 두 끝을 에
봇 앞 두 어깨받이의 금 테에 매고
19 또 금 고리 둘을 만들어 흉패 두 끝
에 달았으니 곧 그 에봇을 마주한
안쪽 가장자리에 달았으며
20 또 금 고리 둘을 만들어 에봇 앞 두
어깨받이 아래 매는 자리 가까운
쪽 곧 정교하게 짠 에봇 띠 위쪽에
달고
21 청색 끈으로 흉패 고리와 에봇 고
리에 꿰어 흉패로 정교하게 짠 에
봇 띠 위에 붙여서 에봇에서 벗어
지지 않게 하였으니 야훼께서 모세
에게 명령하신 대로 하였더라
22 그가 에봇 받침 긴 옷을 전부 청색
으로 짜서 만들되
23 그 옷의 두 어깨 사이에 구멍을 내
고 갑옷 깃 같이 그 구멍 주위에 깃
을 짜서 찢어지지 않게 하고
24 청색 자색 홍색 실과 가는 베 실로
그 옷 가장자리에 석류를 수 놓고
25 순금으로 방울을 만들어 그 옷 가
장자리로 돌아가며 석류 사이사이
에 달되
26 방울과 석류를 서로 간격을 두고
번갈아 그 옷 가장자리로 돌아가며
달았으니 야훼께서 모세에게 명령
하신 대로 하였더라
27 그들이 또 직조한 가는 베로 아론
과 그의 아들들을 위하여 속옷을
짓고
28 세마포로 두건을 짓고 세마포로 빛
난 관을 만들고 가는 베 실로 짜서
세마포 속바지들을 만들고
29 가는 베 실과 청색 자색 홍색 실로
수 놓아 띠를 만들었으니 야훼께서

기록일 : . . .

모세에게 명령하신 대로 하였더라
30 그들이 또 순금으로 거룩한 패를
만들고 도장을 새김 같이 그 위에
'야훼께 성결'이라 새기고
31 그 패를 청색 끈으로 관 전면에 달
았으니 야훼께서 모세에게 명령하
신 대로 하였더라
32 이스라엘 자손이 이와 같이 성막
곧 회막의 모든 역사를 마치되 야
훼께서 모세에게 명령하신 대로 다
행하고
33 그들이 성막을 모세에게로 가져왔
으니 곧 막과 그 모든 기구와 그 갈
고리들과 그 널판들과 그 띠들과
그 기둥들과 그 받침들과
34 붉은 물을 들인 숫양의 가죽 덮개
와 해달의 가죽 덮개와 가리는 휘
장과
35 증거궤와 그 채들과 속죄소와
36 상과 그 모든 기구와 진설병과
37 순금 등잔대와 그 잔 곧 벌여놓는
등잔대와 그 모든 기구와 등유와
38 금 제단과 관유와 향기로운 향과
장막 휘장 문과
39 놋 제단과 그 놋 그물과 그 채들과
그 모든 기구와 물두멍과 그 받침과
40 뜰의 포장들과 그 기둥들과 그 받
침들과 뜰 문의 휘장과 그 줄들과
그 말뚝들과 성막 곧 회막에서 사
용할 모든 기구와
41 성소에서 섬기기 위한 정교한 옷 곧
제사 직분을 행할 때에 입는 제사
장 아론의 거룩한 옷과 그의 아들
들의 옷이라
42 야훼께서 모세에게 명령하신 대로
이스라엘 자손이 모든 역사를 마
치매
43 모세가 그 마친 모든 것을 본즉 야
훼께서 명령하신 대로 되었으므로
모세가 그들에게 축복하였더라

40 야훼께서 모세에게 말씀하여 이
르시되
2 너는 첫째 달 초하루에 성막 곧 회
막을 세우고
3 또 증거궤를 들여놓고 또 휘장으로
그 궤를 가리고
4 또 상을 들여놓고 그 위에 물품을
진설하고 등잔대를 들여놓아 불을
켜고
5 또 금 향단을 증거궤 앞에 두고 성
막 문에 휘장을 달고
6 또 번제단을 회막의 성막 문 앞에
놓고
7 또 물두멍을 회막과 제단 사이에
놓고 그 속에 물을 담고
8 또 뜰 주위에 포장을 치고 뜰 문에
휘장을 달고
9 또 관유를 가져다가 성막과 그 안
에 있는 모든 것에 발라 그것과 그
모든 기구를 거룩하게 하라 그것이

기록일 : . . .

거룩하리라
10 너는 또 번제단과 그 모든 기구에
발라 그 안을 거룩하게 하라 그 제
단이 지극히 거룩하리라
11 너는 또 물두멍과 그 받침에 발라
거룩하게 하고
12 너는 또 아론과 그 아들들을 회막
문으로 데려다가 물로 씻기고
13 아론에게 거룩한 옷을 입히고 그에
게 기름을 부어 거룩하게 하여 그
가 내게 제사장의 직분을 행하게
하라
14 너는 또 그 아들들을 데려다가 그
들에게 겉옷을 입히고
15 그 아버지에게 기름을 부음 같이
그들에게도 부어서 그들이 내게 제
사장의 직분을 행하게 하라 그들이
기름 부음을 받았은즉 대대로 영영
히 제사장이 되리라 하시매
16 모세가 그같이 행하되 곧 야훼께서
자기에게 명령하신 대로 다 행하였
더라
17 둘째 해 첫째 달 곧 그 달 초하루
에 성막을 세우니라
18 모세가 성막을 세우되 그 받침들을
놓고 그 널판들을 세우고 그 띠를
띠우고 그 기둥들을 세우고
19 또 성막 위에 막을 펴고 그 위에 덮
개를 덮으니 야훼께서 모세에게 명
령하신 대로 되니라
20 그는 또 증거판을 궤 속에 넣고
채를 궤에 꿰고 속죄소를 궤 위에
두고
21 또 그 궤를 성막에 들여놓고 가리
개 휘장을 늘어뜨려 그 증거궤를
가리니 야훼께서 모세에게 명령하
신 대로 되니라
22 그는 또 회막 안 곧 성막 북쪽으로
휘장 밖에 상을 놓고
23 또 야훼 앞 그 상 위에 떡을 진설하
니 야훼께서 모세에게 명령하신 대
로 되니라
24 그는 또 회막 안 곧 성막 남쪽에 등
잔대를 놓아 상과 마주하게 하고
25 또 야훼 앞에 등잔대에 불을 켜니
야훼께서 모세에게 명령하신 대로
되니라
26 그가 또 금 향단을 회막 안 휘장 앞
에 두고
27 그 위에 향기로운 향을 사르니 야
훼께서 모세에게 명령하신 대로 되
니라
28 그는 또 성막 문에 휘장을 달고
29 또 회막의 성막 문 앞에 번제단을
두고 번제와 소제를 그 위에 드리
니 야훼께서 모세에게 명령하신 대
로 되니라
30 그는 또 물두멍을 회막과 제단 사이
에 두고 거기 씻을 물을 담으니라
31 모세와 아론과 그 아들들이 거기서

기록일 : . . .

수족을 씻되
32 그들이 회막에 들어갈 때와 제단에
가까이 갈 때에 씻었으니 야훼께서
모세에게 명령하신 대로 되니라
33 그는 또 성막과 제단 주위 뜰에 포
장을 치고 뜰 문에 휘장을 다니라
모세가 이같이 역사를 마치니
34 구름이 회막에 덮이고 야훼의 영광
이 성막에 충만하매
35 모세가 회막에 들어갈 수 없었으니
이는 구름이 회막 위에 덮이고 야훼
의 영광이 성막에 충만함이었으며
36 구름이 성막 위에서 떠오를 때에는
이스라엘 자손이 그 모든 행진하는
길에 앞으로 나아갔고
37 구름이 떠오르지 않을 때에는 떠
오르는 날까지 나아가지 아니하였
으며
38 낮에는 야훼의 구름이 성막 위에
있고 밤에는 불이 그 구름 가운데
에 있음을 이스라엘의 온 족속이
그 모든 행진하는 길에서 그들의
눈으로 보았더라

기록일 :   .   .   .

MERCIFUL WRITING BIBLE

구약 1 : 창세기 - 출애굽기

성령님과 함께 쓰는

은혜로운 필사성경 1

초판 1쇄 인쇄 2020년 5월 06일
초판 1쇄 발행 2020년 5월 27일

편 집 인 김호성
발 행 처 서울말씀사
출판등록 제2016-000172호
주 소 서울시 영등포구 은행로 55, 나동 9층
전 화 02) 846-9222
팩 스 02) 846-9225